本书为国家社会科学基金后期资助项目"城市基层社会治理体系建设研究"（21FRKB005）的阶段性成果

刘妮娜 —— 著

MUTUAL-AID
AGEING
SOCIETY

互助型老龄社会

理论与实践

THEORY
AND
PRACTICE

社会科学文献出版社
SOCIAL SCIENCES ACADEMIC PRESS (CHINA)

前　言

　　当今世界正经历百年未有之大变局，我国正处于实现中华民族伟大复兴的关键时期。坚持和完善中国特色社会主义制度、推进国家治理体系和治理能力现代化对于实现中华民族伟大复兴具有重要意义。中国的人口中位年龄增加，受教育水平和生活水平都出现了显著提升，人们对现代社会风险的忧患意识和危机意识不断增强，带来了更多对有集体、有组织、自主参与的社会互助空间的追求。与之相呼应，中国的国家治理重心逐步向基层下移，社会治理在国家治理中的重要位置越发突出。在党的二十大报告中，明确提出要完善社会治理体系，健全共建共治共享的社会治理制度，提升社会治理效能，畅通和规范群众诉求表达、利益协调、权益保障通道，建设人人有责、人人尽责、人人享有的社会治理共同体。

　　那么，中国应当如何建设现代社会治理体系？笔者认为，抓住社会互助这一社会组织的根本形态是现代社会治理体系建设的关键。社会互助是由"人"所组成的"社会"的本质特征，中国作为社会主义国家，国体为人民民主专政，国家与人民具有共同目标，社会互助的发展方式是国家领导下的有秩序的互助合作（互助型社会），其能保障政治稳定、社会发展、人民幸福，并逐步向实现共产主义的更高理想目标迈进。

　　自古至今，互助组织是社会互助的基本组织形式，中国社会互助经历了氏族部落、宗乡、政治团体、互助合作组织等发展阶段。这一历史演进过程，也是互助组织形态不断发展丰富，互助动机、内容、规则不断多元化和进步的过程。

　　在原始社会早期，人类脱离动物界成为独立个体，开始进行生产。然而，由于生存环境恶劣，生产力极低，原始社会的物质生产发展非常缓慢。这时的互助环境就是在艰苦的自然条件下，原始人无法独立生产和生存而共同捕鱼狩猎、抵御自然侵袭的环境。当逐步产生组织形态以后，氏族部落成为原始社会的重要组织形式，同样要求团结互助，内部要相互帮助和和谐相处，外部要齐心协力抵御侵犯。

乡土社会是农耕文明中的以血缘和地缘关系为基础的社会形态。农作物的种植和动物的饲养为早期先民提供了稳定的食物来源，人类开始从过去的游牧狩猎转变为定居生活，并形成了熟悉和亲密的生产生活互助环境。宗族是乡土社会主要的互助组织，连接个人和国家。宗族成员以血缘和婚姻关系为基础，形塑了宗族的宗法制度、等级结构和家长式组织。基于血亲和地域认同，村庄内部互助向外延展形成了互相协助的群体关系，如地域性商会等，促进了群体成员的相互提携、相互帮助和共同发展。

鸦片战争以后，中国沦为半殖民地半封建社会，近代中国社会的历史任务转变为争取民族独立和谋求人民解放。一方面，资本主义的入侵使中华民族的民族独立和尊严面临威胁，中外矛盾激化，民族意识觉醒；另一方面，地主阶级与农民阶级、资产阶级与无产阶级之间的矛盾激化，人民积极寻求民主自由。在这一时期，代表特定阶级的利益、围绕特定的政治目标和纲领展开活动、推动社会变革的革命性政党，作为政治性互助组织逐步成长起来并发挥了重要作用。

在20世纪初"互助"思想传入中国以后，中国近代思想启蒙运动的先驱孙中山、李大钊、恽代英、毛泽东等就选择用"互助"原则代表中国社会，以与西方"竞争"原则相对比。新中国成立以后，党和政府推动社会互助在全新的社会环境中不断前进，由此建立了中国共产党的基层组织体系，并于20世纪90年代以后进一步完善了党领导的基层群众自治制度。现代社会互助能同时满足情感、利益的需要，与公益、志愿等现代话语相结合，转化成了受自治、法治、德治共同调节的社会建设的情感利益共同体建构与高层次美德表达。

经过对社会互助的漫长发展演变历史的分析可以发现，中国的社会互助一直存在，并且在大部分历史时期作为一种国家领导的双轨制的政治社会结构存在：在乡土社会中，小农/农民在宗族、村落中进行基于差序格局、主次有序的农业生产合作与生活上的互助互利，国家则通过非正式组织的领袖或其他代理人进行行政管理；新中国成立以后，我国则建立了基层群众自治制度这一基本政治制度和党领导的村/居民委员会这一基础性的现代基层组织形式，形塑了现代中国的组织化的基层社会互助治理格局。现在其面临的挑战是：老龄社会、超老龄社会的社会环境对个体真正参与的社会互助的需求与日俱增。

综上，笔者提出，中国的现代社会治理体系要求建设中国共产党领导的中国特色互助社会，区别于西方独立和对立于国家的市民社会。互助社会是以社会互助为本的社会建构，其以集体主义为原则，以党的领导为核心，以人民为中心，以互助组织为根基，以有效治理为目标，通过党统合政府、社会、市场等多方共建，推动互助组织、互助服务、互助参与、互助平台、互助合作、互助保障发展，推动社会治理体系和民生保障体系建设，让人民能参与到治理、保障、服务之中，参与到民主选举、民主协商、民主决策、民主管理、民主监督之中，共同创造党领导的、属于全体人民的福利共同体、社会共同体、福利经济体、社会经济体。互助社会建设重点在于通过党的领导、政府支持，通过推动多种类型的社会互助的发展，让社会建设从政府主导、市场主导、社会主导的各自为政，向与党政形成紧密资源依赖的多元共治转型，拓展社会服务供给、社会组织发展、互联网社会平台建设等的社会成长空间，并在党的领导下，让社会与行政、市场相互吸纳、合作制约，建设党领导的社会治理共同体和社会经济体。

面对急速进入老龄社会、超老龄社会的特殊环境，老年群体乃至全体国民对于健康长久生存、温馨安全交往以及有尊严生活、自我实现的需求更加强烈。社会建设的重大变迁是目前中国特色社会主义现代化进程发展到一定阶段需要经历的，老龄社会的迅速到来则会增强对这一变迁的需求，这既是现代社会系统需要调整以适应的重要环境，也是重要窗口，可以在互助型社会养老体系建设上寻求突破，再逐步向更广泛的社会建设领域推进。

本书将在对现代互助社会进行整体性建构的基础上，以互助养老（互助型社会养老是其发展方向）和基层治理为调查支撑进行实践探讨，提出建立现代社会互助制度，以推动中国特色社会建设的跨越式、制度化、体系化发展。

目 录

第一章 导论

2021年，我国全面建成小康社会，实现了第一个百年奋斗目标。2022年10月，习近平总书记在党的二十大报告中明确指出："从现在起，中国共产党的中心任务就是团结带领全国各族人民全面建成社会主义现代化强国、实现第二个百年奋斗目标，以中国式现代化全面推进中华民族伟大复兴。"也就是说，中国进入了向着建成富强、民主、文明、和谐、美丽的社会主义现代化强国的第二个百年奋斗目标迈进的历史新征程。在新时代、新征程中，现代基层治理体系、现代社会制度建设已然成为中国式现代化建设的新命题。与此同时，中国已进入老龄社会，并将于2033年左右急速进入超老龄社会。老龄社会在根本上是在新的社会主体构成和新的社会构架基础上的一种新的社会形态。本书结合现代社会建设和老龄社会背景展开理论研究与调查分析，将中国特色基层治理体系总结为现代互助社会，核心是中国共产党领导的互助组织体系，并提出这是社会主义现代化国家建设的基础工程。因为老龄社会的不可逆转性和以互助合作积极应对人口老龄化的创新突破意义，也将其称为互助型老龄社会。

第一节 研究背景

现代互助社会由人民逻辑而非资本逻辑主导，是人民中心逻辑与基层治理逻辑相统一的体制建构，其关键在于社会互助治理体系和社会互助制度建设，可以在互助型社会养老治理体系和制度建设方面实现率先突破。

一 中国迈入老龄社会并将进入超老龄社会序列

人口老龄化是 21 世纪全球最重要的社会变革之一。[①] 虽然发达国家的人口老龄化程度更深，但很多发展中国家的人口老龄化速度要快于发达国家。与发达国家相比，发展中国家面临的与人口老龄化有关的经济和社会变化会更快，亟须创新制度、政策和环境，保障经济社会的可持续发展，同时增进老年人的健康与福祉。

（一）中国分别于 2021 年、2033 年左右进入老龄社会和超老龄社会

参照国际社会常用的表述，一个社会中 60 岁及以上的老年人口所占比例超过 10% 或 65 岁及以上的老年人口所占比例超过 7%，就可以被称为老龄化社会，60 岁及以上老年人口所占比例超过 20% 或 65 岁及以上的老年人口所占比例超过 14% 就被称为老龄社会，60 岁及以上老年人口所占比例超过 30% 或 65 岁及以上老年人口所占比例超过 20% 就被称为超老龄社会。

目前，世界上所有发达国家都已经进入老龄社会，许多发展中国家正在或即将进入老龄社会。中国分别在 2000 年和 2021 年实现 65 岁及以上老年人口所占比例超过 7% 和 14%，进入老龄化社会、老龄社会。具体而言，第五次全国人口普查数据显示，2000 年，中国有 60 岁及以上老年人口 12998 万人，占全国总人口的比例为 10.5%；65 岁及以上老年人口 8827 万人，占全国总人口的比例为 7.1%。[②] 根据国家统计局发布的数据，截至 2021 年底，全国有 60 周岁及以上老年人口 26736 万人，占总人口的 18.9%，其中有 65 周岁及以上老年人口 20056 万人，占总人口的 14.2%。[③]

而根据 2023 年国家统计局发布的数据，截至 2022 年末，中国 60 岁及

---

① 根据联合国发布的《2020—2030 年健康老龄化行动十年》数据，2015 年，全球 60 岁及以上的老年人口数量为 9.01 亿人，在全球总人口中所占比重约为 1/8。到 2030 年，全球老年人口预计增长到 14 亿人，在全球总人口中所占比重达到 1/6。到 2050 年，全球老年人口的规模预计达到近 21 亿人，在全球总人口中所占比例进一步提高到 1/5。

② 《中国 2000 年人口普查资料》，国家统计局官网，https://www.stats.gov.cn/sj/pcsj/rkpc/5rp/index.htm。

③ 《中国统计年鉴 2022》，国家统计局官网，https://www.stats.gov.cn/sj/ndsj/2022/index-ch.htm。

以上老年人口已经达到 28004 万人，占全国总人口的 19.8%，其中 65 岁及以上老年人口有 20978 万人，占全国总人口的 14.9%。[①] 杜鹏、李龙以 2015 年全国 1% 人口抽样调查数据作为预测基准，对老年人口变化趋势进行长期预测，认为到 2033 年左右，中国 65 岁及以上老年人口所占比例将超过 20%，60 岁及以上老年人口所占比例将接近 30%，进入超老龄社会。届时，中国的 60 岁及以上老年人口数量将超过 4 亿人。中国 60 岁及以上老年人口数量的峰值将出现在 2050～2056 年，超过 4.8 亿人。同时，到 2035 年、2050 年，80 岁及以上老年人口的数量将分别达到约 6100 万人、超过 1.1 亿人。[②]

分城乡来看，第七次全国人口普查数据显示，2020 年，中国 60 岁及以上农村老年人口为 1.2 亿人，占到农村总人口的 23.8%，中国农村已经进入老龄社会；60 岁及以上城镇老年人口为 1.4 亿人，占到城镇总人口的 15.9%。根据全国老龄办的数据预测，在 2020～2050 年，中国农村人口老龄化程度将一直高于城镇。到 2035 年，我国农村 60 岁及以上老年人口在农村人口中所占比例就将提高到 37.7%，人口老龄化水平高出城镇 13 个百分点。

（二）部分地区提前进入老龄社会甚至超老龄社会

进一步地，笔者利用各省的第七次全国人口普查数据计算得到了 2020 年我国已进入老龄社会、超老龄社会的地区的分布。[③] 数据显示，2020 年，我国有 12 个省市已进入老龄社会，分别是辽宁、重庆、四川、上海、江苏、黑龙江、吉林、山东、安徽、湖南、天津、湖北，其中没有进入超老龄社会的省市。分城乡来看，2020 年，我国有 24 个省（区、市）的农村地区进入老龄社会，分别是北京、安徽、福建、甘肃、广西、河北、河南、黑龙江、湖北、湖南、吉林、江苏、江西、辽宁、内蒙古、山东、上

---

① 《中国统计年鉴 2023》，国家统计局官网，https://www.stats.gov.cn/sj/ndsj/2023/index-ch.htm。

② 杜鹏、李龙：《新时代中国人口老龄化长期趋势预测》，《中国人民大学学报》2021 年第 1 期。

③ 云南、新疆、西藏数据没有查到，直辖市的数据精确到区级，其他省份的数据精确到地市级。

海、四川、天津、浙江、重庆、陕西、山西、贵州，其中，重庆农村（60岁及以上老年人口所占比例达到31.8%）、江苏农村（60岁及以上老年人口所占比例达到31.8%）、辽宁农村（60岁及以上老年人口所占比例达到31.8%）进入超老龄社会。2020年，我国有5个省市的城镇地区进入老龄社会，分别是黑龙江、辽宁、吉林、天津、上海。另外，2020年我国60岁及以上老年人口数量排名前五的省份依次为：山东省（2122.1万人）、江苏省（1850.5万人）、四川省（1816.4万人）、河南省（1796.4万人）、广东省（1556.5万人）。

在地市（区）层面，2020年，在数据可及的305个地市（区）中，有155个进入老龄社会，其中有5个进入超老龄社会，分别是辽宁省抚顺市（65岁及以上老年人口所占比例达到20.3%）、四川省自贡市（65岁及以上老年人口所占比例达到21.3%）、江苏省泰州市（65岁及以上老年人口所占比例达到22.0%）、四川省资阳市（65岁及以上老年人口所占比例达到22.6%）、江苏省南通市（65岁及以上老年人口所占比例达到22.7%），主要分布在华东、西南地区。分城乡来看，在数据可及的300个地市（区）中，有252个地市（区）的农村地区进入老龄社会，其中有73个进入超老龄社会，上海市崇明区、山东省威海市、内蒙古自治区乌兰察布市、江苏省南通市、江苏省泰州市农村地区的60岁及以上老年人口比例分别达到47.1%、45.5%、44.9%、42.5%、41.1%。在数据可及的295个地市（区）中，有48个地市（区）的城镇地区进入老龄社会，其中有1个进入超老龄社会，为辽宁省抚顺市，其城镇地区60岁及以上老年人口所占比例达到31.5%。

（三）中国仍然处于社会主义初级阶段并面临多种风险挑战

从1978年改革开放到1992年提出建立社会主义市场经济体制，中国从计划经济走向市场经济，始终保持较高的经济增长速度。市场经济打破了过去计划经济体制下的"集体主义大锅饭"模式，极大地激发了个人劳动的积极性。可以说，改革开放政策为后来40多年的经济增长奠定了坚实的制度基础。进入21世纪以后，中国国内生产总值先后超过德国和日本，成为经济总量仅次于美国的世界第二大经济体。到2022年，中国的国内生产总值已经达到 121 万亿元，人均国内生产总值达到 8.6 万元。①

但即便如此，中国仍然处于发展中国家之列，处于"不发达"的社会主义初级阶段仍然是中国的最大实际和最大国情。② 与此同时，经济发展水平不够高是社会主义初级阶段"不发达"的重要原因，但不是唯一决定条件，③ 从社会主义事业发展全局来看，中国正在经历"压缩饼干"式的社会转型，从农业的、乡村的、封闭或半封闭的传统社会，向工业的、城镇的、开放的现代风险社会转型，社会主义初级阶段同样要完成建设能够有效防范各类风险连锁联动的现代国家治理体系的重大任务。我国所需应对的系统风险涉及全球化、文化、经济、生态、社会等方面，具体而言，有以下几点。

一是思想文化冲突风险。伴随西方个人主义、自由竞争思想对我国市场和社会的影响，市场经济的竞争原则同样移植和贯彻到社会生活的其他领域，以"自我"为中心的社会价值成为一种普遍的社会文化导向，但这又与中国几千年来的传统集体主义思想相背离。经济可以迅速发展，但是社会制度、文化形态和个体思维方式很难快速改变。主流价值的缺失，各种思想文化在渗透中的激烈交锋，个人主义与集体主义、依赖与独立、传

---

① 《中华人民共和国 2022 年国民经济和社会发展统计公报》，国家统计局，2023 年 2 月 28 日。

② 毛泽东曾将社会主义分为两个发展阶段，"第一个阶段是不发达的社会主义，第二个阶段是比较发达的社会主义"［《毛泽东文集》（第 8 卷），人民出版社，1999，第 116 页］。1981 年 6 月，党的十一届六中全会在《关于建国以来党的若干历史问题的决议》中提出了"我们的社会主义制度还是处于初级的阶段"，1987 年，党的十三大报告系统论述了社会主义初级阶段的含义，报告明确指出："我国社会主义的初级阶段，是一个什么样的历史阶段呢？它不是泛指任何国家进入社会主义都会经历的起始阶段，而是特指我国在生产力落后、商品经济不发达条件下建设社会主义必然要经历的特定阶段。我国从五十年代生产资料私有制的社会主义改造基本完成，到社会主义现代化的基本实现，至少需要上百年时间，都属于社会主义初级阶段。"2017 年党的十九大报告提出，中国特色社会主义进入新时代，社会主义初级阶段的主要矛盾已转化为人民日益增长的美好生活需要和不平衡不充分的发展之间的矛盾。这是社会主义初级阶段理论的又一重大发展。习近平总书记在 2021 年《求是》杂志署名文章中提出："全面建设社会主义现代化国家、基本实现社会主义现代化，既是社会主义初级阶段我国发展的要求，也是我国社会主义从初级阶段向更高阶段迈进的要求。"（习近平：《把握新发展阶段，贯彻新发展理念，构建新发展格局》，《求是》2021 年第 9 期）

③ 王志强、王跃：《重思社会主义初级阶段的"不发达"问题——兼论新时代中国特色社会主义仍处于社会主义初级阶段》，《社会主义研究》2018 年第 1 期。

统与现代之间的冲突，带来的是个人意识里的冲突感、无归属感和不安全感。

二是经济实现高质量发展存在短板弱项风险。面对整个世界经济的周期性低迷、中国经济从高速度向高质量发展转型升级，以及生态环境治理，未来人口急速老龄化、劳动年龄人口减少的压力，中国的经济虽然仍将在一定轨道上基于惯性保持一定速度运行，但其将不可避免地进入中低速增长时期。与此同时，伴随依赖创新驱动的信息、科技、知识、资本的深度融合，网络经济，高科技产品以及金融、互联网等虚拟经济部门面临监管困难、信息安全受威胁、被操控和泡沫化等问题，灵活就业和非正规经济将成为新的就业方式，中低端劳动力市场将受到冲击。

三是社会不稳定和不确定因素增加风险。伴随互联网经济和知识社会的迅猛发展，在资本极度渴求拥有新技能、高学历、创新思维和能力的人才的同时，大批知识水平相对较低和思维保守的（准）老年人口可能因缺乏投资机会和投资渠道，面临资产固化和缩水。社会优势群体的不安全感会增加其对社会权利的追求，减少其他群体的成长机会，其中的社会弱势群体面临生存发展上的掣肘，构成社会潜在风险。与此同时，随着人们生活水平和受教育水平的提升、对各种风险敏感度的提高，以及人口老龄化日益加剧、家庭日渐小型化，人们对于美好生活的希望的重点将从物质转向精神，对社会集体的归属感、信任、依恋以及对干净、安全、舒适生活的需求将更加强烈，对于公共领域的追求和社会参与的要求将会增加，希望获得更多保障、积极参与而非单纯接受管理。

四是世界局势紧张危机频发风险。自 2008 年金融危机以来，发达国家内部经济增长动力不足、贫富分化日益加剧，正在从强调释放市场力量的新自由主义向主张社会保护的新保守主义转变，同时寄希望于把国内矛盾向外转移。中国要适应并推动世界格局演进，开辟中国主导的全球治理新局，提供全球化的中国叙事，就必须有可以向世界输出的不同于西方的中国制度文化以及稳定的经济社会大局，用合作共赢、构建人类命运共同体的战略构想和中国逻辑，构建新型国际关系。

二　现代互助社会建设是社会主义现代化国家建设的基础工程

党的十八届三中全会提出完善和发展中国特色社会主义制度，推进国家治理体系和治理能力现代化的全面深化改革的总目标。党的十九大做出到 21 世纪中叶把我国建成富强民主文明和谐美丽的社会主义现代化强国的战略安排，其中制度建设和治理能力建设的目标是：到 2035 年，"各方面制度更加完善，国家治理体系和治理能力现代化基本实现"；到 21 世纪中叶，"实现国家治理体系和治理能力现代化"。党的十九届四中全会进一步把制度建设和治理能力建设摆到突出位置，提出推动各方面制度更加成熟更加定型，推进国家治理体系和治理能力现代化。笔者认为，面对系统性风险治理在党和国家事业发展中位置的日益突出，国家治理的重心将逐步向基层下移，社会互助制度建设将成为中国特色社会主义制度建设的重要内容，现代互助社会建设、党领导的互助组织体系建设将成为中国特色社会主义现代化国家建设的基础工程。

（一）互助是社会的核心属性

互助是社会的核心属性，社会是互助的外化表现。人在组织中，才在社会中，所有类型的组织都具有互助属性。故而，人类历史发展规律具有内在一致性，互助不是中国独有的或仅应在中国倡导推动的，它是人类社会的共有属性和统一话语，其外化的社会发展遵循人类社会的历史发展规律。

从人类起源来看，克鲁泡特金在《互助论：进化的一个要素》中提出，与竞争相比，互助才是生物界的普遍特征，是自然法则和进化的要素。互助感情和互助本能可以追溯到动物世界的最低级阶段，蚂蚁、蜜蜂、大猩猩等动物之间都存在互助合作。进化到人类阶段，他认为，在人类的天性中，生来就具有合群以及互相帮助和支援的需要，互助是内含了美德和向善力量的交换，也正是因为人的这种本能需要，才有了社群、部落、家庭、公社等非正式互助组织的产生，进而出现了中世纪社会的兄弟会、友谊会等正式互助组织，[①] 以及合作社、社区互助志愿组织等。而市

---

① 〔俄〕克鲁泡特金：《互助论：进化的一个要素》，李平沤译，商务印书馆，2009，第 120 ~ 124 页。

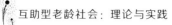

场则产生于社会内部这种互助交换关系的边缘，是交换关系现代化的体现，后逐步部分取代社会交换，企业正是适应现代社会化大生产和市场经济要求的以特定利益为目的的经济组织。

进一步地，按照人的互助本能需要所处的环境、形成的组织，可以把社会发展形态划分为四个阶段。第一阶段是艰苦环境中的互助共济主导型社会。处于这一阶段的主要是一些市场经济不发达的社会，人们需要以互助方式维持生存，在这里，互助是政治、社会、经济等方面的组织、交换、美德形态，也是文化的主流。费孝通就将互助组织界定为在艰苦环境中，人们基于某种效用或共同利益，构建出的使个体或家庭生活免于陷入危机的互助网络和机构。[①] 第二阶段是市场经济发展初期的互助退守型社会。这主要包括一些正大力推动市场经济发展的社会，它们以市场为先发展经济而暂时搁置社会的一些需要。第三阶段是市场经济发展到一定阶段的互助成长型社会。"社会的物质生产力发展到一定阶段，便同它们一直在其中运动的现存生产关系或财产关系（这只是生产关系的法律用语）发生矛盾。"[②] "社会主义是工业文明的内在倾向，在自发调节的市场体系所固有的威胁面前，社会会奋起保护自己。"[③] 这个阶段的特点主要体现为互助与竞争、社会与市场的博弈，一方面，人们通过互助保护群体利益不受资本裹挟；另一方面，人们对在互助过程中所产生的认同、信任、友好等向上向善的感受的需求逐步凸显。第四阶段是社会与市场高度发达的互助合作主导型社会。这一阶段体现为社会创新、吸纳市场，并走向共产主义的国家合作社形态的长期历史过程。

中国现代互助社会已经超越第一阶段，不同地区因发展水平不同而分别进入第二、第三、第四阶段。

（二）互助社会与市民社会深刻体现中西方制度差异

互助社会强调社会互助，也即以集体主义和有效治理为原则，以社会为本，市场的目的是为人民所用、为社会所用；市民社会强调市场竞争，

---

① 费孝通：《乡土中国》，生活·读书·新知三联书店，2013，第39页。
② 《马克思恩格斯选集》（第2卷），人民出版社，1995，第32页。
③ 〔英〕卡尔·波兰尼：《大转型：我们时代的政治与经济起源》，冯钢、刘阳译，浙江人民出版社，2007，第66页。

也即以个人主义和分立制衡为原则，以市场为本，市场法则与个人本位具有内在一致性。互助社会与市民社会深刻体现了社会主义国家和资本主义国家在制度结构上的根本区别。

历史地看，个人主义和自由竞争思想占据资本主义国家的意识形态主流地位。在个人主义和自由竞争思想中，个人是第一位的、本原性的实体，是目的，而国家则只是第二位的、派生性的统治机构，是手段，以社会契约理论、有限政府理论、代议制民主理论等为代表的诸多西方思想理论也为此正名。[①] 故从本质上讲，资本主义国家的政治、经济、社会、文化建立在个人主义、自由竞争和资本主义市场经济之上——每一个人是他自己权力和利益的唯一可靠保卫者，同时其最大限度追求财富增长的权利需要得到保护，政府、市场、社会三者分立制衡，但均与本原性的个人直接相连。

中国/东亚国家的社会模式则常被用集体主义、家族主义、实体主义、道德社团等描述，[②] 其话语共性在于社会的核心是集体而非个体或国家，集体是本原性、实体性的。回看中国现实的乡土互助社会，小农/农民并非直接面对国家的管理，而是身处于因血缘、亲缘、地缘而形成的非正式互助网络中，主要在非正式网络-共同体中进行基于差序格局、主次有序的农业生产合作与生活中的互助互利。国家一方面通过非正式组织的领袖或其他代理人进行行政管理，另一方面通过个人-家庭-家族-邦国-国家，个人-父母-祖先（君主）的责任伦理体系进行思想管理，形成相互关联、层层相套的系统，其目的是维护由小及大的互助共同体的团结和稳定。

正因为中国社会的集体主义和基层组织特征，中国近代思想启蒙运动的先驱孙中山、李大钊、恽代英、毛泽东等选择用"互助"原则代表中国

---

①　唐士其：《西方政治思想史》，北京大学出版社，2002。

②　H. C. Triandis, Robert Bontempo and Marcelo J. Villareal, "Individualism Vs Collectivism: Cross-cultural Perspectives on Self-ingroup Relationship," *Journal of Personality and Social Psychology* 54 (1988)；杨懋春：《中国的家族主义与民族性格》，载李亦园、杨国枢主编《中国人的性格》，桂冠图书公司，1988，第113～167页；〔美〕詹姆斯·C. 斯科特：《农民的道义经济学：东南亚的反叛与生存》，程立显、刘建等译，译林出版社，2001。

社会，以与西方"竞争"原则相对比。孙中山对互助思想进行了全面的理论阐释。从国家建设和社会结构角度，孙中山认为"互助"是处理国家内部社会关系的基本法则。一个国家是由同一范围内的不同阶层成员、不同民族组成的共同体，"互助"是不同阶层成员、不同民族结合为一个国家的前提，是一个国家内人与人之间相处的行为准则，也就是说，国家是互助的社会组织。① 在孙中山之后，毛泽东将马克思主义实践哲学与互助思想相结合，将互助思想引入农业互助合作之中，通过引导、鼓励农民建立多种形式的生产互助组，开展劳动互助、经济互助，并发展了在消费、流通、金融等领域的高级形式的合作社，毛泽东称其为"生产制度上的革命"。②

改革开放以后，中国以城乡社区作为最基层的治理单位，由国家主导完善了中国共产党的组织体系，并于20世纪90年代以后基本确立了现行的基层群众自治制度。同时，在内外力量推动下，为满足城乡居民的生活需求，各类商品经济、文化娱乐和志愿服务组织迅速发展，医疗、教育、养老、托幼等关涉民生保障的社会组织和社会服务网络应运而生，社会工作体系也在国家支持下逐步形成。由此，重新建立了一套国家领导下的自上而下与自下而上相结合、正式与非正式相结合的"双轨制"联合治理格局。

与此同时，改革开放40余年来，虽然中国人民的生活水平、生活条件迅速提升和改善，根植于中国数千年历史中的传统思维方式和文化理念却很难迅速改变。原子化的个体依然在寻找集体化的生活，人们依然生活在受儒家伦理规范的集体主义的经济社会系统之中。正如人类学家玛丽·道格拉斯在《制度如何思考》一书中所言："制度塑造了人的思维习惯。制度化的社区塑造了人们的好奇心，安排了公众的记忆，大胆地在不确定之上设置了确定性。制度在划分它的边界的同时也影响到所有低层次的思维

---

① 何星亮：《孙中山的"互助"思想与当代社会》，《中南民族大学学报》（人文社会科学版）2012年第2期。
② 彭海红：《毛泽东对中国农民改造的思考及其当代启示》，《淮阴师范学院学报》（哲学社会科学版）2010年第5期。

方式，人们通过社区的归属来寻找自己的身份，加以分类。"①

故笔者认为，中国现代互助社会是中国乡土互助社会现代转型的产物，是以党领导的互助组织体系为根基、以满足人民幸福美好生活需要为主要目的的互助共同体和互助经济体。互助组织也是党领导的讲究家国责任、维持由小及大的平衡稳定的共同体 – 集体，是理想与现实合一的情感利益共同体。

（三）现代互助社会建设彰显中国特色社会主义本质

习近平总书记指出："中国特色社会主义道路，是实现我国社会主义现代化的必由之路，是创造人民美好生活的必由之路。"② 现代互助社会建设正是中国特色社会主义本质的彰显和实现社会主义现代化的必由之路。

在新民主主义革命时期、社会主义革命和建设时期，毛泽东明确提出要推动农业互助合作，他反复强调，"社会主义道路才是全体农民富裕和生产迅速发展的光明大道"③。而坚持走社会主义道路，就是要把农民引到合作化、集体化轨道上来，1943 年 11 月，毛泽东在陕甘宁边区第一届劳动英雄代表大会上发表了著名的《组织起来》的讲话，他指出"目前我们在经济上组织群众的最重要形式，就是合作社"，要改变农民个体经济的落后状况的唯一办法"就是逐渐地集体化；而达到集体化的唯一道路，依据列宁所说，就是经过合作社"；这种初级形式的合作社还要"经过若干发展阶段，才会在将来发展为苏联式的被称为集体农庄的那种合作社"。④笔者认为，这一时期的农业互助合作实践为后来中国特色社会主义的发展奠定了基础，毛泽东对互助合作和社会主义的辩证认识亦具有超前指导意义，但因为与当时农村经济发展水平和农民思想及认识能力不相符合而没有实现。

改革开放以来，邓小平针对计划与市场的争论，提出发展社会主义市

---

① 〔英〕玛丽·道格拉斯：《制度如何思考》，张晨曲译，经济管理出版社，2013。
② 《习近平关于实现中华民族伟大复兴的中国梦论述摘编》，中央文献出版社，2013，第22 页。
③ 中华人民共和国国家农业委员会办公厅编《农业集体化重要文件汇编》（上册），中共中央党校出版社，1981，第 210 页。
④ 《毛泽东选集》（第 3 卷），人民出版社，1991，第 931 页。

场经济。他从经济基础角度阐述了社会主义的本质，即"解放生产力，发展生产力，消灭剥削，消除两极分化，最终达到共同富裕"。同时，邓小平也指出，"一个公有制占主体，一个共同富裕，这是我们所必须坚持的社会主义的根本原则"。他认为，共同富裕不是同时富裕，也不是同等富裕，而是强调让一部分人先富起来，先富带动后富，"一部分人先富裕起来，一部分地区先富裕起来，是大家都拥护的新办法，新办法比老办法好"。"让一部分人、一部分地区先富起来，以带动和帮助落后的地区，先进地区帮助落后地区是一个义务。"① 而实现共同富裕目标正是建设现代互助社会的根本目的，现代互助社会建设也是实现共同富裕、满足中国特色社会主义本质要求的必然路径。正是因为让先富起来的一部分地区、一部分人自发地、积极主动地、有序地带动后富存在个人意愿、信息互通等方面的问题，才需要相应的组织体系、制度体系建设去推动其实现，让人们在组织 - 集体中共同分享社会发展的红利，缩小社会福利的差距，实现财富的公平分配。

党的十八大以来，习近平总书记提出了"中国特色社会主义最本质的特征是中国共产党领导，中国特色社会主义制度的最大优势是中国共产党领导"② 的论断。在 2013 年 12 月的中央经济工作会议上，习近平总书记首次提出，"中国特色社会主义有很多特点和特征，但最本质的特征是坚持中国共产党领导"③。在 2015 年 2 月的省部级主要领导干部学习贯彻党的十八届四中全会精神全面推进依法治国专题研讨班上，习近平总书记指出："中国共产党是中国特色社会主义事业的领导核心，处在总揽全局、协调各方的地位。"他将中国共产党形象地说成"众星捧月"的"月"。他提出，在国家治理体系的大棋局中，党中央是坐镇中军帐的"帅"，车马炮各展其长，一盘棋大局分明。如果中国出现了各自为政、一盘散沙的局面，不仅我们确定的目标不能实现，而且必定会产生灾难性后果。④ 2016 年 7 月，在庆祝中国共产党成立 95 周年大会上，习近平总书记提出

---

① 《邓小平文选》（第 3 卷），人民出版社，1993。
② 习近平：《在庆祝中国共产党成立 95 周年大会上的讲话》，人民出版社，2016，第 22 页。
③ 《习近平关于社会主义经济建设论述摘编》，中央文献出版社，2017，第 318 页。
④ 《习近平关于全面从严治党论述摘编》（2021 年版），中央文献出版社，2021，第 58 页。

了"办好中国的事情，关键在党。中国特色社会主义最本质的特征是中国共产党领导，中国特色社会主义制度的最大优势是中国共产党领导。坚持和完善党的领导，是党和国家的根本所在、命脉所在，是全国各族人民的利益所在、幸福所在"的论断。①

在党的二十大报告中，习近平总书记进一步提出，中国式现代化是中国共产党领导的社会主义现代化，中国式现代化的本质要求是：坚持中国共产党领导，坚持中国特色社会主义，实现高质量发展，发展全过程人民民主，丰富人民精神世界，实现全体人民共同富裕，促进人与自然和谐共生，推动构建人类命运共同体，创造人类文明新形态。笔者认为，现代互助社会建设是中国式现代化的重要组成部分，核心是互助组织体系建设，互助组织体系建设同样离不开中国共产党的领导这一中国特色社会主义的最本质特征，需要党领导统合行政、社会、市场，建立能容纳社会互助组织成长的动态均衡系统。

三　互助型老龄社会建设将成为中国积极应对人口老龄化的重大成就

党的十九届五中全会通过的《中共中央关于制定国民经济和社会发展第十四个五年规划和二〇三五年远景目标的建议》首次将积极应对人口老龄化上升为国家战略。建构起中国共产党领导的政府－社会－市场三者自我调节彼此间关系、与老龄社会形态变化相适应的互助型老龄社会，既是推进国家治理体系和治理能力现代化的内在要求，是中国全面建成社会主义现代化强国的基本条件，也将是中国积极应对人口老龄化的重大成就。

（一）在老龄社会中，互助社会建设也是互助型老龄社会建设

环境改变是社会系统为维持平衡和稳定而发生改变的重要影响因素。中国现代化进程中的社会建设面临急速进入老龄社会、超老龄社会的特殊环境，② 当然也有互联网和人工智能所带来的技术变迁等。从广义的角度

---

① 习近平：《在庆祝中国共产党成立95周年大会上的讲话》，人民出版社，2016，第22页。
② 人口老龄化正在改变国家的发展基础。既然老龄化进程无法逆转，那么实现"中国梦"的过程一定是经济社会发展主动适应老龄化的过程。

来看，老龄社会是 65 岁及以上老年人口所占比例超过 14% 的社会样态的统称，在这样的社会中，互助社会建设实际也是互助型老龄社会建设，需要与老龄社会环境相适应。同时，老龄社会和超老龄社会也更具有建设互助社会的迫切性。

老龄社会结构特点包括经济上的劳动力人口下降、人口红利加速减少，以及社会治理上的老年空巢和青年空巢并生、家庭功能不断弱化以及治理基点低，未富先老、未备先老、农村先老等。[①] 相比于其他群体，老年群体对于健康长久生存、集体化的交往以及尊严、自我实现的需求，也即对通过现代社会建设过上低成本、集体化、不虞匮乏的生活的需求更加强烈。根据《世界人口展望》（2017 年修订版），日本是世界上老龄化程度最高的国家，2017 年，60 岁及以上老年人口所占比例已经达到 33.4%。有研究称日本社会为低欲望社会，[②] 其面临人口老龄化、高龄化，人口数量减少，父母对子女期望降低以及年轻人"草食化"（缺乏责任心、上进心，也即低欲望）等问题。这实际就体现了超老龄社会中的人口寿命延长以及惧老社会心理下的隐性代际冲突。

故而，中国特色社会主义现代化进程发展到一定阶段需要历经社会建设的重大变迁，老龄社会的迅速到来以及人口老龄化程度急剧加深则加速了对这一变迁的需求的增长，这是现代社会系统需要调整以适应的另一重要环境。一方面，针对老年群体的互助合作是互助型老龄社会建设的突破口；另一方面，中国的人口老龄化背景也需要建立各代、各类型人群内部以及之间的互助合作机制，增进团结、加强保障、激发活力、减少冲突，这对建设现代互助社会提出更加迫切的要求并将加速其进程。

（二）互助社会建设与积极应对人口老龄化同步进行

与老年人口占比高企相比，拥有规模巨大的人口和老年人口是中国所独有的人口老龄化国情。2023 年国家统计局发布的数据显示，截至 2022

---

① 参见陆杰华、林嘉琪《中国人口新国情的特征、影响及应对方略——基于"七普"数据分析》，《中国特色社会主义研究》2021 年第 3 期；原新、金牛《中国老龄社会：形态演变、问题特征与治理建构》，《中国特色社会主义研究》2020 年第 Z1 期。

② 〔日〕大前研一：《低欲望社会："丧失大志时代"的新·国富论》，姜建强译，上海译文出版社，2018。

年末，中国人口为 14.1 亿人，60 岁及以上人口达到 2.8 亿人。同时，2021 年后的短短 10 余年间，中国老年人口数量将相继突破 3 亿人大关和 4 亿人大关，特别是从 3 亿人到 4 亿人仅需 9 年时间（2025～2034 年）。[①] 事实上，中国选择社会主义道路，与"人口规模巨大的现代化""国之大者"的现实国情亦密切相关，互助社会建设和互助型老龄社会建设体现了社会主义人口大国的人民幸福美好生活与党的长期执政、国家长治久安的辩证统一。

第七次全国人口普查数据显示，2020 年，我国 60 岁及以上老年人中自评不健康的老年人占 12.8%，具体来说，不健康但生活能自理的老年人占 10.4%，生活不能自理的老年人占 2.3%。据此推算，2020 年全国有 3366 万老年人处于不健康状态，其中分别有 2748 万、618 万老年人处于不健康但生活能自理、生活不能自理状态。[②] 这实际反映了积极应对人口老龄化的两个方面，即社会照护与社会参与。

一方面，伴随老年人的家庭潜在照料资源减少，不健康老年群体是需要着重供给社会养老服务保障的对象，需要多元化、多层次、多主体的服务保障供给。根据中共中央办公厅、国务院办公厅印发的《关于推进基本养老服务体系建设的意见》，基本养老服务是指由国家直接提供或者通过一定方式支持相关主体向老年人提供的，实现老有所养、老有所依所必需的基础性、普惠性、兜底性服务。除此以外，还有市场化、社会化的其他服务。面对老年人的多样化需求和相对不足的消费能力，要增进老年人养老福祉，除政府的资金拨付、政策规范、行政管理职责的履行之外，党委领导、政府负责下的社会与市场的合作应当成为社会养老的资金筹集和服务供给的重要途径，寓于互助社会（社会治理）之中的互助服务是节约成本的服务方式，同时能在服务过程中最大限度地推动社会治理现代化（产生外溢效应），也就是探索构建与中国现实养老国情相适应的社会养老服务保障体系（合作型福利体系）。

① 杜鹏、李龙：《新时代中国人口老龄化长期趋势预测》，《中国人民大学学报》2021 年第 1 期。

② 杜鹏：《中国人口老龄化现状与社会保障体系发展》，《社会保障评论》2023 年第 2 期。

另一方面，还有占 87.25% 的约 2.45 亿老年人属于健康老人，通常他们无须被养，只是在生活遇到困难时需要帮助。这些老年人，尤其是其中的离退休老干部、低龄老年党员，有着丰富的经验智慧和人生阅历，有着相对更高的受教育水平和社会地位，有着相对充足的时间和饱满的精力，需要为他们提供在保障中有序参与社会的机会，由此充分体现社会主义制度的优越性。

规模庞大的老年人口作为社会的重要组成部分，既关涉社会问题，也影响到政治稳定，儿童有学校、劳动年龄人口有单位，老年人离开工作岗位之后变成散落的个体，并不利于社会治理。① 互助型老龄社会建设正是互助社会建设与积极应对人口老龄化同步进行的充分体现。

（三）互助型社会养老是互助型老龄社会建设的创新探索

互助型社会养老在我国的发展由来已久。除了邻里守望相助、扶贫济弱之外，1972 年，江西省兴国县江背人民公社高寨大队成立了全国第一个老人互助会，② 随后到 20 世纪 80 年代，河南、山西、福建、吉林、浙江等地相继成立老年人理事会、老年领导组、老人会、老年读报组等。2000年，中国进入老龄化社会之时，《关于加强老龄工作的决定》提出：今后一个时期我国老龄事业发展的主要目标之一就是从我国社会主义初级阶段的基本国情出发，努力建立和完善有中国特色老年社会保障制度和社会互助制度。到 2008 年，河北省邯郸市肥乡县（现肥乡区）前屯村建立农村互助幸福院，农村互助养老正式引发社会普遍关注，此后在国家及各地政府推动下，各地先后展开互助幸福院、幸福大院等试点，城乡互助养老也受到社会各界广泛关注探讨，国家和地方相关政策文件从重视设施建设逐步向重视服务供给、组织建设转变。③

---

① 2021 年重阳节，习近平总书记就对老龄工作做出重要指示，他指出，各级党委和政府要高度重视并切实做好老龄工作，贯彻落实积极应对人口老龄化国家战略，把积极老龄观、健康老龄化理念融入经济社会发展全过程。要大力弘扬孝亲敬老传统美德，落实好老年优待政策，维护好老年人合法权益，发挥好老年人积极作用，让老年人共享改革发展成果、安享幸福晚年（《习近平关于尊重和保障人权论述摘编》，中央文献出版社，2021，第 132 页）。
② 吴玉韶：《老龄工作的实践与思考》，华龄出版社，2014。
③ 笔者也是从这个时候开始关注和研究互助型社会养老模式和体系的。

2012 年修订后的《中华人民共和国老年人权益保障法》中明确提出要"倡导老年人互助服务"。2017 年，国务院《"十三五"国家老龄事业发展和养老体系建设规划》提出要大力发展农村互助养老服务，《关于加强农村留守老年人关爱服务工作的意见》提出要"充分发挥老年人组织、村民互助服务组织、社会工作服务机构作用""鼓励低龄健康老年人为高龄、失能留守老年人提供力所能及的志愿服务，探索建立志愿服务互助循环机制"。2018 年，国务院《政府工作报告》首次提出了发展"互助式养老"，代表了政府对互助养老的战略性认可。

2020 年，党的十九届五中全会通过的《中共中央关于制定国民经济和社会发展第十四个五年规划和二〇三五年远景目标的建议》提出要实施积极应对人口老龄化国家战略，发展普惠型养老服务和互助性养老。2021 年，中共中央、国务院发布的《关于加强新时代老龄工作的意见》，提出要结合实施乡村振兴战略，加强农村养老服务机构和设施建设，鼓励以村级邻里互助点、农村幸福院为依托发展互助式养老服务；坚持突出重点、夯实基层，确保老龄工作有人抓、老年人事情有人管、老年人困难有人帮；加强党对老龄工作的领导，发挥城乡基层党组织和基层自治组织作用；发挥中国老龄协会推动老龄事业发展的作用，提升基层老年协会能力。

从实践上来看，目前很多城乡地区在城乡社区层面进行互助养老的探索和试点，也有一些地区已经建立了相对成熟的县市级统筹的互助养老服务体系。一些互助氛围浓厚且注重互助组织建设的地区，主要依托互助组织体系提供互助服务，而互助组织建设相对滞后的地区，则通过专业社会组织/社会企业进行互助志愿队伍的招募和培育，重点提供上门探望、日常帮扶类的救助性的互助志愿服务。另外，一些有条件的地区，正在探索党政、企业、社会组织、城乡社区的资源协同互补，推动构建养老服务联合体、社区经济综合体以及养老合作社等，发展普惠性的互助养老，为城乡社区老年人提供低成本的食、住、精神慰藉和生活照护。①

---

① 参见刘妮娜《互助型社会养老：模式考察与理论研究》，高等教育出版社，2023；刘妮娜《互助养老》，华龄出版社，2021；刘妮娜《互助型社会养老：乡土模式的理论与实践》，社会科学文献出版社，2020。

　　总体而言，面向未来，互助型社会养老通过建设、经营各类互助组织提供互助（志愿）服务（保障），一是推动党委领导、政府负责下老年人有秩序、有活力地参与社会；二是应对中国在社会主义初级阶段存在的经济发展水平相对不高、国家保障能力相对不足、绝大部分老年人缺乏购买社会养老服务的能力或购买意愿不足的问题；三是重建互助的社会信任网络，为市场服务提供用户、平台并进行有效监督；四是发挥民生保障和社会治理功能，既是中国特色社会养老服务保障体系的基础部分，也是中国特色互助组织、互助合作经济、互助社会建设发展的重要突破口，应当与基层治理、数字治理一并重点建设和大力发展。

第二节　研究目标、研究思路与研究方法

　　伴随老年人口规模的急速增加，中国作为社会主义国家，明确"人在组织中""人在社会中"的基础地位，将互助型社会养老作为互助型老龄社会的基础构成部分，将以党委领导下的集体力量——互助合作化方式积极应对人口老龄化纳入社会养老体系，这可以成为中国特色老龄社会治理的重大创新实践，[①] 影响世界老龄社会的治理格局和社会养老服务保障供给方式。

一　研究目标

　　本书的研究目标主要分为两个方面。

（一）理论目标

　　以社会互助为核心展开中国社会建设研究，提出互助型老龄社会概念，建构中国特色互助型老龄社会学术话语，丰富和填补中国式社会建设理论宝库。首先，本书依据个体－组织－社会、价值－组织－服务－保障－经济的社会建设逻辑，对互助社会的核心概念和概念谱系进行了系统

---

　　① 互助型社会养老与市场型社会养老是双轮驱动、并行不悖的，需要分类别、分阶段、渐进式地构建和完善具有中国特色的社会养老体系，同时互助型社会养老也是中国特色基层老龄社会治理的组成部分，可以推动基层社会共建、共治、共享格局的形成。

分析。其次，本书提出以党的领导为统领、以人民幸福为本位、以网格结构化均衡为架构、以互助组织体系建设为基础、以市场经营社会为驱动、以老龄互助合作为突破口的互助型老龄社会理论模型。最后，本书建立了以社会互助为轴心、以互助型社会养老为重点、以服务—组织—经营—治理为递进逻辑的一种互助型老龄社会分析框架。

（二）实践目标

对互助型老龄社会建设重点——互助养老和基层治理的典型模式、策略、特点进行实践总结分析，提出建立老龄社会互助制度及相关对策建议。未来中国式的人口老龄化进程是老年人口规模巨大的人口老龄化进程，也是速度快叠加程度深的人口老龄化进程。2023 年，中国的 60 岁及以上老年人口数量已经接近 3 亿人，到 2050 年左右将接近 5 亿人。与此同时，伴随人们民主参与能力和意识增强，他们对组织发展和服务供给等方面的社会治理现代化要求不断提高，这与现实中的政府或市场路径依赖、社会成长度不足之间形成一定的结构性张力。本书立足于 2014 ~ 2023 年的实地调研，进行互助型老龄社会的建构与解构，将为社会各界提供一种中国式老龄社会建设的发展思路，为国家及各级政府做好老龄社会建设的顶层设计、为其制定制度框架和政策体系提供数据支撑和理论依据，并提出明确和有说服力的参考模式与对相关问题的解答。

二　研究思路和主要观点

（一）研究思路

根据前述研究目标，本书的研究思路如图 1 - 1 所示。

（二）主要观点

本书的主要观点包括但不限于以下几点。

（1）现代互助社会建设是基层治理体系建设的中国道路，核心是中国共产党领导的互助组织体系建设，这是社会主义现代化国家建设的基础工程。

（2）现代互助社会既是现实和理想相互观照的互助共同体，也是情感和利益相互观照的互助经济体。

（3）现代互助社会的结构特点可以概括为网格结构化均衡，关键目标

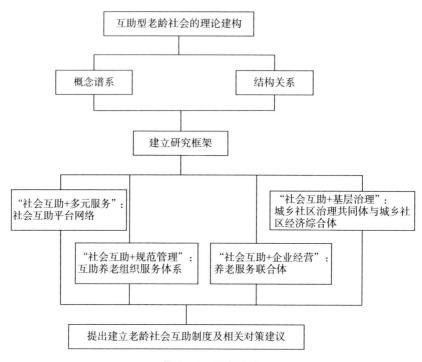

图 1 - 1　研究思路

是社会互助成长，实现目标的两大抓手是党建引领多元共治和市场经营社会。

（4）人口老龄化具有不可逆转性，中国式现代互助社会也将是互助型老龄社会。互助型社会养老是互助型老龄社会建设的重要内容和突破口，寓于基层治理之中。

（5）以互助养老和基层治理为例，在互助型老龄社会中，"社会互助＋多元服务"形成社会互助平台网络，"社会互助＋规范管理"建立互助养老组织服务体系，"社会互助＋企业经营"推动养老服务联合体发展，"社会互助＋基层治理"建设理想的城乡社区治理共同体和城乡社区经济综合体。这一模型可以类推至其他社区服务和治理项目。

（6）互助行为是社会互助的基础，现代社会互助的发展离不开互助网络的形成、志愿精神和美德修养的助力，互联网社会互助平台为现代社会互助提供了成长空间，互助行为的量化、可视化、制度化是推动现代社会互助发展的重要环节。但是，互助不能以揠苗助长的方式强制推动。

（7）互助养老组织服务体系是对互助型社会养老的"互助逻辑"的有力维护，也是面向未来的老年人互助合作社体系的组织基础，其主要由互有交叉且紧密合作的互助组织体系和专业社会组织体系（包括社会企业体系）构成，将与企业体系合作、互相制约、协同发展。

（8）要推动社会养老可持续运转，互助养老组织服务体系需要创新引入企业、个体商户等市场主体和市场规则，推动企业经营社群、经营平台，并形成与社会组织的良性互动，联合满足老年人的多元养老需求。

（9）城乡社区经济综合体的突出特点在于组织协同，与城乡社区治理共同体相比，偏向城乡社区经济和服务保障，强调基层党组织领导的城乡社区自治组织和集体经济组织等互助组织参与线上线下平台建设和运营管理，通过党建引领多元组织共同参与城乡社区经济活动，并推动村民、居民共同参与互助组织和互助服务保障中的联合行动。

（10）要推动建设互助型老龄社会，需要落脚于顶层设计，建立现代社会互助制度。现代社会互助制度由党委领导、政府负责推动实施，其主要包括互助组织、互助服务、互助参与、互助平台、互助合作、互助保障等六个方面的制度。

三　研究方法

（一）数据来源

本书所使用数据主要来自三个方面。

一是 2014～2020 年调研的互助型社会养老案例数据。笔者团队于 2014～2020 年，追踪调研北京、河北、上海、广东、浙江、江苏、辽宁、吉林、四川、广西等 10 个省（区、市）的 14 个县（市）的互助型社会养老典型模式。调研内容包括互助型社会养老的发展过程、运作情况（包括资金来源、管理方式、人员配置、服务标准等）、效果评价（包括管理人员的评价和看法、服务人员的评价和看法、老年人及其家庭成员的评价和看法等）、支持情况（包括政府、社会力量、互联网技术等）。调研对象主要包括城乡社区相关负责人、老年协会负责人、社会组织负责人、企业负责人、互助服务员、志愿者等。

二是 2018～2022 年调研的基层社会治理案例数据。笔者团队于 2018～2022 年，追踪调研北京市回天地区（回龙观和天通苑地区）的社区、社会组织、社会企业等的基层社会治理典型模式。社区调研内容包括社区基本情况、党的领导、网格化治理、志愿服务、协商民主、物业管理、垃圾分类、养老服务以及社区防疫情况等，社会组织和社会企业调研内容包括基本情况、功能型党组织和党员数量、资源整合、开展项目、自我造血（经营业务）、特色亮点以及面临困难等。调研对象主要包括社区党组织（副）书记、社区居委会（副）主任、其他社区工作人员、在职党员、楼门长、社区党员、社区居民代表、社区居民、街道办事处工作人员、社会组织负责人、社会组织员工、社会企业负责人、社会企业员工等。

三是 2023 年调研的互助养老与互助社会案例数据。笔者团队于 2023 年 4～11 月，调研了北京、山东、甘肃、青海、陕西、江苏、浙江、上海、江西、福建、广东等 11 个省市的 12 个县（市）的社会养老体系、互助型社会养老体系、基层治理体系典型模式以及城乡社区、社会组织、社会企业典型案例，并收集了专业服务人员、互助服务人员、志愿者、普通居民的一对一访谈个案。社区调研内容包括社区概况、社区治理特色、养老组织和养老服务特色等，社会组织调研内容包括组织目标、发展历程、资金来源、内部治理、服务内容和发展规划等，企业调研内容包括企业发展历程、业务开展、行业发展、服务特色等，个人调研内容包括个人基本情况、互助志愿服务经历、互助志愿服务参与动机和感受等。调研对象主要包括政府相关部门负责人、社区党组织（副）书记、社区居委会（副）主任、其他社区工作人员、社会组织负责人、社会组织员工、企业负责人、企业员工、互助服务员、志愿者、普通城乡社区居民等。

（二）主要研究方法

1. 半结构式访谈法

半结构式访谈法指按照一个粗线条式的访谈提纲进行的访谈，访谈者可以根据现实情况调整、增减提纲问题。其对提问的方式和顺序、访谈对象回答的方式、访谈记录的方式和访谈的时间及地点等没有具体的要求。本书的半结构式访谈在实地调研过程中进行，访谈对象包括政府和城乡社区相关工作人员、社会组织（养老机构）负责人及工作人员、企业负责人及工作人员、社区互助服务人员、志愿者、普通城乡社区居民等。

2. 小组座谈法

小组座谈法是采用小组座谈会的形式，挑选一组具有代表性的访谈对象，由主持人就某个专题对访谈对象进行统一询问，从而获得对有关问题的深入了解的一种调查研究方法。该方法中主持人与访谈对象开展互动，询问相关问题，倾听各访谈对象的回答，有利于集思广益并碰撞想法，有助于了解基层治理和互助养老的典型案例、发展情况与运作模式。本书的小组座谈在实地调研过程中进行，座谈对象包括调研地政府部门或城乡社区"两委"、养老机构或社会组织负责人及工作人员，养老服务站点负责人及志愿者，普通城乡社区居民等。

3. 观察法

观察法指在一定情境下，研究者根据既定的研究目的，对研究对象的行为或调研地点做出有计划与有针对性的观察，并依据观察的记录，对现象或个体的行为做客观性解释的一种研究方法，这种方法一般不通过提问或交流来获取关于研究对象或某一事件的信息。本书采取的是半参与式观察，即观察者参与被观察群体活动，且明确告知被观察对象自己的身份并保持中立态度，有利于在较短时间内获得比较真实的第一手资料。观察对象包括实地走访的基层自治组织、老年协会、专业社会组织、企业等，通过观察，可以了解其内部治理情况、运作模式、管理办法等，收集到的上墙规章制度等材料与小组座谈和个案访谈的结果相互印证，形成全面结论。

第二章　互助社会的概念谱系

互助与竞争作为一对概念，是人类社会所共有的，广泛存在于人类的生产生活之中。从社会价值层面看，互助是人的道德式交换，是现代社会值得被提倡且有务实效用的制度文化和实践哲学。从社会参与层面看，互助是人的本能属性、内生需求，作为一种参与行为，是个体最本质的生存、交往、安全、尊重以及自我实现的需要。从社会组织层面看，互助代表了正式的有组织的社会行动，涉及互助组织、互助服务、互助参与、互助合作、互助保障、互助平台等。从社会系统层面看，互助建构了现实和理想相互观照的互助共同体，这也是情感和利益相互观照的互助经济体。本章将尝试阐释互助概念，并对其所涉及的多维谱系进行比较分析。

第一节　互助社会的核心概念

简单来讲，互助就是相互帮助，"你帮我、我帮你"，这也是人们谈到互助的第一反应。但从学理上分析，互助代表了一种社会建构话语——建设人们"相互帮助"的社会，从这个角度去建构互助社会，会发现它的概念是多维度、多层次的，核心概念包括个体层面的互助行为、中观层面的互助组织、宏观层面的互助社会。

一　互助行为

互助的本源属性一是情感，二是利益，互助即人们之间因情感、利益而进行的相互帮助。延伸来讲，人类的互助行为既是一种本能，也是一种需要，人们通过生活、生产、金融（资金、物品、服务的传递）等方面含有经济意义的互相帮助共同应对困难环境，并在这一过程中满足交往和精神上的需要。笔者认为，互助行为可以界定为：人们因情感、利益需要，通过生活、生产、资金、服务等方面的互相帮助参与到社会之中，并以此培育自身道德修养的社会行为。互助行为主要包括心理层面的互助精神以及行动层面的互助参与和互助服务，其可以拓展到组织层面（见图 2 - 1）。

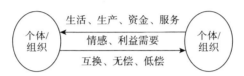

图 2 - 1　互助行为示意

（一）互助精神

在不同的互助进化观点中，互助精神有时被认为是动物本能，有时被认为是人的独特属性。如克鲁泡特金认为互助是包括人在内的一切动物的本能，是生物界的普遍特征。互助感情和互助本能可以追溯到动物世界的最低级阶段，而人类生来就具有合群以及互相帮助和支援的需要。[①] 孙中山则认为互助是人的独特属性，他提出了分期进化学说，将生物进化划分为物质进化、物种进化、人类进化三个时期。他认为互助将人与自然物种区分开来，物种以竞争为原则，人类则以互助为原则。[②]

现代互助研究则关注社会心理和相应行为，个人主义观点中的"互助"偏向利己的"互惠"或者"互利"；集体主义观点中的"互助"偏向互助互利的融合，指面向亲朋邻里、可知人群等集体的互助互利精神。同时，互助精神是可以激发、培养的，人们能够在互助中产生认同、信任、友好等向上向善的感受，收获社会资本和正能量而愿意延续互助，由此推动人类道德的进步和生活向高层次的发展，其更高层次表现为文明社会中人们自发自愿地帮助他人。

笔者非常认同克鲁泡特金的每个人从互助精神中汲取力量的论述，即互助也是自助，其中的关键是存在培育信任、包容、和谐、友爱的个体心

① 〔俄〕克鲁泡特金：《互助论：进化的一个要素》，李平沤译，商务印书馆，2009。
② 赵璐、朱丹琼：《论孙中山的进化思想及社会历史观》，《西北大学学报》（哲学社会科学版）2007 年第 2 期。

态和社会环境，让人们能够愿意并敢于相互帮助，进而使星星之火向燎原发展。①

（二）互助参与

亚里士多德曾说，人是一种政治动物，自然趋向于城邦的共同体的生活。② 参与在西方就起源于城邦参与，是人们参加政治、经济、文化、社会以及社会生活其他不同方面活动的过程，③ 在这一过程中，人们有能力去影响和参加那些影响他们生活的决策和行为。④ 在现代政治生活中，无论是民主还是治理，均将参与作为重要原则。⑤ 一些学者也将参与作为现代社会的特征，与传统社会的非参与相区别。⑥

但在前述关于参与的表述中，参与往往泛指公众或民众参与，互助参与则聚焦于互助组织之中的参与。在中国传统社会中，互助参与就发轫于熟人社会之中，道义观念是其中互助参与动机的重要来源，依赖于同情、怜悯等情感，⑦ 民间弱势群体经常通过"结义"的形式相互结盟、相互依靠、相互救助，壮大力量以增强凝聚力，借此获得集体保护。⑧ 进入现代社会，互助组织包括城乡社区、社区社会组织、互助小组、志愿者队伍、文化娱乐队伍等，其中城乡社区居民互助参与的表现和意义在于：一是平等参与、共同决策组织内部事务；二是助人自助，在获得相互的帮助收益

---

① 克鲁泡特金说，"互助可以让人们情如手足，比公平、平等、正义等原则更能导致人们幸福"，"社会在人类中的基础，不是爱，甚至也不是同情，它是无意识地承认一个人从互助的实践中获得了力量，承认每一个人的幸福都紧密依赖一切人的幸福，承认个人把别人的权利看成等于自己的权利的正义感或公正感。更高的道德感就是在这个广泛而必要的基础上发展起来的"（〔俄〕克鲁泡特金：《互助论：进化的一个要素》，李平沤译，商务印书馆，2009）。

② 〔古希腊〕亚里士多德：《政治学》，吴寿彭译，商务印书馆，1965。

③ A. Sidorenko, Empowerment & Participation in Policy Action on Ageing. UN Program on Ageing（paper presented at the International Design for All Conference, Rovaniemi, Finland, 2006）.

④ 汝信主编《社会科学新辞典》，重庆出版社，1988，第53~54页。

⑤ 易申波、肖唐镖：《中国民众眼中的政治参与——政治参与观的概念、测量与类型学探索》，《行政论坛》2023年第1期。

⑥ 〔日〕蒲岛郁夫：《政治参与》，解莉莉译，经济日报出版社，1989。

⑦ 徐俊、刘丽杭：《老龄群体参与互助养老服务的观念溯源与建构路径选择》，《新疆社会科学》2021年第5期。

⑧ 王丽娟：《文人之"忠"与民间之"义"——桃园结义故事两种叙事的比较分析》，《明清小说研究》2007年第1期。

的基础上逐步稳定；三是互助参与者有了情感寄托与依赖的明确对象，能够激发感恩感、信任感和认同感，利他主义思想、志愿意识、志愿行为也得以增强或增加，尤其是在城乡社区的组织下，通过城乡社区居民间的频繁沟通与互助，能够增强城乡社区居民间的信任，从而保证城乡社区居民互助参与的持续性。[①]

（三）互助服务

服务概念研究起源于经济学领域，[②] 1960 年，美国市场营销协会曾将服务定义为"通过交换，为顾客提供有价值的利益或者满足的一切行为"[③]。《经济大辞典》对服务的解释是："服务即劳务。"该辞典是这样解释劳务的："又称服务。指以劳动的形式而不以实物形式为他人提供某种使用价值的经济过程。"进一步地，吴玉宗提出，服务就是为他人提供非实物的使用价值的活动。而且，这种服务的提供基本上建立在交换和相互需要的基础上，是服务主体与服务客体双方自愿的交换过程。[④] 雷江升提出服务包括为顾客创造和提供核心利益或价值的服务产品，以及为满足顾客需要而提供附加服务的顾客服务两种类型，并将服务特点归纳为利他性、交易性、利益性、所有权无关性等四个方面。[⑤]

服务同样具有社会性、公共性属性。16～17 世纪，具有浓厚基督教色彩的西方宗教型慈善和贫困救济的社会服务得到广泛发展，尤其到 19 世纪中后期，由于贫民和失业者数量的大幅增加，出现了各类具有不同目标的慈善组织，当时的主要社会服务人员是有钱、有闲和富有同情心的中产阶级妇女，她们以"友善访问员"（Friendly Visitor）的身份访问贫困家庭，并开展社区服务和帮助救济穷人。伴随 21 世纪的公共行政和政府改革，以实现公共利益为目标，提供公共服务成为现代政府的主要职责，并扩展至建立根据公民意愿行使公共服务职能以达到服务目的的服务型政府、以非

---

① 欧阳祯、杨荣：《社区参与式互助体系社会资本建构研究——以济南市舜义社区为例》，《社会工作与管理》2018 年第 2 期。
② 李海洋、牛海鹏编著《服务营销》，企业管理出版社，1996。
③ 雷江升：《服务及服务质量理论研究综述》，《生产力研究》2007 年第 20 期。
④ 吴玉宗：《服务型政府：概念、内涵与特点》，《西南民族大学学报》（人文社科版）2004 年第 2 期。
⑤ 雷江升：《服务及服务质量理论研究综述》，《生产力研究》2007 年第 20 期。

营利服务弥补在供给公共服务过程中政府失灵和市场失灵的缺陷、激发社会活力和社会力量积极参与志愿服务等。

在我国，公共服务又被赋予了人民性的政治意涵。在延安时期，毛泽东同志最早从党的性质和宗旨的角度提出了"为人民服务"[①] 的科学论断，党的七大明确地将"为人民服务"确立为党的根本宗旨。由此，"为人民服务"成为中国共产党人的精神动力和行动指南，也成为全中国人民家喻户晓的群众语言和社会道德。[②] 笔者认为，在中国话语中，"为人民服务"最根本地体现了"服务"的道德要求、信念伦理等特点，"老百姓衷心拥护中国共产党，就是因为中国共产党始终全心全意为人民服务、为各民族谋幸福"[③]。

综合以上，本书提出，互助服务的本质是经济互助，兼具经济、社会属性，在中国又被赋予了人民性的意涵。其需要并且能够在社会中倡导以社会经济手段，实现道德培养、信任建立、社会服务等社会目标。互助服务的服务形式多种多样，但这些服务形式均是兼具工具理性和道德要求的，具有低偿服务或服务交换的特点，低成本、低报酬但并非无成本、无报酬。按照服务类型，可以将互助服务划分为服务交换型互助和报酬给付型互助。服务交换型互助主要指互助双方（多方）相互提供交换性的互助服务，这种互助服务不涉及货币交换。报酬给付型互助则指服务者兼具交换和利他目的，为服务对象提供有劳动报酬的低偿服务，这些服务一般具有长期性、劳动密集等特点。

二 互助组织

在现实生活中，每个人都有自己的非正式互助网络，但要让非正式互助变为规范、有序、可持续的正式互助，就需要借助正式组织，建立法律法规、互助规则、外生信用体系，提高资金、管理、评价的统筹层次，推动其有效治理和可持续发展。本书将互助组织界定为：组织成员自我管

---

① 《毛泽东选集》（第3卷），人民出版社，1991，第1004页。
② 施丽红、吴成国：《论"为人民服务"思想的内在逻辑与行动自觉》，《思想教育研究》2023年第1期。
③ 《坚持以人民为中心深化改革开放 深入推进青藏高原生态保护和高质量发展》，《人民日报》2021年6月10日。

理、自我服务、自我教育、自我监督，通过组织化管理或企业化经营达到可持续发展目的，低成本满足本组织成员资金/服务/物品/精神等需求的社会组织。按照互助组织的主要功能，可以将其划分为政治性互助组织、社会性互助组织和经济性互助组织等三类（见图2-2）。①

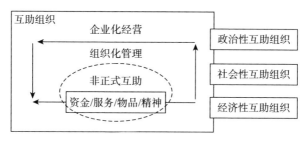

图 2 - 2　互助组织类型

（一）政治性互助组织

政治性互助组织是具有中国特色的互助组织形式，是保障现代互助社会的基础性地位的政治制度和政治组织。目前我国的政治性互助组织主要包括党的群团组织和村/居民委员会两类。②

1. 群团组织

群团组织是在党和政府直接支持下建立起来的人民团体和群众团体的统称。如表2-1和表2-2所示，目前我国的群团组织共有23个，包括人民团体8个、群众团体15个，其中由中央机构编制委员会办公室管理机构编制的群团组织有22个。③

根据2015年发布的《中共中央关于加强和改进党的群团工作的意见》，群团事业是党的事业的重要组成部分，党的群团工作是党治国理政

---

① 需要说明的是，互助组织可以通过成立企业、社会服务机构等发挥各种专业性功能。互助组织由不同类型的人群构成，每个互助组织实际均兼有政治、经济、社会等多重属性，只是偏重不同。

② 实际一些由政府部门领导代管的社会团体，如中国老龄协会、中华全国供销合作总社等也属于政治性互助组织，但根据目前的统计口径，其属于社会团体类别，笔者认为其处于改革的过程中，本书不对其进行深究。

③ 这22个群团组织不包括中华全国青年联合会（简称"全国青联"），主要原因是全国青联是一个虚体，没有机构编制，全国青联主席一般由共青团中央书记处常务书记担任，秘书长由共青团中央统战部部长担任。

的一项经常性、基础性工作，是党组织动员广大人民群众为完成党的中心任务而奋斗的重要法宝。2015年7月6日，习近平在中央党的群团工作会议上明确提出了群团组织具有政治性、先进性和群众性三大本质属性；2017年8月，习近平对群团改革工作做出重要指示，进一步强调要推动各群团组织结合自身实际，紧紧围绕增强"政治性、先进性、群众性"，直面突出问题，采取有力措施，敢于攻坚克难，注重夯实群团工作基层基础。①

据此，群团组织作为政治性互助组织，其政治互助主要体现在：一方面，自上而下来看，群团组织是党直接领导的组织，是党和政府服务人民群众、联系人民群众的桥梁和纽带，在不同程度上承担了党政有关部门的某些职能；另一方面，自下而上来看，群团组织是群众自我教育、自我管理的重要平台，它们有各自的章程，要按各自的章程规定开展活动，群团组织特别是人民团体是广大群众依法、有序、广泛参与管理国家事务和社会事务、管理经济和文化事业的重要渠道。②

以妇联组织和工会组织为例。2018年11月通过的《中华全国妇女联合会章程》规定，中华全国妇女联合会是全国各族各界妇女为争取进一步解放与发展而联合起来的群团组织，是中国共产党领导下的人民团体，是党和政府联系妇女群众的桥梁和纽带，是国家政权的重要社会支柱。妇女联合会实行全国组织、地方组织、基层组织和团体会员相结合的组织制度。妇女联合会的地方和基层组织接受同级党组织和上级妇女联合会双重领导。截至2022年，我国村级妇联组织已超60万个，乡、村两级妇联执委达770多万人；在自然村屯、村民小组、社区网格、居民楼栋等妇女生活最小单元建立妇女小组90万个；全国共有妇女之家超71万个，妇女微家超18万个，为妇女提供近在身边的服务；省市县三级妇联培育扶持和联系服务的女性社会组织有近6万个；全国妇联团体会员数量达到19个，全国县级以上妇联组织共有团体会员8017个。③

---

① 习近平：《论党的青年工作》，中央文献出版社，2022，第105、145页。
② 罗贵榕：《论群团组织的角色转型——发挥工会、共青团、妇联等群团组织在建构公民社会中的领航作用》，《法制与社会》2006年第18期。
③ 《非凡十年 数读妇联》，中国妇女网，2022年9月30日，http://www.cnwomen.com.cn/2022/09/30/99259818.html。

2021 年修订的《中华人民共和国工会法》规定，工会是中国共产党领导的职工自愿结合的工人阶级群众组织，是中国共产党联系职工群众的桥梁和纽带；工会各级组织按照民主集中制原则建立；用人单位有会员 25 人以上的，应当建立基层工会委员会；不足 25 人的，可以单独建立基层工会委员会，也可以由两个以上单位的会员联合建立基层工会委员会，还可以选举组织员一人，组织会员开展活动。中华全国总工会及其各工会组织代表职工的利益，依法维护职工的合法权益。

表 2 - 1　中国的人民团体

名称	成立年份	联系群众	会员情况	基层组织情况
中华全国总工会	1925	职工	25562.8 万名	222.3 万个
中国共产主义青年团	1922	先进青年	7358.3 万名	409 万个
中华全国妇女联合会	1949	全国各族各界妇女	团体会员 19 个	198.9 万个
中国科学技术协会	1958	科技工作者	个人会员 1289.4 万名，团体会员 35.3 万个	122847 个
中华全国归国华侨联合会	1956	全国归侨、侨眷	—	26670 个
中华全国台湾同胞联谊会	1981	台湾各族同胞	—	—
中华全国青年联合会	1949	各族各界青年	团体会员 49 个，包括全国性社团会员 14 个、地方会员 31 个、行业（系统）会员 4 个	—
中华全国工商业联合会	1953	民营企业和民营经济人士	4714984 个	3407 个

资料来源：（1）国家统计局编《中国统计年鉴 2023》，国家统计局官网，https://www.stats.gov.cn/sj/ndsj/2023/indexch.htm；（2）《全国共有共青团员 7358.3 万名》，中国青年网，https://t.m.youth.cn/transfer/index/url/news.youth.cn/gn/202305/t20230504_14494494.htm；（3）《以习近平新时代中国特色社会主义思想为指导动员引领广大妇女为强国建设民族复兴而团结奋斗》，中华全国妇女联合会官网，https://www.women.org.cn/art/2023/10/30/art_1023_174261.html；（4）《中国科协 2022 年度事业发展统计公报》，中国科学技术协会官网，https://www.cast.org.cn/sj/ZGKX-NDSYFZTJGB/art/2023/art_af00d3753f7c49c2a3b6954057e8e02d.html；（5）《中国侨联基层建设部五年工作总结》，中华全国归国华侨联合会官网，https://www.chinaql.org/n1/2023/0817/c457931-40058753.html；（6）《全国台联简介》，中华全国台湾同胞联谊会官网，http://www.tailian.org.cn/jj/202302/t20230217_12511151.htm；（7）《会员团体》，中华全国青年联合会官网，https://acyf.cyol.com/gb/channels/gDa8lKrX/index.html；（8）《2016 年下半年中华全国工商业联合会组织发展情况是怎样的?》，中国网，http://guoqing.china.com.cn/zhuanti/2018-02/27/content_50613991.htm。

表 2-2　中国的群众团体

名称	成立年份	组织职能	会员情况	基层组织情况
中国文学艺术界联合会	1949	联系文学艺术工作者	团体会员 55 个	—
中国作家协会	1949	联系作家、文学工作者	45 个团体会员，设有 5 个直属单位、16 个主管社团、14 个专门委员会	—
中华全国新闻工作者协会	1957	联系全国新闻工作者	会员单位共 215 个	—
中国人民对外友好协会	1954	开展中外民间友好交往	协会共设立 46 个中外地区、国别友好协会	—
中国人民外交学会	1949	专门从事人民外交、公共外交工作	—	—
中国国际贸易促进委员会	1952	促进对外贸易投资	设有 17 个行业分会，拥有全国会员企业近 7 万家	48 个地方分会、600 多个支会和县级国际商会
中国残疾人联合会	1988	服务残疾人	内设 11 个部厅室，下设 16 个直属单位、12 个所属社团、5 个专门协会	—
中国宋庆龄基金会	1982	兼具群众团体和公益慈善机构双重属性	下设 5 个机关职能部门、4 个直属事业单位	—
中国法学会	1953	联系和团结广大法学法律工作者	学科、专业、专门研究会有 55 个	3080 个地方法学会
中国红十字会	1904	从事人道主义工作	设有 6 个部门、9 个直属单位	—
中国思想政治工作研究会	1983	组织和推动思想政治工作研究	74 个团体会员	—
欧美同学会	1913	全国性留学人员组织	2 个团体会员，个人会员突破 22 万名	42 家地方组织、15 个国别和地区分会
黄埔军校同学会	1984	由黄埔军校同学组成的爱国群众团体	—	—
中华职业教育社	1917	团结、联系职业教育界和民办教育界有关人士	团体社员 6600 余个、个人社员 6.05 万余人	省级组织 31 个、地市级组织 102 个、县级组织 310 个

续表

名称	成立年份	组织职能	会员情况	基层组织情况
中国计划生育协会	1980	联系广大育龄群众和计划生育家庭	9000 多万名	100 多万个

资料来源：（1）《中国文学艺术界联合会简介》，中国文艺网，http://www.cflac.org.cn/zgwl/wljj/201111/t20111103_16521.html；（2）《机构》，中国作家网，https://www.chinawriter.com.cn/403936/419343/index.html；（3）《中华全国新闻工作者协会简介》，中国记协网，http://www.zgjx.cn/2020-11/13/c_139512824.htm；（4）《协会简介》，中国人民对外友好协会官网，https://www.cpaffc.org.cn/index/xiehui/xiehui_list/cate/2/lang/1.html；（5）《学会简介》，中国人民外交学会官网，https://www.cpifa.org/class/7；（6）《中国国际贸易促进委员会简介》，中国国际贸易促进委员会官网，https://www.ccpit.org/a/20210104/20210104ixi6.html；（7）《机构概况》，中国残疾人联合会官网，https://www.cdpf.org.cn/zzjg/jggk/zgcjrlhh/index.htm；（8）《中国宋庆龄基金会组织结构》，中国宋庆龄基金会官网，https://www.sclf.org/jgjj/jgsz/；（9）《学会简介》，中国法学会官网，https://chinalaw.org.cn/portal/page/index/id/9.html；（10）《中国红十字会简介》，中国红十字会官网，https://www.redcross.org.cn/html/2017-10/233.html；（11）中国思想政治工作研究会词条，百度百科，https://baike.baidu.com/reference/553319/533aYdO6cr3_z3kATPGCy_WhMCzHZYil6-GBA7FzzqIP0XOpW4f8W4Y69d5x6fJpGQLFt9 ZhbpkGj_KiS1QfuaBLbu81Q7Ujn2m7UTPDyb_k_dFemdhNp4JdG_VT2q0；（12）《欧美同学会（中国留学人员联谊会）简介》，欧美同学会（中国留学人员联谊会）官网，http://www.wrsa.net/content_40128737.htm；（13）《黄埔军校同学会简介》，黄埔军校同学会官网，http://www.huangpu.org.cn/bhjs/201206/t20120613_2738872.html；（14）《中华职业教育社简介》，中华职业教育社官网，http://zhzjs.org.cn/zjsjj/95333.jhtml；（15）《中国计生协简介》，中国计划生育协会官网，https://www.chinafpa.org.cn/jgsz/jsxjj/202311/t20231112_15138.html。

2. 村/居民委员会

村/居民委员会是中国基层群众自治制度的组织载体，也是政治性互助组织的重要组成部分。1982 年通过的《中华人民共和国宪法》就对村民委员会和居民委员会的性质和任务做了明确规定，同时规定在国营企业中实行民主管理，建立职工代表大会。党的十七大将"基层群众自治制度"首次写入党代会报告，这标志着其正式与人民代表大会制度、中国共产党领导的多党合作和政治协商制度、民族区域自治制度一起，成为中国特色政治制度的组成部分。城市社区的范围一般指居民委员会辖区。①

根据《2022 年民政事业发展统计公报》数据，截至 2022 年底，我国

---

① 社区是居民生活共同体和政权组织的末端。20 世纪 30 年代，"社区"概念被引入中国，中国社会学家费孝通将社区界定为：若干个社会群体或社会组织聚集在某一地域里形成的一个在生活上相互关联的大集体。这已经体现了社区的中国特色集体互助组织地位。

有基层群众性自治组织共计 60.7 万个，具体来说，村委会有 48.9 万个，村民小组有 392.9 万个；居委会有 11.8 万个，居民小组有 133.1 万个。

2018 年 12 月修正的《中华人民共和国村民委员会组织法》《中华人民共和国城市居民委员会组织法》规定，村民委员会是村民自我管理、自我教育、自我服务的基层群众性自治组织，实行民主选举、民主决策、民主管理、民主监督。居民委员会是居民自我管理、自我教育、自我服务的基层群众性自治组织。

村/居民委员会的政治互助属性主要体现在以下几个方面。一是村/居民委员会是保证城乡社区居民与党和政府之间上下通达的桥梁。村/居民委员会办理本村/社区的公共事务和公益事业，调解民间纠纷，协助维护社会治安，向人民政府反映城乡社区居民的意见、要求和提出建议。

二是村/居民委员会为城乡社区居民的自助－互助服务、社区社会组织发展、社区服务供给等提供支持。根据规定，居民委员会应当开展便民利民的社区服务活动，可以兴办有关的服务事业。居民委员会办理本居住地区公益事业所需的费用，经居民会议讨论决定，可以根据自愿原则向居民筹集，也可以向本居住地区的受益单位筹集，但是必须经受益单位同意；收支账目应当及时公布，接受居民监督。村民委员会应当支持和组织村民依法发展各种形式的合作经济和其他经济，承担本村生产的服务和协调工作，促进农村生产建设和经济发展。村民委员会应当支持服务性、公益性、互助性社会组织依法开展活动，推动农村社区建设。

三是村/居民委员会是基层民主中居民参与政治生活、享有更多更切实的民主权利的重要组织形式。党的十九届四中全会明确提出，要健全基层党组织领导的基层群众自治机制，在城乡社区治理、基层公共事务和公益事业中广泛实行群众自我管理、自我服务、自我教育、自我监督，拓宽人民群众反映意见和建议的渠道，着力推进基层直接民主制度化、规范化、程序化。党的二十大报告进一步将发展全过程人民民主确定为中国式现代化本质要求的一项重要内容，提出要健全人民当家做主制度体系，扩大人民有序政治参与，保证人民依法实行民主选举、民主协商、民主决策、民主管理、民主监督，发挥人民群众积极性、主动性、创造性，巩固和发展生动活泼、安定团结的政治局面。

（二）社会性互助组织

社会性互助组织以互助活动或互助服务功能为主，包括部分社会团体、社区社会组织、互助小组等。

1. 部分社会团体

1998 年发布的《社会团体登记管理条例》规定，社会团体是指中国公民自愿组成，为实现会员共同意愿，按照其章程开展活动的非营利性社会组织。[①] 康晓强将社会团体界定为：生活在一定社会形态下的一定公民个体基于共同的兴趣、偏好、利益、价值、情感等内在需求自发创建、建构、维系的社会共同体，其赖以生存与发展的基础是特定群体的利益需求与组织化的价值旨趣。[②] 目前我国的社会团体都附属在业务主管部门[③]之下，成立社会团体必须提交业务主管部门的批准文件。

根据《2021 年中国社会团体发展报告》数据，截至 2021 年底，全国社会团体总量为 371110 个，在全国社会组织总量中占比为 41.15%。[④] 其中，有少部分使用行政编制或事业编制、由国家财政拨款的社会团体。常见的合法登记注册的社会团体的类型划分方式是主要根据社会团体的性质和任务，将其划分为学术性、行业性、专业性和联合性四类。一是学术性社会团体，一般以学会、研究会命名；二是行业性社会团体，主要是经济性团体，一般以商会与行业协会命名；[⑤] 三是专业性社会团体，一般是非经济类的，主要是指由专业人员组成或依靠专业技术、专门资金，为从事某项事业而成立的团体，多以协会命名；四是联合性社会团体，主要是人群的联合体或学术性、行业性、专业性团体的联合体，一般以联合会、联

---

① 根据《社会团体登记管理条例》，社会团体原则上必须在民政部门进行登记，登记成为其成立的要件之一，是国家进行监督与管理的重要体现。也有部分社会团体无须在民政部门登记，《社会团体登记管理条例》第三条对此类特别的社会团体进行了明确规定："（一）参加中国人民政治协商会议的人民团体；（二）由国务院机构编制管理机关核定，并经国务院批准免于登记的团体；（三）机关、团体、企业事业单位内部经本单位批准成立、在本单位内部活动的团体。"

② 康晓强：《群众团体与人民团体、社会团体》，《社会主义研究》2016 年第 1 期。

③ 业务主管部门是指县级以上各级人民政府有关部门及县级以上各级人民政府授权的组织。

④ 徐明、聂云蕊：《2021 年中国社会团体发展报告》，载黄晓勇主编《中国社会组织报告（2022）》，社会科学文献出版社，2022。

⑤ 本书将一些经济性团体划归为经济性互助组织，在后文进行具体分析。

谊会、促进会命名。

也有学者从两个维度对社会团体进行分类：第一，组织是否拥有会员，包括个人会员与团体会员；第二，组织目标的性质是公益还是互益，公益组织的受益者是整个社会，其资源基础也是整个社会，而互益组织的受益者是组织会员，所以其资源基础限于其会员。据此，将社会团体分成三种类型：一是会员互益型社会团体，指由个人会员或团体会员构成的、以增进会员特定利益为目标的社会团体；二是运作型社会团体，指没有固定会员、以增进社会公益为目标的社会团体，目前在中国主要是指基金会；[①] 三是会员公益型（中间型）社会团体，指有固定会员，但是以增进社会公益为目标的社会团体。

除此之外，有学者还区分了注册社团、挂靠社团、非法社团。一是注册社团，即履行了完整的登记程序的社团；二是挂靠社团，既包括挂靠在合法登记的社团之下的团体，也包括挂靠在各企事业单位之下的和在单位之内活动的团体；三是非法社团，包括各种以"沙龙""论坛""俱乐部"名义活动的团体，还有广泛存在于城乡各地的传统型的民间会社。[②] 有学者在此基础上将社会团体划分为四类，增加了注册为企业法人的社会团体。[③]

社会团体的互助功能主要包括：第一，作为政府与社会相互沟通联系的桥梁与纽带，履行社会行为规范职能；第二，通过政治参与、群体利益表达，推动民主政治完善和民主建设进程；第三，为实现组织成员的共同意愿、共同利益而开展社会、经济、文化等方面的服务活动。[④]

2. 社区社会组织

根据民政部 2017 年公布的《关于大力培育发展社区社会组织的意见》，社区社会组织是由社区居民发起成立，在城乡社区开展为民服务、

① 本书将基金会划归为经济性互助组织，在后文进行具体分析。
② 参见高丙中《社会团体的合法性问题》，《中国社会科学》2000 年第 2 期；赵庆《中国社会团体管理法治化研究——兼论共青团组织的法治化》，博士学位论文，中共中央党校，2015。
③ 张喜红：《当代中国社会团体政治参与问题研究》，博士学位论文，吉林大学，2004。
④ 王名：《中国的非政府公共部门》（上），《中国行政管理》2001 年第 5 期。

公益慈善、邻里互助、文体娱乐和农村生产技术服务等活动的社会组织。① 笔者认为，如果将村/居民委员会、群团组织等政治性互助组织作为大的互助组织平台，那么社区社会组织就是在平台上真正承载居民互助功能的互助组织形式，其可以是自发的，也可以与政府、市场产生联结，可以向志愿队伍、合作社、社区社会企业等多个方向发展，是居民主动参与到满足自身各类生活和福利需求的过程中的重要组织形式。

目前，各地对社区社会组织主要采取分类管理的办法，即符合法定登记条件的社区社会组织在县级民政部门依法登记；未达到登记条件的社区社会组织，在街道备案后由街道办事处（乡镇政府）实施管理；规模较小、组织较为松散、活动区间有限的社区社会组织，由社区党组织领导，基层群众性自治组织对其活动进行指导和管理。

业主大会和业主委员会是社区社会组织的重要组成部分，是建立在商品房产权和小区公共空间共有基础上的业主权利组织。根据国务院 2018 年修订的《物业管理条例》，同一个物业管理区域内的业主，应当在物业所在地的区、县人民政府房地产行政主管部门或者街道办事处、乡镇人民政府的指导下成立业主大会，并选举产生业主委员会。业主委员会的职能主要体现在社区物业管理活动全过程中，如代表业主同物业服务人签订无讹服务合同、监督和保障物业服务合同的实施、制定并维护公约、约束业主的行为等。② 事实上，由于业主委员会建立在共有物产权之上，其成员之间存在利益互

---

① 由于社区社会组织属于相对较新的提法，故不同地区的界定存在差别。根据深圳市民政局 2010 年发布的《深圳市社区社会组织登记与备案管理暂行办法》，社区社会组织是指公民、法人和其他组织自愿组成或举办，并在街道或社区地域范围内开展活动的，以满足社区居民不同需求为目的的，非营利性、公益性、服务性或互益性的社区社会团体和社区民办非企业单位。广东省 2022 年发布的《广东省社区社会组织分类管理办法（试行）》，将社区社会组织定义为由本社区为主的公民、法人和其他组织自愿发起，以社区为主要活动区域，以服务社区居民、满足社区需求、推动社区发展为宗旨的非营利性社会组织。社区社会组织可以按照社会团体或社会服务机构（民办非企业单位）形式登记成立。

② 此外，物业管理委员会是一个特别的机构，主要是在未成立业主委员会的社区代行业主委员会的基本职能。物业管理委员会由村/居民委员会、业主、物业使用人代表等 7 人以上单数组成，其中业主代表不少于物业管理委员会委员人数的 1/2。物业管理委员会主任由村/居民委员会代表担任，副主任由村/居民委员会指定一名业主代表担任。物业管理委员会委员名单应当在物业管理区域内显著位置公示。

助，一方面，业主的参与比一般的居民参与更具有民主意义；另一方面，业主也更有参与的主动性。

3. 互助小组

互助小组是社会工作领域的一个专业术语。Katz 和 Bender 将互助小组界定为：由通过互相帮助满足共同需要、克服某种障碍或生活困难，实现个体或社交变化的一群人组成的，自愿、小型、意图达成特殊目的的组织。[①] 这些属性也将互助小组与工会、公司董事会、友谊会等政治经济组织区别开来。

目前来看，互助小组主要应用于对经历重大生命事件者、患有身体或心理疾病者以及行为偏离者的治疗和共同问题的解决上。互助小组通过面对面互动、任务分工、集体决策、成员学习和改变等，赋予处于不利地位的小组成员以权利和个人责任，让成员参与到自己与他人的成长和问题解决之中，促进自身认识的转变，提升自我效能感。[②] 这些组织主要包括：关注身体和心理治疗（如对神经症、精神分裂症、躁郁症等的治疗）的组织、关注权利维护和社会宣传的组织（如残疾人权利委员会）、创造替代性生活模式的组织（如同性恋权利维护和妇女解放群体）、保护身处生活和社会压力之中的绝望人群的组织（如加拿大的"X-Kalay 基金会"）等。[③]

（三）经济性互助组织

经济性互助组织以从事经济类活动或提供经济类服务为主，包括合作社、集体经济组织、社区社会企业、资金互助组织、相互保险组织、基金会等。

1. 合作社

合作社在我国的发展主要开始于 20 世纪 30 年代第二次国内革命战争

---

① Alfred H. Katz and Eugene I. Bender, *The Strength in Us: Self-help Groups in the Modern World* (New York: New Viewpoints, 1976).

② P. L. Berger and R. J. Neuhaus, *To Empower People: The Role of Mediating Structures Project* (Washington, DC: American Enterprise Inst., 1977); L. H. Levy, "Self-help Groups: Types and Psychological Processes," *Journal of Applied Behavioral Science* 12 (1976): 310 – 322.

③ Alfred H. Katz and Eugene I. Bender, *The Strength in Us: Self-help Groups in the Modern World* (New York: New Viewpoints, 1976); Jeff Karabanow, "Making Organizations Work: Exploring Characteristics of Anti-oppressive Organizational Structures in Street Youth Shelters," *Journal of Social Work* 4 (2004): 47 – 60; Dina Redman, "A Community Engagement Orientation Among People with a History of Substance Misuse and Incarceration," *Journal of Social Work* 12 (2012): 246 – 266.

时期，在落后的生产力条件下，解决农业生产两大困难（劳动力与生产工具短缺）的途径就是开展农民之间的互助合作，包括组织农民成立劳动互助社（最初称为"耕田队"）、犁牛合作社等。1943 年 1 月《解放日报》曾发表《把劳动力组织起来》的重要社论，指出"经验证明，互助的集体的生产组织形式可以节省劳动力，集体劳动强过单独劳动"①。1943 年 11 月，毛泽东在陕甘宁边区召开的第一届劳动英雄代表大会上发表了著名的讲话《组织起来》，指出"目前我们在经济上组织群众的最重要形式，就是合作社"②。毛泽东曾指出，"合作社，特别是消费、贩卖、信用三种合作社，确是农民所需要的。他们买进货物要受商人的剥削，卖出农产要受商人的勒抑，钱米借贷要受重利盘剥者的剥削，他们很迫切地要解决这三个问题"③，明确地提出了农民办合作社的直接目的。

新中国农民合作化运动在 20 世纪 50 年代初期启动，到 1956 年，农村基本实现初级农业合作化，农业生产合作社数量达到 100 万个，入社农户超过 1 亿户，占全国农户总数的 90%。改革开放以后，农村实行家庭联产承包责任制的新型经营制度，后又明确土地"三权分置"，农民合作社以新的形态渐进发展，出现了农民自办型合作组织、社区型合作组织、供销合作社主导型合作组织、政府主导型合作组织、公司领办型合作组织等多种合作社多元并举的局面。④ 2007 年 7 月，《中华人民共和国农民专业合作社法》开始施行，标志着农民合作组织的发展真正进入了法治化和规范化的轨道。从此，农民专业合作社有了合法身份，能够作为市场主体与其他类型经济实体进行交易，开展相关经济活动。

根据《中华人民共和国农民专业合作社法》，农民专业合作社是指在农村家庭承包经营基础上，农产品的生产经营者或者农业生产经营服务的提供者、利用者，自愿联合、民主管理的互助性经济组织。具有民事行为能力的公民，以及从事与农民专业合作社业务直接有关的生产经营活动的企业、事业单位或者社会组织，能够利用农民专业合作社提供的服务，承

---

① 《把劳动力组织起来》，《解放日报》1943 年 1 月 25 日。
② 《毛泽东选集》（第 3 卷），人民出版社，1991，第 931 页。
③ 《毛泽东选集》（第 1 卷），人民出版社，1991，第 40 页。
④ 苑鹏：《中国农村市场化进程中的农民合作组织研究》，《中国社会科学》2001 年第 6 期。

认并遵守农民专业合作社章程，履行章程规定的入社手续的，可以成为农民专业合作社的成员。但是，具有管理公共事务职能的单位不得加入农民专业合作社。3个以上的农民专业合作社在自愿的基础上，可以出资设立农民专业合作社联合社。

农民专业合作社以农民为主体成员，以服务成员为宗旨，谋求全体成员的共同利益，在推进农业农村现代化、提高农民经济收益、改善农业经营管理方面发挥着举足轻重的作用。根据农业农村部的数据，截至2023年5月，全国依法登记的农民合作社达223.7万家，农民合作社依法自愿组建联合社1.5万家，纳入全国家庭农场名录系统的家庭农场超过400万个。①

2. 集体经济组织

农村集体经济组织可以看作一种具有中国特色的集体所有制的合作经济。新中国成立以后，农业合作分别经历了互助组、初级社、高级社、人民公社阶段，最终进入了集体经济组织阶段。互助组是农民之间的自愿互助组织，一直到高级社阶段出现了集体经济的雏形。人民公社时期，"三级所有、队为基础"的改制和演变，消灭了私有，产生了集体的概念，②所以现代的农村集体经济组织普遍被认为是由人民公社发展而来的，是具有地域社区性、多功能性、组织形式复杂性的一种经济组织。③

党的十一届三中全会以后，农村全面推行家庭联产承包责任制，它是指农民以家庭为单位，向集体经济组织承包土地等生产资料和生产任务的农业生产责任制形式。1991年，党的十三届八中全会④通过了《中共中央关于进一步加强农业和农村工作的决定》，把这一体制表述为"统分结合

---

① 《对十四届全国人大一次会议第6456号建议的答复》，中华人民共和国农业农村部网站，2023年7月21日，http://www.moa.gov.cn/govpublic/NCJJTZ/202307/t20230724_6432787.htm。

② 李永军：《集体经济组织法人的历史变迁与法律结构》，《比较法研究》2017年第4期。

③ 丁关良：《农村集体经济组织立法的若干重要问题研究》，《湖南农业大学学报》（社会科学版）2022年第4期。

④ 该次会议明确了在家庭承包经营制度下农村集体经营存在的必要性："要在稳定家庭承包经营的基础上，逐步充实集体统一经营的内容。一家一户办不了、办不好、办起来不合算的事，乡村集体经济组织要根据群众要求努力去办。要做到集体财产有人管理，各种利益关系有人协调，生产服务、集体资源开发、农业基本建设有人组织。这不仅不会影响家庭经营，而且会给家庭经营注入新的活力，推动全体农户共同发展。"

的双层经营体制"。1999 年版宪法第八条明确规定："农村集体经济组织实行家庭承包经营为基础、统分结合的双层经营体制。"这是在土地集体所有基础上的经营方式的调整。

近年来，我国政府在推动集体经济组织发展、集体资产确权等方面进行了大范围的试点和探索。2015 年 12 月，财政部发布《扶持村级集体经济发展试点的指导意见》，提出要大力支持农村集体经济发展，增设 11 个试点省份，完善配套政策，做实集体经济组织。2016 年 12 月，中共中央、国务院出台《关于稳步推进农村集体产权制度改革的意见》，提出在基层党组织领导下，探索明晰农村集体经济组织与村民委员会的职能关系，有效承担集体经济经营管理事务和村民自治事务；有需要且条件许可的地方，可以实行村民委员会事务和集体经济事务分离。2020 年 11 月，农业农村部印发《农村集体经济组织示范章程（试行）》，从资产经营及财务管理、收益分配、变更注销等方面对农村集体经济组织做出规定，保证组织及其成员的合法权益。2021 年 12 月，财政部、农业农村部又印发《农村集体经济组织财务制度》，提出要规范集体经济组织的财务行为，确保其财务活动遵循民主、公开的原则，保障组织及其成员的合法权益。

2022 年公布的《中华人民共和国农村集体经济组织法（草案）》中，将农村集体经济组织明确定义为以土地集体所有为基础，依法代表成员集体行使所有权，实行家庭承包经营为基础、统分结合双层经营体制的地区性经济组织，包括乡镇级集体经济组织、村级集体经济组织、组级集体经济组织，不包括农村供销合作社、农村信用合作社、农民专业合作社等合作经济组织。同时，确定了农村集体经济组织的属性以及法律地位——实现乡村善治的重要力量，提升党组织凝聚力、巩固党组织在农村执政根基的重要保障，并且对其成员及法人确认、登记注册、土地经营做了明确规定。

总结而言，农村集体经济组织代表了农村资产的集体所有，是共有集体土地和其他财产，并对这些土地和财产享有占有、使用、收益、处分等权利的村民结成的组织。① 集体经济组织主要有资源开发与利用、资产经营

---

① 仝志辉：《村委会和村集体经济组织应否分设——基于健全乡村治理体系的分析》，《华南师范大学学报》（社会科学版）2018 年第 6 期。

与管理、发展集体经济、服务集体成员、财务管理与利益分配等经济功能以及服务功能和管理功能。它同村民委员会相辅相成，共同承担集体性的基层治理、组织建设、公共服务等村民互助功能。一方面，村民委员会可以借助农村集体经济组织的力量处理各类村级公共事务；另一方面，集体经济组织可以通过村民委员会加强对农村集体资源的管理，明确集体经济组织的具体责任和义务，提供诉求表达渠道，让集体经济组织的经济效益与社会效益得到切实发挥。① 相关数据显示，到 2023 年 2 月，我国乡镇、村、组三级共建立集体经济组织约 96 万个，有集体经济组织成员 9 亿人，这些组织都已在农业农村部门注册登记并取得农村集体经济组织登记证。②

3. 社区社会企业

社区社会企业具有单位制时期社队企业的传统，类似于社区集体经济组织，发展社区社会企业的主要目的是在党建引领下，通过市场行为盘活社区资源，进而推动居民参与、引入社会资源、有针对性地解决社区问题、提升社区服务水平等。③

社区社会企业的提法主要来自四川成都。早在 2003 年，成都市就推出民营企业发展十条"新政"，允许村民委员会、有集体经济管理职能的居民委员会以集体资产出资入股或兴办公司。2017 年以后，成都开始鼓励城乡社区以特别法人资格创办社会企业。2018 年，成都市出台《关于培育社会企业促进社区发展治理的意见》，在全市开展了首批社会企业评审认定试点工作。④

根据 2022 年 5 月发布的《成都市"十四五"城乡社区发展治理规

---

① 丁关良：《农村集体经济组织立法的若干重要问题研究》，《湖南农业大学学报》（社会科学版）2022 年第 4 期；高鸣、芦千文：《中国农村集体经济：70 年发展历程与启示》，《中国农村经济》2019 年第 10 期。

② 《紧盯农村集体经济领域 推动全面从严治党向基层延伸 管好农村"三资"责任田》，《中国纪检监察报》2023 年 2 月 15 日。

③ 朱耀垠、尔古玛玛、夏璇：《发挥社区社会企业参与社区治理的积极作用——基于成都市社区社会企业的案例分析》，《社会治理》2022 年第 6 期；徐阳、肖刚、腾艳：《社区社会企业的发展困境与思考——以成都市社区社会企业发展实践为例》，《三晋基层治理》2021 年第 4 期。

④ 李威利、马梦岑：《党建赋能的城市社区发展治理：成都经验》，《华东理工大学学报》（社会科学版）2020 年第 5 期。

划》，社区社会企业是指由城镇社区居民委员会发起设立，以社区党组织为引领、居委会为主导、社区资源活化利用为路径、实现社区公共利益为导向、服务社区居民为目标，国有资本、社会资本参股的混合所有制新型社区经济组织。相比较而言，学界的定义更偏向明确社区居委会作为特别法人主体的法人资格，强调社区社会企业由社区全额占股。①

4. 资金互助组织

农村资金互助组织起源于 19 世纪中叶的德国，是一种与农业合作社体系共同发展起来的旨在鼓励劳动者投入资源、积累储蓄的农村互助合作组织，美国、法国、日本、英国等国家都建立了较为完善的农村资金互助体系。多数国家的农村资金互助组织由政府推动创办，政府一方面通过立法扶持民间组织的发展，另一方面直接出资创设，建立了自己的直属机构，包括农民家计局、商品信贷公司等，并建立了一套独立于银行监管体系的农业合作金融监管体系与农业政策性保险体系。

例如，20 世纪中叶日本政府颁布《农业团体法》《农地改革纲要》等政策法规，将全国农民纳入产业组合，在金融统制及农产品收购统制背景下自上而下设立中央农业会、全国农业经济会、地方农业会等，形成"中央 – 都道府县 – 市镇村"三级农业协会体系。政府作为农协统筹者与支持者，以合作社原则将农民组织起来，对农民进行政策及生活指导。农民作为农协的所有者与管理者，经营农产品销售加工、农村金融保险等诸领域，建立农业共济制度，通过公济费与公济金帮助农协成员共同承担各类风险。②

20 世纪 50 年代初，伴随新中国成立后的农村互助合作化运动，③ 中国人民银行印发《农村信用互助小组公约（草案）》，组织农民建立信用互助小组，办理存款放款，实行资金互助、自我服务、伙借伙用，协商凑齐固定经营资金，实行生产互助。20 世纪 50 年代末期人民公社化运动兴起后，

① 杨秀丽：《关于社区社会企业深度参与社会治理路径的思考》，都江堰市政协网站，2021年 8 月 20 日，http://www.djy.gov.cn//dyjgb_rmzfwz/c147070/2021 – 08/20/content_e8d43b463b3a4283b71e1b65201319aa.shtml。

② 李显刚、石敏俊：《日本农协的历史贡献、存在问题及发展趋势》，《中国农村经济》2001年第 3 期。

③ 蒋永穆、王丽程：《新中国成立 70 年来农村合作金融：变迁、主线及方向》，《政治经济学评论》2019 年第 6 期。

农村信用互助小组、信用合作社受行政命令影响逐步失去独立性与合作性，管理权逐渐收归政府。

党的十一届三中全会以后，伴随农村资金互助需求愈发旺盛，1996年，国务院出台《关于农村金融体制改革的决定》，提出恢复农村信用合作社的自主管理权，1998年《中共中央关于农业和农村工作若干重大问题的决定》支持在贫困农村推广各类小额信贷项目。① 2001年，吉林四平市闫家村百信农村资金互助社成立，此后各地相继成立多家农村资金互助社，中国银监会出台《关于调整放宽农村地区银行业金融机构准入政策更好支持社会主义新农村建设的若干意见》《农村资金互助社示范章程》《农村资金互助社管理暂行规定》等一系列政策，进行规范引导。②

目前农村资金互助组织主要包含三种类型，一是经银监会（现国家金融监督管理总局）批准并颁发正式金融牌照的；二是得到地方政府认可，在工商、民政等有关部门注册的；三是在由扶贫办（现乡村振兴局）和财政部门联合开展的贫困村互助资金试点中形成的，其主要为以财政扶贫资金为引导，以村民自愿按一定比例交纳的互助金为依托，以无任何附加条件的社会捐赠资金为补充，在贫困村建立民有、民用、民管、民享、周转使用的生产发展资金。③ 2007年，中国银监会印发《农村资金互助社管理暂行规定》，将农村资金互助社界定为经银行业监督管理机构批准，由乡（镇）、行政村农民、农村小企业自愿入股组成，为社员提供存款、贷款、结算等业务的社区互助性银行业金融机构。

5. 相互保险组织

我国相互保险主要存在于农业、渔业、职工互助保险之中。20世纪50～80年代，中华全国总工会在发布《互助储金会条例》后，持续推动各地基层工会建立了"互助储金会"（一种资金互助组织），动员工人群众组织化开展互助共济活动，减轻职工生活困难，提高职工的生活水平。1993

① 杜晓山：《中国农村小额信贷的实践尝试》，《中国农村经济》2004年第8期。
② 张德元、张亚军：《关于农民资金互助合作组织的思考与分析》，《经济学家》2008年第1期。
③ 刘西川、陈立辉、杨奇明：《中国贫困村互助资金研究述评》，《湖南农业大学学报》（社会科学版）2013年第4期。

年，中华全国总工会成立了中国职工保险互助会，专门为国家机关工作人员尤其是中低收入职工提供大病医疗、意外伤害等保险业务，① 由此工会互助保障制度逐步确立以互助保险制度为核心、兼顾困难职工救济的运行模式。

1994 年，中国渔业互保协会也经农业部发起、民政部批准成立，为从事渔业生产经营者提供渔船财产、渔民人身和水产养殖保险服务。② 2005年，由北大荒集团发起，经国务院同意、中国保监会批准成立了全国首家相互制农业保险公司——阳光农业相互保险公司，其开办种植养殖、财产责任等多项涉农险种。③

2015 年，中国保监会发布《相互保险组织监管试行办法》，从官方层面首次对相互保险及相互保险组织进行了正式规范，其将相互保险界定为具有同质风险保障需求的单位或个人，通过订立合同成为会员，并缴纳保费形成互助基金，由该基金对合同约定的事故发生所造成的损失承担赔偿责任，或者当被保险人死亡、伤残、疾病或达到合同约定的年龄、期限等条件时承担给付保险金责任的保险活动。

2016 年，信美人寿相互保险社、众惠财产相互保险社、汇友建工财产相互保险社获批中国首批相互保险牌照。近年来，一些关涉医疗、互联网、农业等领域的政府文件中亦多次提到发展医疗互助、农业/渔业互助等。2020 年 5 月，农业农村部办公厅、中国银保监会办公厅在《关于推进渔业互助保险系统体制改革有关工作的通知》中提出进行相互保险体制改革，由中国渔业互保协会发起组建具有独立法人资格、专业性的相互保险组织，新成立的相互保险组织与中国渔业互保协会脱钩，受银保监会监管、农业农村部指导。各地方协会满足专业相互保险组织设立条件则成立省（市）级互助保险机构，不具备专业条件则成为全国性互助保险机构的分支机构。

6. 基金会

根据 2004 年国务院颁布的《基金会管理条例》，基金会是指利用自然

---

① 郭学勤、王秀芝：《相互保险及其对我国发展职工互助保障的启示》，《江西社会科学》2007 年第 4 期。

② 资料来源：中国渔业互保协会官网，http://www.cfmi.org.cn。

③ 资料来源：阳光农业相互保险公司官网，https://www.samic.com.cn/about.html。

人、法人或者其他组织捐赠的财产，以从事公益事业为目的，按照该条例的规定成立的非营利性法人。该管理条例同时规定，基金会分为面向公众募捐的基金会（简称"公募基金会"）和不得面向公众募捐的基金会（简称"非公募基金会"）。公募基金会按照募捐的地域范围，分为全国性公募基金会和地方性公募基金会。

《2022年民政事业发展统计公报》的数据显示，截至2022年底，全国共有基金会9319个。很多基金会都有特定的工作领域，比如中国老龄事业发展基金会以及各省份的老龄事业发展基金会主要为老年人服务，推动老龄事业发展。① 为拓宽城乡社区治理资金筹集渠道，我国也鼓励通过慈善捐赠、设立社区基金会等方式，引导社会资金投向城乡社区治理领域，业务范围主要聚焦于发展社区公益事业、培育社区社会组织、解决社区问题、参与社区治理、促进社区发展等方面。

三　互助社会

互助作为人的一种天然本能，是个体最本质的生存、交往、安全、尊重以及自我实现的需要，因互助需要而形成的群体网络就是一种互助共同体，它既是理想的，也是现实的。社会指现实中多种类型的组织形式，以及围绕其所形成的社会制度、其所承担和保障的社会职能与社会利益。互助与社会结合起来所构成的互助社会代表了具有中国特色的共同体与组织的结构性共生，也就是理想与现实的共生统一。②

---

① 中国老龄事业发展基金会的宗旨是：全心全意为老年人服务，弘扬中华民族敬老、爱老、助老的传统美德，争取海内外关心中国老龄事业的团体、人士的支持和帮助，协助政府积极推进中国老年社会福利、医疗卫生、文化体育、老年教育等各项事业的发展，保障老年人合法权益，促进老年人参与社会发展，加强同国际老龄组织、友好机构及人士的联系，促进相互间的合作与交流。

② 滕尼斯提出，共同体是建立在血缘、地缘、情感和自然意志之上的富有人情味和认同感的共同体；社会是靠人的理性权衡建立起来的人群组合，其中人们通过契约、规章发生各种联系；西方从中世纪向现代的整个文化发展就是从共同体向社会的分立分离的进化。笔者分析，这实际是从互助主导的西方传统社会向市场主导的资本主义社会的转变。从现代西方社会建设角度来看，面对宗教维系、政府管理、市场占领、居民自治等的分立合作和不断调和，西方式社区确实只能形成多中心的社会组织形态，国家共同体的构建只存在于理想和想象之中。

中国的现代互助社会由乡土互助社会经过传承转型而形成，乡土社会的情感利益共同体主要包裹在家族组织之中，一个个家族共同体组成了整体性的国家共同体。我国的现代社区制根植于此，通过建立基层群众自治制度这一基本政治制度和村/居民委员会这一基础性的现代组织形式，形塑了整体性的现代联合治理格局，其指向的是以社会互助为本的各类具象组织形式，致力于多元组织网络建设。目前来讲，现代互助社会建设指中国特色现代社会基层治理体系建设；放眼未来，其指建设社会主义国家合作社的长期历史过程，也即以互助原则组织国家，"社会国家者，互助之体也"。

聚焦社会建设，如图2-3所示，本书将现代互助社会界定为：以党领导的政治性互助组织为基础单元，在政府指导和支持下，联动政府部门、其他专业社会组织、企业等其他组织资源和平台，发展社会性互助组织和经济性互助组织，推动居民发扬互助精神、提供互助服务、进行互助参与，共同建设多元包容、互助合作的互助制度文化、互助共同体和互助经济的社会。这里笔者进行一些粗浅的描述。

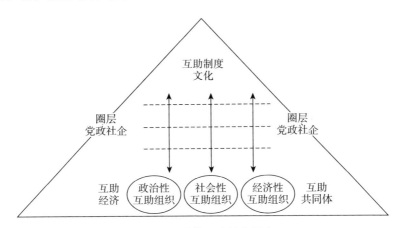

图2-3　现代互助社会示意

（一）互助制度文化

正如毛泽东所说，"一定的文化（当作观念形态的文化）是一定社会的政治和经济的反映，又给予伟大影响和作用于一定社会的政治和经济"[1]。文

---

① 《毛泽东选集》（第2卷），人民出版社，1991，第663页。

化作为一种结构性的内源规制，是一种可以使社会系统在持续的内部变化和外部新输入情况下，仍然保持自己特有形构的深层力量，[1] 在其最深刻的意义上表现为制度理性，表现为制度安排和政策设计所依据的理念。[2] 互助文化是人们之间因为信任、情感、组织、教化而逐渐形成的一些互助活动中的规范和习惯做法，进一步地，互助文化创制成有组织的规范体系后就成为（社会）互助制度。

首先，中国的互助制度文化中蕴含着集体主义和家国责任思想。如在儒家思想中，"仁"既为私人道德，也为社会伦理与政治原则：从个人推至国家，政治和社会生活就开始于个人的"仁心"，个人从对家人的仁爱推及对家族的仁爱，再进一步推及整个民族、国家，从小的互助共同体（家庭、家族）到大的互助共同体（国家），这是个体对家庭、家族以及整个民族国家共同利益所负有的道德义务和社会责任，也是个体道德修养的体现。

其次，中国的互助制度文化体现于互助互利的生产生活之中。中国乡土社会的互助是在"父慈子孝、兄友弟恭、朋义友信"等儒家伦理道德规范之下进行的基于差序格局、主次有序的互助/互利。一方面，因血缘而形成的互助是核心的、主要的，如家庭、家族内部的互助，其中内含了中国人的以家为先、祖先崇拜、孝道等伦理规范和超经济的代际反馈行动，[3] 也是传统道德教化和道德进步的理想形态。另一方面，因亲缘、地缘形成的互助是相对外围的、次要的，存在于人情伦理规范[4]之中，在"帮助"和"报答"的约束规范下，村民既有回报的责任，也有给予的责任。

最后，中国的现代互助制度文化被赋予新时代特点和使命。现代互助与志愿、公益、慈善等相结合，超越了传统"家"的私领域，出现了自由、平等、自主的公共性追求。面向未来，共同富裕是社会主义的本质要求，而实现互助与竞争、社会与市场合作制约，是走向共同富裕的社会主

---

① 丁学良：《"现代化理论"的渊源和概念构架》，《中国社会科学》1988 年第 1 期。
② 宋朝龙：《中国制度文化在推动人类命运共同体建构中的示范价值》，《学术论坛》2020 年第 1 期。
③ 范成杰：《代际失调论：对江汉平原农村家庭养老问题的一种解释》，博士学位论文，华中科技大学，2009。
④ 人情指导和规范社会交换、互助的界限和多少。

义现代化国家的必然选择，故而互助制度文化将逐步在实践探索中被确立为一种关键社会制度和显性文化。

（二）互助共同体

在中国，互助共同体既是一种文化上的理念倡导，也是现实中的具体实践，是现代组织与共同体结构性共生、基层与国家同构、理想与现实合一的整体性的居民情感利益共同体。社会治理、民生保障和民主参与寓于其现实实践之中。笔者认为，互助共同体主要可以分为福利共同体、社会共同体、数字共同体三类。

1. 福利共同体

福利共同体意指享有适度普惠的福利服务的不同群体，但这些福利服务并非被动获得，我们每个人既是生产者，也是消费者；既是提供者，也是获得者。

2. 社会共同体

社会共同体可以拆分为社会和共同体两个方面理解，本质是共同体/互助的组织化，根本目的是建设互助共同体。实现这一目的的关键在于建设容纳社会互助成长的基层治理体系，让人们能够参与到涉及利益相关的复杂需求的协商议事决策中，降低生活支出、提升生活质量，提升生活幸福感、归属感和满意度。

3. 数字共同体

数字技术让现实中的互助共同体建设成为可能。数字共同体建设的重要作用在于助推党委领导、政府负责下的圈层社会治理结构扁平化。人联－物联－互联之间的相互促进能够整合个人、组织、社区和社会资源，保障信息的快速共享和不同区域之间资源的有效统筹、链接，实现多元组织之间的联合，推动党建工作、志愿服务以及社区服务的整合，促进产品供销、储蓄、理财、保险等增值服务的拓展等。

（三）互助经济

互助经济的领导力量是中国共产党，基础是社会，引擎是市场，关键驱动要素是现代数字技术。面对未来中西方世界的对抗风险、数字社会的信息风险，党应当领导政府、企业参与并推动互助经济发展。

对于互助经济的内涵和外延，目前涉及的概念包括社会经济、社区经济、合作经济、社群经济、共享经济等，不同国家因为制度条件等因素在互助经济的发展方式、概念使用上存在较大区别。笔者认为，互助经济与社会经济概念最接近，其特点在于不仅以营利为目的，还需要实现社会目标，包括提供社会服务、提供社会保障、培育社会组织等，具体形式包括集体经济组织、合作社、资金互助组织、相互保险公司、基金会、社会企业、社区社会企业、社区经济综合体、社会服务综合体等。首先，集体经济组织、合作社、资金互助组织、相互保险公司、基金会、社会企业、社区社会企业都是组织形式，笔者在前文已经进行过论述。其次，社区经济综合体、社会服务综合体主要指利用互联网、社区、场馆等平台，社区、社会组织、企业通过合作的方式，共同提供产品、服务、信息等的经济形式。参考互助共同体的划分，笔者认为，互助经济主要包括福利经济/互助合作型福利、社会经济/互助合作型经济等两个主要方面。

1. 福利经济/互助合作型福利

发展福利经济是中国福利服务体系从面向困难群体的救助型（补残型）体系向面向全体弱势群体的适度普惠型体系转变的主要路径。福利经济指在党委领导、政府负责之下，政府投入救助和福利资金，企业和居民投入公益金和互助金，形成福利保障资金池，进而构建的以个体需求为中心、政府主导推动、由企业和社会维持运行的提供养老、医疗、助残等福利服务的低成本、圈层化福利服务体系。这也是一种互助合作型福利，一方面，居民通过资金互助、服务互助、互助参与等方式参与其中；另一方面，互助组织、合作社作为一个福利单元，通过互助合作的方式满足本组织 - 共同体成员对福利服务的需求。

2. 社会经济/互助合作型经济

发展社会经济的目标是建立多元包容、互助合作、人人参与的社会。其在党委领导、政府负责之下，由企业、专业社会组织、城乡社区等共同参与经营，城乡社区居民积极参与其中，利用当地资源，开展集体行动，集服务、保障、参与于一体，以低成本的方式满足本社区成员的需求，并在此基础上提供各类营利性服务、拓展各类产业。

第二节　互助社会的概念谱系

互助社会建设也是基层治理体系建设，正如赵宇峰所言，现代社会互助是国家性或市场性力量有目的的组织化和体系化行为，其目的不仅包括实现组织自身的生存和发展，还包括建设更良性的社会治理共同体。[①] 互助价值、互助组织、互助服务、互助保障、互助经济是互助社会的核心概念，其他相关价值、组织、服务、保障、经济形式与之相辅相成、相互促进，共同构成概念谱系（如图 2 - 4 所示）。[②]

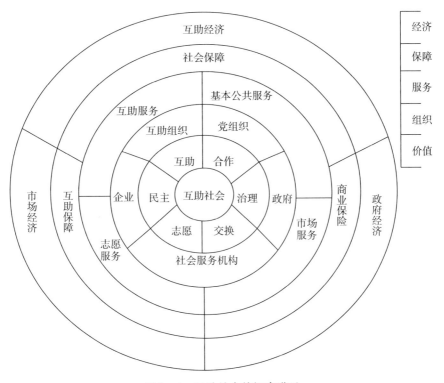

图 2 - 4　互助社会的概念谱系

<hr />

① 赵宇峰：《社会互助：社会治理共同体建设的新驱动》，《南京社会科学》2021 年第12 期。

② 互助参与和互助服务相辅相成，互助平台提供了互助社会的互联网保障，二者同样是互助社会的基本概念，这里不做其概念谱系的详述。

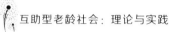

一 互助价值谱系

互助是一个具有明显向善导向的价值理念，它与其他如志愿、交换、合作、治理、民主等价值理念构成了社会建设的混合价值图景，组成了互助价值谱系（见图 2-5、表 2-3）。根据古往今来的实践，不同的研究领域形成了不同的社会理论视角，以此来进行分析，志愿偏非营利研究，交换、合作偏经济研究，治理偏管理研究，民主偏政治研究。而笔者之所以提出中国特色互助社会概念，原因在于：在社会主义国家，党领导的社会部门处于基础性而非辅助性地位，是以人民为中心的统合多元的政治、经济、社会、文化、生态综合体（社会系统），互助对于中国社会建设的重大价值意义将日益凸显。

图 2-5 互助价值谱系

表 2-3 互助价值谱系中的相关概念比较

概念	特点	与互助价值的关系
互助	人们因情感、利益而相互帮助，具有向善导向	—
志愿	代表了自愿、服务、参与以及公民公共领域的拓展，志愿精神包括"奉献、友爱、互助、进步"	志愿是互助的高层次的美德表达，互助是志愿的基础性的本能存在
交换	服务于特定的需要（一般包括生存的需要和竞争的需要）而产生	传统互助表现为出于生存目的的交换，现代互助是包含了有竞争色彩的市场关系的交换

概念	特点	与互助价值的关系
合作	强调平等主体之间的民主的联合，尤其是经济主体之间的合作	合作是互助的高级形式，社会互助是经济合作的前提
治理	强调通过政府分权容纳冲突和利益分歧，以及采取合作行动时的共同行动、集体决策过程	治理是互助的公共性体现，互助是治理实现的基础
民主	各个互助组织的利益整合和组织内部的人们参与组织事务的决策和管理	民主是互助的政治前提和制度基石，互助是民主的制度组成和现实路径

（一）互助与志愿

互助精神与志愿精神"你中有我，我中有你"，志愿是互助的高层次的美德表达，互助是志愿的基础性的本能存在。互助精神的外延要大于志愿精神。

志愿属于现代社会服务的国际话语，[①] 代表了自愿、服务、参与以及公民公共领域的拓展，已经被国内外政府、学界、社会所接受。根据 2013 年 11 月共青团中央修订的《中国注册志愿者管理办法》，志愿者精神包括了"奉献、友爱、互助、进步"，互助作为志愿者精神的一部分被纳入其中。不少学者近年提出应当重视基层的互助性志愿服务的观点，如陆士桢将志愿服务划分为三种基本类型，包括日常互助服务、抢险救灾服务和大型活动服务，提出中国特色的志愿服务应当更重视遍布城乡社区的、基层的、广泛参与的、群众性的互助。[②]

从历史叙事角度来看，互助与志愿在国内外社会建设中的地位存在显著区别。在西方社会中，政党和政府没有自上而下建立深入基层的行政/组织管理架构，基于志愿的组织是市民社会的核心。慈善组织和志愿组织等公民团体的出现代表的是自愿自发地独立于国家的个人行动自治空间的存在，托克维尔曾形象指出，"这些市民如果不学会志愿性地相互帮助，

---

① 志愿尤其对美国意义非凡，有研究提出志愿精神构成了美国 300 多年文化价值的核心和基础，美国是"志愿者建立起来的国家"。
② 陆士桢：《建构具有中国特色的志愿服务体系》，《杭州师范大学学报》（社会科学版）2020 年第 4 期。

他们将没有力量"①。故西方的现代志愿（主要是志愿精神、服务）包含了互助，国内不少研究亦对此做出过阐释。如徐彤武即提到北美殖民地早期的社区服务主要是通过居民的志愿性互助方式实现的，② 江汛清提出志愿服务是一个非常复杂的概念，受到历史、政治、宗教和区域文化的深刻影响，一些国家的志愿活动，在其他国家可能被视为相互帮助和相互关照、政治活动，或者低报酬/劳动密集型的工作。③

而在中国社会，历史上就有广泛存在的家国同构性的宗族组织，现代社会又建立了党组织体系和基层自治组织体系，这些都是基础性的互助的现实表征，为与传统互助相区别，志愿从西方舶来时即被赋予了更高要求下无私奉献的高尚美德属性，是一种基于个人主义、积极参与社会、自我实现的价值理念和行为。其对参与者思想素质、道德境界也提出了更高的要求——志愿活动是个人自愿奉献自己的时间、智力等因素，以利他性为价值取向、不以获取营利为目的的行为，其中无预期回报、无契约关系、付出具有单向性而非互惠互利——并以此发动有无私奉献精神的居民参与到志愿活动中。④

故笔者认为，首先，中国语境下的互助是基础话语，在个体层面表现为互助互利、困难共担和集体责任，在组织层面表现为国家领导下的基层组织。其次，志愿是高层次表达，强调利他价值、无私奉献精神和不计报酬的服务。作为中国特色现代社会建设的高层次表达，志愿代表了利他、奉献、不求回报的更高层次的引领与示范，可以通过宣传动员让更多的公民愿意承担公共责任，参与到集体的公共生活之中，在每个人"服务他人，奉献社会"的过程中推进文明和谐的互助社会建设。最后，西方志愿

---

① 〔法〕托克维尔：《论美国的民主》，董果良译，商务印书馆，1998。
② 徐彤武：《联邦政府与美国志愿服务的兴盛》，《美国研究》2009年第3期。
③ 江汛清：《关于志愿服务若干问题的探讨》，《中国青年政治学院学报》2002年第4期。
④ 参见于海《志愿运动、志愿行为和志愿组织》，《学术月刊》1998年第11期；穆青《如何理解志愿服务与志愿精神》，《北京青年政治学院学报》2005年第3期；党秀云《论志愿服务的常态化与可持续发展》，《中国行政管理》2011年第3期；魏娜《我国志愿服务发展：成就、问题与展望》，《中国行政管理》2013年第7期。笔者亦认同这种界定方式，只有这样才能更好地厘定志愿与互助的边界，并指导具有中国特色的现实政策制定与实践。

话语下的自下而上的基层自治形式不适用于中国，中国的基层志愿者队伍仅凭志愿精神和志愿服务，实际无法实现有效的基层组织化，如果不依托互助组织体系，其只能是无根浮萍，很难将其作用广泛、规范、可持续地发挥出来。

（二）互助与交换

从互助的经济意义角度分析，互助是一种蒙着脉脉温情的交换行为，很多研究也将其称为互利或互惠行为。例如，在中国乡土社会中，小农家庭由于经济资源有限、风险抵御能力不足，生发出了生活互助、生产互助、金融互助等多种互助形式，在这里，互助也是互利，与"人情""报答""帮助"等概念密切相关。"人情"指导与规范社会交换、互助的界限和多少，"帮助"和"报答"是一对相互的概念，村民既有作为受助者的回报责任，也有作为助人者的给予责任。传统民间互助只限于一定的社会圈子（血亲、姻亲、朋友）内部，原因也在于社会圈子的成员一般互相承认大家共同的"历史社会经验"，传统民间互助本质是一种内含交换意义的经济互助。

现代交换则从约定俗成的互助（互利/互惠）关系，演变成了包含了市场关系的交换，指人们相互交换活动或交换劳动产品的过程。货币是商品交换的产物，是在商品交换过程中从商品世界分离出来的固定地充当一般等价物的商品。依此分析，互助的交换同样可以用货币衡量，只是需要有合适的标准。而在涉及人与人互动的市场服务，如家政、养老、教育等当中，同样包含了交换（交易）双方的互助。

事实上，没有市场激励的交换并不可持续。如果将分配关系、交换关系和竞争关系作为三种最基本的社会关系类型，交换关系是服务于特定的需要而产生的，这些需要一般包括生存的需要和竞争的需要，交换"既能使人的生存需要得到满足，也可以使人的竞争需要得到实现"。同时，交换关系需要得到市场的支持，"每个人都不可能生产出满足自己需要的全部产品，必须通过交换去保证自己的需要得到满足，故交换必须得到竞争的支持"，"没有竞争的激励，交换关系的发展就很可能因为生存需要的满足而走向停滞，并可能日益式微而转化成为分配关系"。[①]

---

① 张康之、张乾友：《共同体的进化》，中国社会科学出版社，2012。

总体而言，传统互助主要表现为出于生存目的的交换，现代互助作为一种包含了有竞争色彩的市场关系的交换，需要有更明确的规则、定价，和来自竞争/市场的参与激励。

（三）互助与合作

合作是互助的高级形式，互助组织的高级形式是合作社。与互助相比，合作更强调平等主体之间的民主的联合，尤其是经济主体之间的合作，其对组织及其成员能力的要求更高。西方互助合作发展史同样遵循兄弟会、友谊会、行会、手工业协会等互助组织率先发展，后来社会互助进一步扩大到经济合作领域的规律，经济类的互助合作组织包括生产合作社、销售合作社、信用合作社、保险合作社等，西方国家希望通过这种强调民主管理与合作、社员个人所有与合作社成员共同所有相结合、能使更多人获得服务和利益的经济形式，消除资本主义经济无限追逐剩余价值的弊端。

1995年，国际合作社联盟召开联盟成立100周年纪念大会暨第31届代表大会，通过的《关于合作本质的声明》将合作社定义为：人们为满足自身共同的经济、社会及文化方面的需求和愿望，而通过一个他们共同拥有民主管理权利的企业自愿联合组成的一个自治的社团。同时，其规定合作社的基本价值是自助、责任、民主、平等、公正和团结，基本原则包括自愿与开放的社员加入制，民主管理，社员的经济参与，自治和独立，教育、培训和宣传，合作社之间的合作，关心社区发展。[1]

笔者认为，共产主义社会正是一种国家合作社形态。马克思曾经高度评价了公社关于合作社联盟的计划，他曾说过："如果合作生产不是一个幌子或一个骗局，如果它要去取代资本主义制度，如果联合起来的合作社按照共同的计划调节全国生产，从而控制全国生产，结束无时不在的无政府状态和周期性的动荡这样一些资本主义生产难以逃脱的劫难，那么，请问诸位先生，这不是共产主义，'可能的'共产主义，又是什么呢？"[2]

张康之、张乾友提出了现代社会建设的"合作共同体"话语，他们认

---

① The International Co-operative Alliance, Statement on the Cooperative Identity, 1995.

② 《马克思恩格斯选集》（第3卷），人民出版社，2012，第103页。

为对人类社会的解读可以从共同体的视角出发，包括农业社会的家园共同体、工业化过程中的族阈共同体，以及全球化和后工业化的合作共同体。"只有当人类建构起了一种合作共同体，才会使人拥有作为个人的完整的生活，从而成为真正独立的、完整的和自由自觉的个人"，"合作共同体表现为一种更高文明形态的共同体形式"。① 笔者学习之后很有共鸣，也认同合作之于社会的未来意义，同时从互助研究角度，也认为建设现代"互助社会"要比建设"合作社会"更加具有现实意义。

回看发达国家历史，理想主义的工人合作运动实验没有成功，在大浪淘沙中只有带有官方色彩的合作社和互助社团以社会主义改良的形式保留下来，呈现合作社社员不变或增加、营业水平与市场比重提高、数量递减的集团化特点，合作社在经济上、政治上与政府、党派的关系也愈发密切。② 而总结西方国家合作运动失败的原因，主要有以下两个方面：一是合作（社）体现于法律规范下的正式经济合作，其设计对于社会环境的要求很高，如果真正实现民主参与，需要组织成员具备互助合作和民主法治精神以及经济决策能力，但这往往是很多合作社成员所不具备的；二是合作（社）具有社会目标并且不以营利为目的，且受限于会员制，权力分散，无法进行融资、上市等资本运作，与市场相比，其竞争优势不足，与政府相比，其经济保障能力不足。用在中国，同样如此，如中国农村的农业合作社虽然被大力推广，但发展并不理想。

与"合作社会"相比，建设现代互助社会（其中包括发展合作社经济）更符合我国国情，第一，其符合中国社会从非正式组织向正式组织发展的历史趋势；第二，社会互助是经济合作的前提，没有组织成员的归属感和信任（共同体意识和互助意识），经济合作很难进行；第三，互助包含范围更广，更符合现代社会多元共治的特点，与合作组织相比，互助组织更加

---

① 张康之、张乾友：《共同体的进化》，中国社会科学出版社，2012，第403页。

② 合作社的发展在世界上已经有近180年历史。截至1997年6月，国际合作社联盟的成员包括94个国家的225个全国性组织，7个国际性组织，它们代表着657970个合作社以及7.7851亿名社员。如果按销售额计，国际合作社联盟6个最大的农业合作组织排序如下：印度全国合作社联盟、美国全国合作社商业协会、法国全国农业信用合作社联合会、德国合作社与赖夫艾森联合会、日本农业协同组合（日本农协）、丹麦合作社联合会（参见蒋玉珉《合作经济思想史论》，安徽人民出版社，2008，第419~426页）。

灵活、多样，与市场的合作（由企业成立互助组织并且进行服务供给）也更加便捷；第四，面对社会主义初级阶段中的老龄社会、超老龄社会的到来与全球性的诸多风险挑战，与平等合作这类抽象理念相比，我们更需要以强扶弱、互助共济的淳朴社会互助精神。

（四）互助与治理

互助社会是一种社会形态，治理是推动互助社会良性运行的手段和过程，互助社会建设需要治理理念。治理（governance）一词源于拉丁文和古希腊语，原意是控制、引导和操纵。长期以来它与统治（government）一词交叉使用，并且主要用于与国家的公共事务相关的管理活动和政治活动中。自 20 世纪 90 年代以来，西方政治学和经济学家赋予 governance 以从纵向层级（hierarchy）到水平（horizontal）、从单一中心（monocentric）到多中心（polycentric）的新的含义，被广泛用于社会经济领域。[①]

治理理论创始人之一罗西瑙在《没有政府的治理》一书中提出治理与统治的区别：政府统治由正式权力和警察力量支持，以保证其适时制定的政策能够得到执行；治理则既包括政府机制，也包含非正式、非政府的机制，各色人等和各类组织可借助这些机制满足各自需求。同时，其对治理进行了具体阐释：治理是依赖主体间同意的规则体系，各主体间通过竞争与协作，制定出为大多数人所接受的规则，实现共同目标。[②] 库依曼和范·弗利埃特也认为：治理所要创造的结构和秩序不能由外部强加，治理作用的发挥要靠多种进行统治的以及互相发生影响的行为者的互动。[③]奥斯特罗姆等人从公共经济学角度提出自主治理理论和多中心治理理论，主张采用分级、分层、分段的多样性制度，使政府、市场和社区进行协调合作，形成多个权力中心组成的治理网络，从而破解公共事务治理困境。[④]

---

① 俞可平：《治理和善治：一种新的政治分析框架》，《南京社会科学》2001 年第 9 期；田凯、黄金：《国外治理理论研究：进程与争鸣》，《政治学研究》2015 年第 6 期。

② 〔美〕詹姆斯·N. 罗西瑙主编《没有政府的治理》，张胜军、刘小林等译，江西人民出版社，2001；李汉卿：《协同治理理论探析》，《理论月刊》2014 年第 1 期。

③ 张宝锋：《现代城市社区治理结构研究》，中国社会出版社，2006。

④ 〔美〕埃莉诺·奥斯特罗姆、拉里·施罗德、苏珊·温：《制度激励与可持续发展——基础设施政策透视》，毛寿龙译，上海三联书店，2000；张克中：《公共治理之道：埃莉诺·奥斯特罗姆理论述评》，《政治学研究》2009 年第 6 期。

发展至今，治理理论进一步呈现出了作为"自治"的治理——社会中心论、作为"管治"的治理——政府主导论、作为"合作"的治理——网络参与论等三种主要理论路径，[①] 与此同时，服务、网络、合作、大数据、公共价值成为治理时代的主题；平台型、互动型、依赖型、合作型成为治理网络的基本结构类型；信任、协调、整合、合作成为治理方式的发展趋势。[②] 从中国的基层治理角度来看，受限于庞大的人口规模，一方面，个体自发建立社会契约与形成协商认同的能力和动力不足；另一方面，国家也致力于推动在整体性的系统政治结构下的各行动主体为达到共同治理目标而进行共同努力。[③] 笔者更加认同中国式的多中心协同治理模式的提法，[④] 该模式主要有三个方面的特点：一是消除单一中心理论存在的局限性，解决治理主体多元化的问题；二是发挥多元主体之间的协同效应，合理处理多元治理主体之间关系；三是充分发挥中国共产党在多中心协同治理中的统合领导力量。

事实上，相比于同属于社会经济领域的互助与志愿、交换、合作的密切的交叉联系，由于治理作为公共管理领域的一种理念倡导，更强调通过政府分权容纳冲突和利益分歧，以及采取合作行动时的共同行动、集体决策过程，目前很少有研究将互助与治理置于同一话语体系中进行分析。但正如本部分开始提到的，互助与治理密切相关，而中国特色的互助和治理体现为国家领导的上下结合的互助和治理。一方面，互助社会建设就是基层治理体系建设，互助组织体系建设是基层治理体系建设的关键；另一方面，治理是互助的公共性体现，互助是治理实现的基础，只有社会互助成长起来，才能产生真正的治理。

（五）互助与民主

互助的社会不一定民主，但民主的社会一定需要互助。互助与民主从

① 王刚、宋锴业：《治理理论的本质及其实现逻辑》，《求实》2017 年第 3 期。
② 韩兆柱、翟文康：《西方公共治理前沿理论的比较研究》，《教学与研究》2018 年第 2 期。
③ 党的十八届三中全会以后，我国基层社会治理重点逐步从体制机制建设转向了体系建设。这次会议指出，全面深化改革的总目标是完善和发展中国特色社会主义制度，推进国家治理体系和治理能力现代化。
④ 熊光清、熊健坤：《多中心协同治理模式：一种具备操作性的治理方案》，《中国人民大学学报》2018 年第 3 期。

不同角度体现着现代社会的特点。民主是政治学术语，亚里士多德在《政治学》中将民主制界定为一种政体形式，是多数人执政的政体，以此区别于一人执政的君主制和少数人执政的贵族制。① 英国政治思想家洛克提出民主是人民的统治，他认为人民的统治是通过人民对于政府组成、政府权力行使的同意来实现的，而人民的同意是根据多数决定规则进行的。② 熊彼特则将民主界定为程序性的民主方法，"就是那种为作出政治决定而实行的制度安排，在这种安排中，某些人通过争取人民选票取得做决定的权力"③。另外，美国政治学家罗伯特·达尔提出"多元民主"，他认为在民主社会中的人们都生活在各种不同的利益集团里，民主是多种利益集团的相互作用；④ 英国政治学家科尔所说的民主偏向基层自治民主，他认为民主就是一种人民参与的政治制度，而实现这种参与的社会政治形式则是以社团为基础的自治。⑤

2014年9月，习近平总书记在庆祝全国人民代表大会成立六十周年大会上的讲话中指出，人民当家做主是社会主义民主政治的本质和核心。要扩大人民民主，健全民主制度，丰富民主形式，拓宽民主渠道，从各层次各领域扩大公民有序政治参与，发展更加广泛、更加充分、更加健全的人民民主。⑥ 党的十八大以来，习近平总书记进一步提出全过程人民民主的重大理念，提出全过程人民民主不仅有完整的制度程序，而且有完整的参与实践。⑦ 林尚立亦指出，尽管民主的表现形式很多，但其出发点都只有一个，即人民掌握国家权力，决定自己的事务。⑧ 所以，民主既可以表现为人们的政治生活，也可以表现为国家的制度体系；既可以表现为人民的

---

① 〔古希腊〕亚里士多德：《政治学》，吴寿彭译，商务印书馆，1965，第135~137页。
② 〔英〕洛克：《政府论》（下篇），叶启芳、瞿菊农译，商务印书馆，2017。
③ 〔美〕约瑟夫·熊彼特：《资本主义、社会主义与民主》，吴良健译，商务印书馆，1999，第395~396页。
④ 〔美〕罗伯特·达尔：《民主理论的前言》，顾昕译，东方出版社，2009。
⑤ 黄福寿：《民主理论及其演变与当代中国协商政治实践》，《上海市社会主义学院学报》2006年第4期。
⑥ 习近平：《论坚持全面依法治国》，中央文献出版社，2020，第71~72页。
⑦ 《习近平关于尊重和保障人权论述摘编》，中央文献出版社，2021，第27页。
⑧ 林尚立：《民主与民生：人民民主的中国逻辑》，《北京大学学报》（哲学社会科学版）2012年第1期。

价值观念，也可以表现为国家的组织形态；不仅要体现出人民对国家最高权力的掌握，而且要体现出人民在日常社会管理中能够决定自己的事务。①

　　结合互助进行分析，笔者认为，人民作为一个集合化的概念，代表集体－互助共同体，也代表完整的人民群众共同组成的国家。从互助话语角度分析，人民等同于圈层化的互助组织，人民民主（人民当家做主）既包括各个互助组织的利益整合表达的民主，也包括互助组织内部的人们参与组织事务的决策和管理的民主，其中的关键在于推动人民参与的有效制度设计。中国的互助社会建设对于维护人民民主专政国体的重大意义就在于：互助源于人的情感利益的本能需要和美德志愿的高层次表达，人们在共同参与建设互助社会时受到利益、情感、美德等本能和高层次追求的驱动，党领导的互助社会建设贯穿推动国家利益、集体利益与个体利益相统一的过程，个人、集体、国家共同为集体利益、国家利益努力并反过来增加个人利益，而非每个人都只顾及个人利益而置集体利益、国家利益于不顾，反而导致混乱的、无序的民主，影响国家安全、社会安定、人民安宁。因此，笔者将社会主义互助与社会主义民主的关系总结为：民主是互助的政治前提和制度基石，互助是民主的制度组成和现实路径。

二　互助组织谱系

　　互助广泛存在于人们的生产生活中，任何拥有 2 名以上成员的组织都能成为或嵌入互助组织，政府、企业、专业社会组织、社会企业在发挥各自功能的同时，亦具有互助属性，工会即其中重要的互助组织。从互助组织与党组织、政府、企业、社会服务机构的关系（见表 2-4）来看，党组织领导互助组织并依靠互助组织组织动员广大人民群众，政府指导支持互助组织工作，并与互助组织合作、接受互助组织的监督，企业与互助组织合作制约、相互吸纳、协同发展，社会服务机构为互助组织提供孵化培育和专业赋能方面的帮助。

----

① 林尚立：《公民协商与中国基层民主发展》，《学术月刊》2007 年第 9 期。

表 2－4　互助组织谱系中的相关概念比较

概念	特点	与互助组织的关系
互助组织	任何拥有 2 名以上成员的组织都能成为或嵌入互助组织	—
党组织	国家最高政治领导力量	党组织是互助组织的领导力量，互助组织是党的社会化组织网络
政府	行政机关，在党的领导下服务于人民	互助组织需要政府予以行政指导和支持，政府需要依托互助组织推动基层治理和社会经济发展
企业	适应现代社会化大生产和市场经济要求的以获得特定利益为目的的经济组织	相互吸纳、协同发展，如企业经营社群、企业与互助组织相互合作制约，互助组织中的合作社、部分社团属于社会企业等
社会服务机构	属于公益慈善领域的功能性社会组织	均属于社会组织体系，社会服务机构强调组织的专业性，互助组织强调组织的互助性

（一）互助组织与党组织

中国共产党是国家最高政治领导力量，互助组织在中国共产党的领导下，是党的社会工作的组织体系。2022 年修订的《中国共产党章程》规定，中国共产党是中国工人阶级的先锋队，同时是中国人民和中华民族的先锋队，是中国特色社会主义事业的领导核心，代表中国先进生产力的发展要求，代表中国先进文化的前进方向，代表中国最广大人民的根本利益。党的最高理想和最终目标是实现共产主义。中国共产党以马克思列宁主义、毛泽东思想、邓小平理论、"三个代表"重要思想、科学发展观、习近平新时代中国特色社会主义思想作为自己的行动指南。在党的组织制度中，党的各级领导机关，除它们派出的代表机关和在非党组织中的党组外，都由选举产生。党的最高领导机关，是党的全国代表大会和它所产生的中央委员会。党的地方各级领导机关，是党的地方各级代表大会和它们所产生的委员会。党的各级委员会向同级的代表大会负责并报告工作。①

---

①　党组织本身具有党员互助功能，比如每年中央组织部会从代中央管理党费中划拨经费，用于在"七一"前夕开展走访慰问活动，向新中国成立前加入中国共产党、目前健在的农村老党员和未享受离退休待遇的城镇老党员发放一次性生活补助金等。因其作为中国特色社会主义事业的领导核心、最高政治领导力量，处在总揽全局、协调各方的地位，这里将其作为互助组织的领导力量，不将其纳入互助组织范畴。

笔者认为，党组织与互助组织未来应当建立最紧密的互动关系，党组织领导互助组织建设以巩固党的执政根基，互助组织在党的领导和人民群众的参与下，满足人民群众日益增长的美好生活需要。

党组织是互助组织的领导力量，是推动互助组织成长的关键。党的十九大报告明确指出基层党组织的重要功能之一就是"领导基层治理"，2021 年发布的《中共中央　国务院关于加强基层治理体系和治理能力现代化建设的意见》，强调了要坚持党对基层治理的全面领导，把党的领导贯穿基层治理全过程、各方面。从我国目前的现实实践来看，基层治理正处在探索突破社会互助成长瓶颈的深水区，党之所以能够统合领导社会互助成长起来，源自中国共产党的特殊地位和唯一稳定特性：新中国是由中国共产党带领人民建立的，其既是领导核心，也是执政力量。[1] 一方面，中国共产党需要保持与人民的血肉联系；另一方面，它也能够协调政府利用其权威地位提供有利于社会和市场均衡发展的制度环境。[2]

互助组织是党的社会化组织网络，是党领导基层治理的主要抓手。其核心在于政治整合和组织整合，服务整合、文化整合、资源整合、经济整合等均服务于前两者。一方面，中国共产党可以通过互助组织进行社会的政治整合，巩固和发展自身的阶级基础与社会基础；另一方面，中国共产党可以通过互助组织进行社会的组织整合，构建一个有效的基层治理体系，从而支撑党的执政，提高党的执政能力。

以往研究也涉及对二者关系的一些分析。如在党与群团组织关系方面，林尚立提出党与群团组织之间形成了富有活力的轴心 – 外围结构，并经历了新中国成立前从轴心到外围的向心性整合、新中国成立后从外围到轴心的同构性整合，改革开放后应当借助社会化组织网络建立轴心与外围交互作用的认同性整合以实现服务于社会的根本目的。[3] 在社区党建功能方面，林尚立把社区基层党组织的功能定位为"在社区中、在单位中，时

---

[1]　林尚立：《社区党建：中国政治发展的新生长点》，《上海党史与党建》2001 年第 3 期。

[2]　田先红：《政党如何引领社会？——后单位时代的基层党组织与社会之间关系分析》，《开放时代》2020 年第 2 期。

[3]　林尚立：《轴心与外围：共产党的组织网络与中国社会整合》，《复旦政治学评论》2008年第 0 期。

刻关怀和表达民众的利益，全面服务国家与社会，从而在全面赢得民众与社会的基础上，真正成为凝聚社会、整合社会、动员社会的政治核心"①。张艳国、李非提出新时期社区党建应具备政治领导、民主保障、社会协调、民生服务、文化导向功能。② 在党与社会组织关系方面，陈秀红提出，党建嵌入为社会组织成长壮大带来了更多的包括认同、规范和资源在内的社会资本，社会组织成长壮大又进一步为社会成员尤其是弱势群体提供了更多保证其自身生存和发展所需的资源，逐步构建起了城市基层社会支持网络。③

（二）互助组织与政府

互助组织是社会组织，政府是行政机关，二者相互区别，但在中国，又在党的领导下共同服务于人民。根据李鹏主编的《公共管理学》对政府的概念界定，政府是指国家进行统治和社会管理的机关，是国家表示意志、发布命令和处理事务的机关，实际上是国家代理组织和官吏的总称。广义的政府是指行使国家权力的所有机关，包括立法、行政和司法机关；狭义的政府是指国家权力的执行机关，即国家行政机关。政府职能是指政府在国家治理中所承担的职责和功能，包括宏观调控、经济调节、社会管理、公共服务等。

根据林尚立和王华的论述，自新中国成立以来，中国政府的职能形态经历了两次转换，共出现了三种形态。第一种形态出现在改革开放前，以政治职能为轴心整合经济与社会职能。第二种形态来自改革开放的推动，改革开放使政府的职能形态向以经济职能为轴心整合政治与社会职能转变，这是中国政府职能形态的第一次转换。第三种形态出现在市场经济发展推动现代社会成长，与此同时又不断引发现代社会发展过程中的内在矛盾的时期。为了保障现代社会的有效成长，构建和谐社会，政府的职能形态转变为以社会职能为轴心整合政治与经济职能。这是中国政府职能形态

---

① 林尚立：《社区党建：中国政治发展的新生长点》，《上海党史与党建》2001 年第 3 期。
② 张艳国、李非：《"党建＋"在城市社区治理中的独特功能和实现形式》，《江汉论坛》2018 年第 12 期。
③ 陈秀红：《从"嵌入"到"整合"：基层党组织推进基层社会治理的行动逻辑》，《中共中央党校（国家行政学院）学报》2021 年第 5 期。

的第二次转换，其过程正在进行中。① 笔者认为，中国全面建成小康社会后，在建设社会主义现代化国家的过程中，党领导的以互助组织体系为基础的社会组织体系建设将日趋完善，在此背景下，政府的职能形态将发生第三次转变，政府职能形态将转变为以公共服务职能为轴心整合政治、经济、社会职能，从而建设公共服务型政府。通过将建设服务型政府、调节市场经济、规范社会组织发展有机结合起来，推动建设有机和有效的国家治理体系，以促进党领导的政府、社会、市场的全面、协调与可持续发展。

面向未来，中国的政府与互助组织均在党的领导下，彼此是互动合作、相互依存、相互补充、相得益彰的关系。政府应当营造好的政策环境推动互助组织发展，虽然在其中，政府不可避免地会面临基于人民性、互助性的约束和监督，但也可以依托互助组织完善政府职能、减轻行政压力，这也是全面建成社会主义现代化强国的必然选择。

具体而言，一方面，互助组织需要政府予以行政指导和支持，通过提供资金、政策倾斜和资源共享等方式来帮助互助组织提升能力和扩大规模。这种合作关系可以促进互助组织的专业化发展，提高其运行效率和服务质量。另一方面，政府需要依托互助组织推动基层治理和社会经济发展，提供更加直接有效、符合居民需求、居民充分参与的社会化服务，弥补政府管理"失灵"带来的漏洞，填补政府自身难以覆盖的领域，提高社会资源利用的有效程度，同时也促进社会建设的多元化发展。

（三）互助组织与企业

互助与竞争、社会与市场、互助组织与企业属于相对应的概念。互助组织是人类原始社会就有的组织形态，根据克鲁泡特金的论述，人类的原始组织形式是社会、群或部落，也即非正式互助组织，直到财产分立与财富积累才逐步产生家庭。而即便是在家庭产生之后，因血缘、亲缘、地缘而形成的氏族、村落公社依然发挥了重要功能。② 费孝通将互助组织界定

---

① 林尚立、王华：《创造治理：民间组织与公共服务型政府》，《学术月刊》2006 年第 5 期。
② 〔俄〕克鲁泡特金：《互助论：进化的一个要素》，李平沤译，商务印书馆，2009，第 120 ~ 124 页。

为在艰苦环境中，人们基于某种效用或共同利益，构建出的使个体或家庭生活免于陷入危机的互助网络和机构。①

企业则是适应现代社会化大生产和市场经济要求的以获得特定利益为目的的经济组织，利润是其存在和发展的根本动力。但是企业在无限追逐利润的过程中，会造成贫富不均以及弱势阶层利益受损，伴随市场经济的发展，现代互助（合作）组织又通过限制资本的方式，对弱势群体进行保护。因此，从社会建设的角度来看，社会系统的有效运转离不开市场的动力作用，除政府持续补贴支持之外，互助组织的可持续发展亦离不开企业经营或内部的部分市场化的发展。②

近年来，伴随西方连接社会部门和市场部门的社会企业的发展，一些互助组织与社会企业实际存在功能交叉，欧美国家的很大一部分社会企业产生于社团和合作社的转型，包括合作社之非营利化和社团之企业化。也就是说，互助组织中的部分合作社、社团属于社会企业。另外，社会企业是推动互助组织（互助小组、互助志愿队伍）发展的重要的经营性组织，能够帮助互助组织实现规范化、专业化、经营化以及供给资源。笔者亦认为，社会企业是推动社会互助发展以及互助型社会建设的关键力量。

（四）互助组织与社会服务机构

专业社会组织主要指在民政部门正式登记注册的社会组织。依据中国现行法律法规，专业社会组织主要包括依据《社会团体登记管理条例》（2016 年修订）在民政部门登记注册的社会团体、依据《基金会管理条例》（2004 年）在民政部门登记注册的基金会，以及依据《民办非企业单位登记管理暂行条例》（1998 年）在民政部门登记注册的民办非企业单位等三种。其中前两种获得社会团体法人资格，后一种视不同情况获得法人、合伙或者个体的行为主体资格。互助组织包括社会团体、基金会，而民办非企业单位属于公益慈善领域的功能性社会组织，其功能包括培育社会组织、提供社会服务、增进个人和社会的福利、提升社会治理水平等。

---

① 费孝通：《乡土中国》，生活·读书·新知三联书店，2013，第 39 页。
② F. B. Meira, "Liminal Organization: Organizational Emergence Within Solidary Economy in Brazil," *Organization* 21 (2014): 713 – 729.

民办非企业单位也被称为社会服务机构。

将社会服务机构和互助组织对比来看，二者的相同之处在于均属于社会组织体系，不同之处在于强调的组织性质不同，社会服务机构强调社会组织的专业性，互助组织强调组织的互助性。

从社会服务机构与互助组织的关系来看，互助组织可以培育成立社会服务机构以帮助互助组织发展，通过专业赋能、平台搭建等方式帮助互助组织实现规范化、专业化的可持续经营发展是社会服务机构的重要功能。

从社会服务机构与互助组织的发展方向来看，笔者认为，社会服务机构和互助组织应当在组织上交互合流、共促发展。一方面，二者都应依托政府和政治性互助组织发展，社会服务机构利用自身专业优势，输出理念和技术，互助组织发挥自身在地化动员能力，二者共同服务于社区居民，在此基础上谋求两类组织的规模扩大和业务扩展。另一方面，二者共同与市场对接联动。针对社会组织的自我造血能力不足、资金依赖性强的问题，互助组织和社会服务机构一方面可以自谋向社会企业转型，另一方面可以与企业联盟、社会企业等合作经营。

三 互助服务谱系

从服务角度来看，互助具有需要（心理和生理意义）、交换（经济意义）与道德（社会意义）三重内涵，会产生互信、互利、互惠等向上向善的社会美德或社会资本。[①] 互助服务属于经济性服务的一种，与其相对应的是市场服务，志愿服务属于互助服务的高层次表达，三者都是基本公共服务的供给方式。互相服务谱系中的相关概念比较见表 2 – 5。

表 2 – 5 互助服务谱系中的相关概念比较

概念	特点	与互助服务的关系
互助服务	经济互助，兼具工具理性和道德要求，在中国被赋予人民性意涵	—

---

① 窦影：《社区治理视角下城市老年人邻里互助养老"预阶段"的发展路径研究》，《云南民族大学学报》（哲学社会科学版）2020 年第 5 期。

概念	特点	与互助服务的关系
基本公共服务	由政府主导提供、旨在保障全体公民生存和发展基本需求	互助服务是基本公共服务的供给方式之一
志愿服务	由志愿者、志愿服务组织和其他组织自愿、无偿向社会或者他人提供的公益服务	互助服务是一种低偿服务或服务交换，志愿服务则是无报酬或仅给予成本消耗补贴的无偿服务
市场服务	最大限度满足消费者需求，以赚取利润为目的	市场服务以赚取利润为目标，互助服务具有经济社会等多重目标

（一）互助服务与基本公共服务

基本公共服务是指在一定的经济社会条件下，由政府主导提供、旨在保障全体公民生存和发展基本需求的公共服务。[①] 2012 年 7 月，国务院印发的《国家基本公共服务体系"十二五"规划》提出，我国基本公共服务的范围一般包括保障基本民生需求的教育、就业、社会保障、医疗卫生、计划生育、住房保障、文化体育等领域的公共服务，广义上还包括与人民生活环境紧密关联的交通、通信、公用设施、环境保护等领域的公共服务，以及保障安全需要的公共安全、消费安全和国防安全等领域的公共服务。

党的十八大以来，政府不断健全基本公共服务体系，推进基本公共服务均等化、标准化，并且加大了购买公共服务的力度，出台《"十三五"推进基本公共服务均等化规划》《"十四五"公共服务规划》《关于推进基本养老服务体系建设的意见》等政策文件。2021 年，国家发展改革委印发《国家基本公共服务标准（2021 年版）》，涉及了包括教育、医疗、住房等在内的 9 个领域的共 80 个基本公共服务事项。截至 2021 年底，全国制定、发布基本公共服务类相关国家标准和行业标准 198 项。[②] 2023 年 5 月，中共中央办公厅、国务院办公厅印发的《关于推进基本养老服务体系建设的

---

① 姜晓萍、吴宝家：《人民至上：党的十八大以来我国完善基本公共服务的历程、成就与经验》，《管理世界》2022 年第 10 期。
② 郑霞、来永钧、钱战、赵中涛：《标准化在政府基本公共服务能力提升中的作用研究》，《中国标准化》2022 年第 19 期。

意见》提出，基本养老服务是指由国家直接提供或者通过一定方式支持相关主体向老年人提供的，旨在实现老有所养、老有所依的必需的基础性、普惠性、兜底性服务，包括物质帮助、照护服务、关爱服务等内容。基本养老服务的对象、内容、标准等根据经济社会发展动态调整，"十四五"时期重点聚焦老年人面临家庭和个人难以应对的失能、残疾、无人照顾等困难时的基本养老服务需求。

根据以上分析可以看出，基本公共服务强调政府责任，政府主导提供并非意味着全部由政府直接提供，而是可以通过政府购买服务的方式，以互助服务、志愿服务、市场服务等形式提供。同时，当前基本公共服务与互助服务、志愿服务、市场服务并存，例如，中共中央办公厅、国务院办公厅印发的《关于推进基本养老服务体系建设的意见》提出共担性原则：在赡养人、扶养人切实履行赡养、扶养义务基础上，通过提供基本养老服务、发挥市场作用、引导社会互助共济等方式，帮助困难家庭分担供养、照料方面的负担。

（二）互助服务与志愿服务

笔者在前文已经进行过互助与志愿的中西方比较，西方的志愿服务属于一种内涵广泛的社会服务统称，包括互助服务在内，是自由主义和多元化价值的体现，也是实现个人价值、满足个人心理需求的途径（权利）。在第二次世界大战以后，随着西方福利国家的社会工作制度化、专业化，[1]志愿服务进入规范化发展阶段，扩大为一种由政府或私人社团所举办的广泛性的社会服务工作。其工作的重心不仅在于调整被救助者的社会关系和改善他们的社会生活，更在于调整整个社会结构和社会关系。[2]

相比于西方国家，中国的志愿从西方舶来时即被赋予了有更高要求的无私奉献的高尚美德属性，是一种积极参与社会和实现自我价值的行为。2017 年发布的《志愿服务条例》规定，志愿服务是指志愿者、志愿服务组织和其他组织自愿、无偿向社会或者他人提供的公益服务。志愿者是指以

---

① 童敏：《社会工作本质的百年探寻与实践》，《厦门大学学报》（哲学社会科学版）2009 年第 5 期。

② 李国荣：《现代志愿服务行为的理论基础研究》，《中国青年研究》2009 年第 1 期。

自己的时间、知识、技能、体力等从事志愿服务的自然人。志愿服务组织是指依法成立，以开展志愿服务为宗旨的非营利性组织。志愿服务组织可以采取社会团体、社会服务机构、基金会等组织形式。

而互助更偏向一个兼具美德、利他内涵的经济概念，其本质还是经济互助。故如果从服务的角度区分互助和志愿，笔者认为，一是从方向角度看，互助是一种多个方向的交换互动，志愿则是面向他人进行的单向付出；二是从报酬角度看，互助实际代表了社会内部的交换关系，现代社会交换意义上的互助服务可以用报酬来回馈，而不是非要进行双向的服务或物品的交换，志愿服务则是无报酬或仅给予成本消耗补贴的无偿服务。可以将前文所述的服务交换型互助、报酬给付型互助分别称为交换类互助服务、交易类互助服务，这两种服务与纯志愿服务不同，三者分别对应互助伙伴、互助服务员和志愿者。

互助伙伴主要指相互提供交换性服务的双方（多方）。① 互助服务员则主要指兼具交换和利他目的，为服务对象提供低偿的或可以获得预期回报的服务的人。志愿者主要指不关心报酬的人或是不为报酬而主动无偿提供服务的人。

（三）互助服务与市场服务

与互助组织和企业的关系类似，互助服务与市场服务也是一对概念。与市场服务这种最大限度满足消费者需求、以赚取利润为目的的服务相比，互助服务具有多重目的：获得回报或报酬（经济）、满足交往和组织团结的目标（社会）、个人的自我实现（心理）等。

四　互助保障谱系

互助保障是社会保障的重要组成部分，也是基层治理的重要组成部分，是社会互助制度化、规范化发展的体现。一方面，其有助于建设更加

---

① 互助伙伴间的互助可以是直接的，也可以是间接的。事实上，交换类互助服务可以包括不以营利为目的的双方（多方）相互提供的所有服务。如老年人一起开展文化娱乐活动，这虽然没有表现为直接交换服务，但人们在一起活动和交流的过程中也间接地交换和收获了情谊、归属感、愉悦；共同支付开销－资金互助的形式亦达到间接互助的效果。其参与者都属于互助伙伴。

精细化、多层次、从居民需求出发的社会保障制度，既能降低政府的福利责任压力，又能满足居民获得可信任的社会保障的需求；另一方面，其有助于建设居民参与的社会治理共同体，使居民成为利益相关者，通过货币（资金）形式的无形参与，让每个人都有意识地参与到自己所在社群、社区等组织的公共收益支出给付、互助共济中，并且共同为支出节约资源。

中国的现代互助保障不同于商业保险，前者可以界定为：在党委领导、政府负责下，由企业、社会组织等运营，互助组织监管，以互助小组及其联合汇聚互助基金，为成员提供相互保险、资金互助及其他福利服务的非营利性的社会保障方式（见图2－6）。需要说明的是，一方面，互助保障不同于基金会、慈善组织等的公益慈善项目，它更强调有形的互助组织建设以及其内部的互助共济，成员具有保障人和被保人的双重身份，而非泛泛的助人自助；另一方面，由于保险、金融等互助保障形式的专业化要求相对较高且具有非营利性属性，交由社保机构、商业机构成立相应组织进行运营是一种可行方式。[①]

互助保障谱系中的相关概念比较见表2－6。

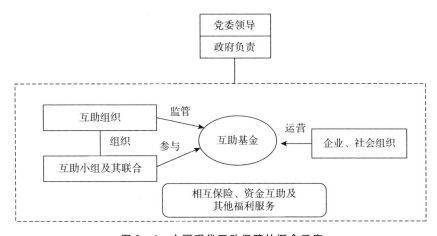

图2－6 中国现代互助保障的概念示意

---

① 参见刘妮娜、何浩天《创新社会互助：中国现代互助保障的发展理路》，《山东行政学院学报》2022年第6期。

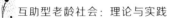

表2-6　互助保障谱系中的相关概念比较

概念	特点	与互助保障的关系
互助保障	党委领导、政府负责，由企业、社会组织等运营，互助组织监管	—
社会保障	由国家或社会依法建立的，具有经济福利性的、社会化的国民生活保障系统	互助保障具有更强的灵活性，可被纳入社会保障制度中，是社会保障制度的补充
商业保险	纯商业类险种	互助保障需要引入专业的银行、商业保险公司等金融类企业参与经营

（一）互助保障与社会保障

根据《社会保障学》的概念界定，社会保障是国家或社会依法建立的，具有经济福利性的、社会化的国民生活保障系统。其主要内容包括社会激励、社会福利和社会保险三大部分，还有面向军人的独立保障系统及其他补充性的社会保障措施。其可以划分为经济保障、事务保障和精神保障三个层次。其遵循公平、正义、共享原则，通过对社会财富分配的国家干预，实现保障与改善民生的发展目标。①

互助保障属于补充性的社会保障措施。与政府主导的基本社会保障相比，互助保障具有更强的灵活性，是一种探索将人的主动参与真正纳入其中的社会互助和社会保障方式，也是建立在圈层化的互助组织基础上的一种保障形式。理想地看，互助保障的发展方向在于通过国家推动逐步完善法规制度、机构设置、资金支持和社会宣传，基层因地制宜创新实践逐步提高统筹层次，建立县、市、省、国家级的包含资金互助、相互保险等在内的互助保障体系、互助合作组织体系，并将其纳入社会保障制度中。

（二）互助保障与商业保险

从互助保障和商业保险的关系来看，首先，商业保险是纯商业类险种，但互助保障需要互助组织作为中介，②引导组织民众参与其中。互助保障具体工作内容如下：（1）在党委领导、政府指导支持下进行业务发

---

① 郑功成主编《社会保障学》，中国劳动社会保障出版社，2005。
② 风险共担所带来的利益转移原则上应在参保者内部完成消化，但鉴于需要对各种互保活动实行有效管理与安排，需要产生中介管理机构。如果由枢纽型社会组织承担中介管理职责，其公共性在一定程度上可以抑制逐利性。但如果由商业公司负责运营管理，其对利益最大化的追逐便使其利益与所有参保者的利益形成了一种零和关系。

展；（2）关注中低收入群体；（3）培养会员与会员之间的互助合作、会员与组织之间的相互信任。

其次，互助保障需要引入专业的银行、商业保险公司（尤其是央企或国企）等金融类企业参与经营。在与互助组织的合作中和在这些组织的监督下，金融类企业在互助保障中发挥自身作用：（1）进行互助保障制度化体系化运营；（2）增加养老、医疗、教育、社工服务等衍生福利服务；（3）增强互助保障基金的稳定性、可持续性；（4）在非营利的互助保障的基础上，提供市场化服务，形成互助和商业的结合，兼顾平等和效率。

五 互助经济谱系

互助经济、政府经济、市场经济基本分别对应交换关系、分配关系和竞争关系，互助经济发挥基础性作用，政府经济发挥宏观调控作用，市场经济发挥决定性作用（见表2－7），互助经济的发展离不开政府经济与市场经济的共同推动。

表2－7 互助经济谱系中的相关概念比较

概念	特点	与互助经济的关系
互助经济	对应交换关系，发挥基础性作用	—
政府经济	对应分配关系，发挥宏观调控作用	政府应当行使调节和监管职能，让互助经济与市场经济相互合作制约
市场经济	对应竞争关系，发挥决定性作用	互助经济与市场经济相辅相成、相互促进

（一）互助经济与政府经济

以往政府经济主要有两方面职能：一是经济调节和市场监管职能，即制定经济发展方针，调整经济发展政策，监管市场运行，维护市场秩序，为经济发展创造良好的市场环境；二是社会治理和公共服务职能，包括提供公共享有的消费品，如国防、大型基础设施，以及教育、公共卫生服务、公共文化服务、社会福利保障等，这些消费品的供给由政府主导，政府与社会组织、企业共同承担供给责任。

而伴随中国经济的发展和人民生活水平的提高，人们对参与基层治理和提升社会服务质量的需求迅速增加，市场体量也迅速扩大，在社会服务供给上政府和市场均存在失灵之处，同时政府在直接面对市场时存在被围猎、被腐蚀的巨大风险。故笔者认为，在前述政府经济两方面职能的基础上，政府应当推动党领导的互助经济发展，将部分社会治理、公共服务职能交与互助组织，政府行使调节和监管职能，让互助经济与市场经济形成相互合作制约局面。

（二）互助经济与市场经济

市场经济主要指资源配置通过市场机制来完成的经济形态，多相对计划经济而言，可以与不同的社会制度相结合。① 根据《现代经济词典》的释义，市场经济是一种经济组织方式，市场依靠供求力量决定生产什么、如何生产以及为谁生产等。根据《麦克米兰现代经济学辞典》的定义，市场经济是一种以价格为基础来做出关于资源配置和生产的决策的经济体制，而价格是在生产者、消费者和生产要素的所有者之间自愿形成的。

笔者认为，互助经济与市场经济是相辅相成、相互促进的，尤其在第一产业和第三产业方面。其中，市场经济是起决定性作用的，现代互助经济不仅来自社区、社会组织的转型发展，而且主要生发于市场经济之中，离不开企业为可持续发展而进行的自主转型的推动。

---

① 周文、刘少阳：《全面理解和不断深化认识市场经济》，《上海经济研究》2020 年第 3 期。

第三章　互助型老龄社会的结构建构

对于中国这样一个社会主义人口大国而言，党委领导、政府负责、协调多方、全体人民共同参与建设现代社会系统是现代社会建设的必然选择。本书从人的互助本能、中国社会主义国家的本质属性以及老龄社会变迁角度出发，以社会互助为本进行社会建构，提出了以党的领导为统领、以人民幸福为本位、以网格结构化均衡为架构、以互助组织体系建设为基础、以市场经营社会为驱动、以老龄互助合作为突破的具有中国特色的互助型老龄社会理论模型。

第一节　网格结构化均衡：中国现代互助
社会的结构特点

中国现代互助社会的结构特点可以概括为网格结构化均衡，关键目标是社会互助成长，实现目标的两大抓手是党建引领多元共治和市场经营社会。

一　网格结构化均衡

均衡意指相关涉的各个力量既相互合作、补充又相互竞争、制约而形成的动态均衡态势。网格结构化均衡就是通过党建引领统合行政、社会、市场建立网格结构中的统合均衡态势，适应个人身心均衡需求变化，帮助社会互助成长，并在这个过程中不断建立新的均衡的动态过程。

（一）将人的需求均衡纳入均衡治理之中

网格结构化均衡治理强调：（1）个人身心均衡、基层治理均衡与国家治理均衡的统一；（2）中国特色的整体性基层网格治理体系建设方略。

1. 将人的现代化需求纳入基层治理体系建设任务之中

基层治理具有承接国家治理体系和治理能力现代化任务和回应人的现代化需求的双重功能，二者相互促进并维持均衡，其中的核心诉求是人的现代化，但满足这一诉求的行动过程需要被置于不同时期国家治理的总体布局之中。从人的现代化需求角度而言，一方面，伴随人们受教育水平和生活富裕程度的提升，其需求将越发体现为与自身情感利益相关的基于互助、民主、自治的要求，比如交往、安全、尊重以及自我实现的需求，政治、经济、文化、社会、生态方面的参与、保障、服务需求，以及包括获得、付出的内外交换需求等。另一方面，个人身心均衡是一种涉及身心、内外的综合复杂的动态均衡，是各需求相互促进、补充、约束所形成的一种内心舒适富足的平衡状态。群体性的心理失衡是引发社会矛盾和冲突的根源，人口聚集、需求多样的复杂局面是基层治理时刻处于张力之中的重要原因。网格结构化均衡治理将均衡放置于网格结构之中，实际是根据人的现代化需求变化，为维护个体身心均衡而不断调适治理方式的基层治理过程。

2. 具有中国特色的整体性网格治理体系建设方略

第一，网格治理适应中国基层治理需要。中国基层治理呈现共同体与国家同构、理想与现实合一的治理样态，致力于建立整体统合而非分立分散的国家立体圈层－网格治理体系。从宏观路径与宏观背景角度分析，社区子系统是国家系统的组成部分，国家系统也可以看作由不同社区子系统组成的大的社区系统；社群、组织、城乡社区中的小组等都可以相对作为子系统的单元"格"，由其组成的更高层次、更大范围的组织、区域可以相对作为系统的社区"网"。第二，网格结构化均衡治理为社会互助提供明确空间。社会互助的成长需要自下而上的内生驱动与自上而下的资源补给，网格结构化均衡治理能够通过细化网格，明确单元"格"方位，将其作为"网"中"格"来培育、孵化，既为基层组织发展提供空间条件，也为党、政府、企业提供组织载体，在协调中实现社区治理目标。

（二）以"格"为本：网格结构化均衡的网格结构

网格结构嵌合于均衡治理，通过将人口、组织根据空间等区分为格后联结成网，一方面，做小了现代组织与居民共同体的结构性共生单元，有助于在格内自发生成志愿共同体、互助共同体、利益共同体、兴趣共同体等多元社群、组织样态；另一方面，能够建构以单元格为本进行资源补给的基层网，多元组织依托基层网推动单元格治理，推动网格之间的互补互筑。

1. 人口网格与空间网格构成了基层网格治理的平面基础人口网络

人口网格与空间网格形态如图 3 - 1 所示。第一，人口网格是基层网格治理的基础。人是基层治理的建设者、参与者，也是基层治理的对象和基层治理目标的核心要素。人口网格主要通过空间网格被划分为楼门、单元门，其他划分依据包括衣食住行、文化娱乐、社会交往、职业、邻里、朋友等。在"格"里，人们开展互助合作、文娱志愿等活动，完成通知传达、社区服务、矛盾化解等工作，一旦建立"格"中的共同体秩序，一些社会组织、社会企业也会从这里产生。

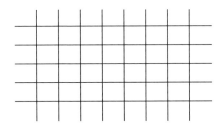

图 3 - 1　人口网格与空间网格示意

第二，空间网格是基层网格治理的支撑。它提高了基层治理的清晰度，在数字经济时代背景下，空间网格不仅体现在地理空间上，还涉及互联空间。一方面，地理网格是基层网格划分的主要依据，大的综合网格结构一般包括区县网格，区域大网格，街镇主体网格，片区、村、社区等单元网格。进一步地，在这种同质性的大的网格空间之下，不同社区会根据自身需求重塑网格，[①] 如小区、片区、院落、单元门、楼门、楼层等。另一方面，自 21 世纪互联网生活化以来，基于地理空间建立的线上论坛、QQ 群、微信群、公众号、App、小程序等互联网交流平台迭代升级的产物

---

① 朱萌：《空间生产视角下城市社区网格的构建与重塑——基于 T 市 B 社区的案例研究》，《社会建设》2021 年第 6 期。

不断涌现，① 在疫情期间，不少社区微信群建设日益规范，依据地理网格相应地建立了片区、楼门、单元门等的微信群互联网格。

2. 组织网格与空间网格构成了基层网格治理的立体多元组织网络

组织网格的立体图与俯视图如图3-2所示。组织网格是基层网格治理的抓手，它通过不同的组织集合、实践机制推动着网格中的矛盾化解、难题解决、组织培育、社区服务等功能的实现，共同形塑着基层网格治理的组织场域结构。多元组织网络包括党组织、政府、社会组织和企业等。第一，要以"格"为本，就需要建立党建引领统合多元组织的社区治理运转机制，推动"格"和"网格"的共同发展。社区党建协调委员会、党建引领五方共建机制、党建引领社区微信群建设、吹哨报到、在职党员回社区报到以及社区社会组织培育等都是加强党对多元组织政治统合的重要机制。第二，组织网格与人口网格的差别也体现在组织网格的层级、条块、职能分工上，一方面，党组织、政府、社会组织和企业都有各自的自上而下的工作体系，作用于"格"；另一方面，企业和社会组织又自下而上自主发展。

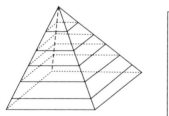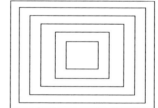

图3-2　组织网格的立体图与俯视图

（三）统合合作：四类基层网格搭建

1. 培育基层精英网格

基层精英可以划分为体制内领袖、草根阶层领袖、权力精英等三类，② 他们往往集体意识强烈、行动能力突出，并且比其他城乡社区居民拥有更

---

① 闵学勤、贺海蓉：《掌上社区：在线社会治理的可能及其可为——以南京栖霞区为例》，《江苏社会科学》2017年第3期。

② Dennis E. Poplin, *Communities：A Survey of Theories and Methods of Research* (New York：Macmillan, 1979).

多的权威性资源。① 党组织、政府、专业社会组织、社区、企业都在试图合作或独立地发掘基层精英，并助力其完成身份转化。

目前基层精英网格培育机制主要包括以下三种。一是政治身份转化。一方面，以培育、选派、兼职的激励方式，为基层党组织吸纳人才资源、培育党员骨干。相关项目包括选派社区专员、党支部书记"头雁工程"、成立社会组织联合党委和社会组织负责人兼任群团干部、物业社区交叉任职等。另一方面，将基层党组织的组织建设嵌入基层治理实践，重新塑造党群关系。如成立物业企业党组织、将党小组建在网格上、建立党员干部联系群众制度和党员干部入户走访制度等。二是社团身份转化。其涉及的基层精英多存在于社工机构、志愿者协会、其他社区服务机构、社区社会组织之中，以社区服务和民主参与中的专业社会组织人员、居民代表、业委会成员、社会工作者、互助志愿者等身份出现，有结构性的资源网络，也有专业能力、参与热情、群众基础。三是企业身份转化。其涉及的基层精英包括社区中介、物业、底商以及其他社区服务企业工作人员等，一般采取纳入社区网格的形式使他们参与社区治理。

2. 编织基层组织网格

根据调研，虽然目前大部分城乡社区组建了文娱体育和志愿服务队伍，但城乡社区专业赋能能力有限，社区组织的专业水平明显不足。相比较而言，区域网格场域可以编织由枢纽型社会组织、专业社会组织、城乡社区、社区社会组织共同组成的社会组织体系（互助和专业两个面向的社会组织体系），形成渐进赋权、相互借力、互惠共生的连续统，② 引导散落的城乡社区居民社群、互助小组/组织摆脱处于社会边缘的碎片化状态。③ 其中，枢纽型社会组织具有资金、技术和话语优势，是引领区域性的行业发展和服务品质提升的"风向标"，也是建设基层组织网格的关键。

---

① 卢学晖：《城市社区精英主导自治模式：历史逻辑与作用机制》，《中国行政管理》2015年第8期。

② 王学梦：《行政"圈层"社会：新兴社会组织的三种类型及其比较》，《浙江工商大学学报》2021年第1期。

③ 张荆红、丁宇：《互依联盟何以可能？——中国枢纽型社会组织与国家之关系及其改革走向》，《北京师范大学学报》（社会科学版）2018年第6期。

首先，区域性枢纽型社会组织，其充当组织培育、社区增能、商业协同、科技支撑的组织枢纽，一些枢纽型社会组织负责政府购买服务项目的管理、社会组织孵化基地的运营等。其次，街道层面枢纽型社会组织，包括街道社区社会组织联合会等，这类组织主要进行社区社会组织的培育。最后，志愿者协会、社工机构等专业社会组织，它们具有枢纽平台的共性特征。相比而言，一般性的专业社会组织更接近社区网格，但受资金来源限制，其服务方向难以保持稳定。

3. 经营社区经济网格

社区经济网格聚焦于托幼、教育、养老、文化、娱乐、体育等社区服务，"格"主要指从事社区服务的小微企业、个体商户等，"网"则指为社区服务企业提供管理服务的综合运营平台。企业参与社区治理的天然动力生发于客户培养，目前社区服务的主要形式是企业经营客户而非经营社群、平台，优势在于高效形塑理性个人，劣势在于不利于小微企业、个体商户、社群的发展，个体看似得到实惠，实际被资本裹挟其中。而治理的本质是公共利益的最大化，不能任由市场掠夺式发展损害个人的社会生活、社会福利保障等。故社区经济的关键属性在于强调社区、社会组织和企业共同参与投资与经营，经济社会效益并存双赢，商业与公益互嵌互补，[①] 其有责任推动互助志愿转变为合作社式的互助合作参与。

4. 建立问题统筹解决网格

问题统筹解决网格以单元格自主化解矛盾为前提，以党政工作体系为主导，借助企业、社会组织等中介平台，解决公共问题、化解居民矛盾。

首先，从城乡社区居民角度出发，很多居民的矛盾纠纷在单元格里产生、化解。针对社区"两委"、社区物业等的服务管理问题，一般上升到社区网层面去处理，一方面，借助社区微信群、公众号、群接龙进行问题转介、意见征集、结果反馈；另一方面，通过多领域主体介入协调解决。

其次，从党政角度出发，党政工作体系发挥了主动治理意义上的主体性功能，企业、专业社会组织、社区等充当借道平台，发挥党政资源转化

---

① 徐承红、林敏：《我国城市社区经济：框架、挑战与提升进路》，《福建论坛》（人文社会科学版）2022年第10期。

与整合、利益综合与表达等功能，共同帮助解决各类问题。

（四）帮助社会互助成长的制约策略

帮助社会互助成长是实现网格结构化均衡的关键，重要策略是通过统合制约，使对政府、企业的监督制约与帮助社会互助成长之间形成良性互动。

1. 以法律法规政策制定为主的机制制约

机制制约主要指通过相关法律法规政策建立机制性的监督制约策略。以对社区服务企业的制约机制为例，其包括但不限于以下两种。一是社会企业认证机制。如北京市回天地区通过建立社会企业认证机制，规定了社会使命、党建情况、商业运营能力、可持续发展、创新性和影响力等六项社会企业的认证标准，倒逼社会企业创新资产锁定、股利上限和非公参股机制等组织管理模式，从机制上防止其使命漂移，异化为纯营利性企业。二是业主大会及业委会机制。业主委员会是社区自治空间生发的重要组织形式，具有监督和管理物业公司的法定权利，社区业委会对物业的监督制约主要体现在选聘物业、监督物业和维护业主权益方面，尤其是通过党建引领的方式统合理顺业委会、居委会、物业公司之间的职能、关系。

2. 基于多数人在场形成的群体性压力的群体制约

群体制约主要指以多数人在场默认或同意对相关主体产生群体性压力的监督制约策略。与线下的群体聚集相比，社区微信群、公众号以及其他社交平台的信息无差别开放流动，拓展了群体制约的场域和可能。尤其是城乡社区党组织牵头建立的网格微信群，作为一个个小的虚拟社群，为群体制约提供了突出增量要素。其作用主要表现在以下几方面。（1）监督城乡社区工作。城乡社区"两委"在微信群公布工作计划、任务进度、收支状态、投票结果以及诉求反馈等，城乡社区居民对其形成监督。（2）反映城乡社区问题。城乡社区居民在微信群内可有效维护话语权、反馈社区问题，通过问题的快速上传和群体压力督促各方履职、采取措施解决问题。（3）自发达成谅解。群投票、群接龙等工具能够帮助开展基层民主决策，并且将结果广而告之，提高协商效率。

3. 组织之间协作竞争的组织制约

组织制约可以划分为协作制约和竞争制约两类。协作制约主要指政府、企业、社会组织等存在制度逻辑的内生冲突但又需要相互协作时所产生的相互制约。如对企业和专业社会组织而言，企业在民政部门登记注册成立专业社会组织或与专业社会组织、城乡社区合作后，可获得身份上的优势，进而可获取认知合法性、形成良好的政府关系、获取更多的公益资源、提升基层治理参与的广度与深度。[1] 专业社会组织、社区需要借助企业资金和技术优势，建设维护公共设施、搭建线上治理平台等，同时社会组织体系发展能够制约小集团或私有化趋势，避免让市场和私有资本主导社区治理。

竞争制约主要指政府、企业、社会组织等之间因为资源竞争所产生的自主发展动力的相互制约。政府、城乡社区、国有企业受政治逻辑驱动追求政绩目标，专业社会组织和社区社会组织基于公益逻辑追求影响力目标，社区服务类大型私企、中小企业、个体商户和社会企业内含公益属性，几者之间在社会影响力、治理效能等方面均存在竞争和比较。比如面对政府购买服务项目，专业社会组织、社会企业处于同台竞标的位置，同类型的专业社会组织之间存在隐性比较和竞争。但也正是在竞争制约中，各类主体为更好地实现自身目标而发力，才能促进基层治理主体"百花齐放"而非"一枝独秀"。

二　党建引领多元共治

党的十八大以来，党在基层治理中的任务逐步从党的内部建设向党建引领基层治理转变。党的十九大报告明确指出基层党组织的重要功能之一就是"领导基层治理"，2021 年，《中共中央　国务院关于加强基层治理体系和治理能力现代化建设的意见》强调了要坚持党对基层治理的全面领导，把党的领导贯穿基层治理全过程、各方面。党的二十大报告进一步明确，要加强城市社区党建工作，推进以党建引领基层治理，持续整顿软弱涣散基层党组织，把基层党组织建设成为有效实现党的领导的坚强战斗堡垒。进一步地，笔者认为，明确党建引领基层治理这一方向并非最终目

---

[1]　刘蕾、吴欣同：《"两块牌子"：社会企业的资源拼凑逻辑——对市场环境和制度环境的双重回应》，《东南学术》2020 年第 5 期。

的，关键要厘清党建引领基层治理的运转机制，这样才能真正推动基层突破社会互助难以成长瓶颈。党建引领基层治理运转的分析框架如图 3 - 3 所示。

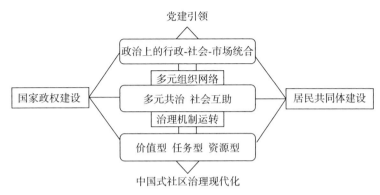

图 3 - 3　党建引领基层治理运转的分析框架

（一）厘清社会、社区和基层的概念差异

笔者认为，要建立党建引领基层治理运转机制，首先要厘清社会、社区和基层的概念差异，不能将三者笼统而论。

1. 社会概念有广义与狭义之分

笔者提出的互助社会中的"社会"采用广义的界定，是包括政治子系统、经济子系统、思想文化子系统和社会生活子系统等在内的整个社会大系统。[①] 其理论依据包括以下三个方面。第一，追溯西方市民社会源流，社会是基于个人主义、以市场为本的独立于与对立于国家干预的社会经济生活领域。在黑格尔的市民社会学说中，市场经济是市民社会的组成部分，马克思也提出，以市场为本的市民社会本质上是一个以私人利益为核心的经济学范畴。[②] 第二，在中国乡土社会中，因为市场经济不发达，社会是集政治、经济、社会、文化于一体的非正式的社会经济系统。[③] 第三，面向未来来看，社会主义国家的社会建设是逐步吸纳行政、市场要素，

---

① 郑杭生：《社会学视野中的社会建设与社会管理》，《中国人民大学学报》2006 年第 2 期。

② 韩立新：《从国家到市民社会：马克思思想的重要转变——以马克思〈黑格尔法哲学批判〉为研究中心》，《河北学刊》2009 年第 1 期。

③ 刘妮娜：《中国特色互助社会：历史溯源与现代建构》，《北京社会科学》2021 年第 5 期。

向理想的共同富裕社会或国家合作社、情感利益共同体国家发展的长期过程。

但是，互助社会的理想美好而现实骨感，我们有理想的愿景，也要尊重现实条件，只有在不同历史时期选择不同战略和发展方式，才能逐步向理想的方向稳步迈进。现阶段的中国社会无疑是处在起步阶段的小"社会"，也即狭义的"社会"，需要党、政府、市场帮助其成长。故笔者在后文具体分析党政社企关系时，采用的是狭义的定义，将"社会"界定为社会组织，包括互助面向的基层自治组织体系和专业面向的专业社会组织体系两类（二者有所交叉），它在当前是推动中国式基层治理现代化、建设居民情感利益共同体的重要主体。[①]

2. 社区是居民情感利益共同体的基本单元

20 世纪 30 年代，"社区"概念被引入中国，中国社会学家费孝通将社区界定为若干个社会群体或社会组织聚集在某一地域里形成的一个在生活上相互关联的大集体。[②] 这个定义已经结合了中国本土情境，将寓于集体意涵之中的社区、组织、社群建立在了共同体之上，现实中的共同体也就是多样化的集体组合。

从现代社区角度看，社区既代表地理范围，也具有共同体属性。2000年，《民政部关于在全国推进城市社区建设的意见》指出：社区是指聚居在一定地域范围内的人们所组成的社会生活共同体。社区操作单元主要被界定为居/村民委员会辖区共同体，既属于基层政权组织的负责范围，又属于基层群众性自治的作用空间，也属于企业、专业社会组织的经营场域、对象。据此，社区治理被界定为包括党政、社会组织、企业、居民在内的多方主体以社区为平台，通过协商、博弈、合作等方式解决问题、消除分歧，以求社区资源得到最合理配置的过程。[③] 虽然不再如费孝通的定义那样强调"大集体"，但社区治理的目的仍然是满足居民需求、促进社

---

① 冯仕政：《社会治理与公共生活：从连结到团结》，《社会学研究》2021 年第 1 期。
② 参见费孝通《社会学的探索》，天津人民出版社，1985。
③ 郎晓波：《城市社区公共事务分类治理模式的实践与创新——以杭州为例》，《甘肃行政学院学报》2010 年第 6 期。

区发展，关键还是在于通过居民共同承担社区建设责任,[①] 实现社区利益最大化。[②] 居民福利福祉的增进则是其中应有之义。面向未来，笔者认为社区仍然要向居民情感利益共同体的基本单元发展，其也是一种集体，只是这一集体趋向多元包容而非铁板一块。

3. 基层概念代表国家政权与居民情感利益共同体双向并进

《现代汉语词典》对"基层"的解释是："各种组织中最低的一层，它跟群众的联系最直接。"学界关于基层社会的界定包括两个维度：一是国家治理的基层，二是社会系统的基层。以国家和社会为参照，有研究提出，基层是国家与社会的交汇处，也即国家权力控制与民间自治力量的交接部。[③] 广义的基层包括城市社区居委会、农村社区村委会、企业事业单位、城乡基层政权机关以及社会组织，狭义的基层特指社区。[④]

笔者提出，基层概念的中国特色在于其代表着国家政权与居民情感利益共同体的双向并进，属于政治制度框架或政治结构的组成部分。基层治理可以看作国家权力向街道、社区等基层延伸并与多元主体遵循特定的制度规则和程序，以合作、协商的方式订立规则的过程。[⑤] 从居民情感利益共同体角度来看，基层与社区几乎重合，故基层治理也主要是指社区治理。[⑥]

（二）党建引领行政 - 社会 - 市场推动基层治理运转

根据前文的分析，党建引领基层治理运转需要区分政府、社会、市场，并在此基础上建立运转机制，也即党建要通过引领政治行政统合、政

---

① 魏娜：《我国城市社区治理模式：发展演变与制度创新》，《中国人民大学学报》2003 年第 1 期。
② 林闽钢、尹航：《走向共治共享的中国社区建设——基于社区治理类型的分析》，《社会科学研究》2017 年第 2 期。
③ 孙柏瑛、武俊伟：《"双向建构"中的城市政府基层社会治理转型——路径、困境与未来展望》，《公共管理与政策评论》2018 年第 1 期；孙柏瑛、蔡磊：《十年来基层社会治理中党组织的行动路线——基于多案例的分析》，《中国行政管理》2014 年第 8 期。
④ 李慧凤、郁建兴：《基层政府治理改革与发展逻辑》，《马克思主义与现实》2014 年第 1 期。
⑤ 黄冬娅：《多管齐下的治理策略：国家建设与基层治理变迁的历史图景》，《公共行政评论》2010 年第 4 期；陈家刚：《基层治理：转型发展的逻辑与路径》，《学习与探索》2015 年第 2 期。
⑥ 施远涛、赵定东、何长缨：《基层社会治理中的德治：功能定位、运行机制与发展路径——基于浙江温州的社会治理实践分析》，《浙江社会科学》2018 年第 8 期。

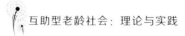

治社会统合、政治市场统合推动基层治理运转。

从政府、社会、市场的定位来看，首先，要明确行政管理和政策资金支持的责任与地位。其次，市场是基层治理的创新工具，需要推动市场经营社会。最后，社会是基层治理的基础和主体，党、行政、市场都需要以社会为本，推动社会建设，重点是推动社会互助的成长。

从政府、社会、市场的关系来看，三者是合作制约、相互吸纳的关系。事实上，西方治理理论虽然强调协调合作或协同合作，但因为存在个人主义和分立制衡传统的不同语境，其协同合作实则是使相互冲突的不同利益主体得以调和并且采取联合行动的合作。[①] 而我国本身是强调集体主义、以有效治理为目的的国家，[②] 表现出"看似如此"的合作均衡，反而需要完善监督制约机制推动实现"真正"的合作均衡。

故此，党对多元组织网络的统合能力就成为互助社会建设的关键变量，需要通过发挥党建引领的政治统合作用，推动政府干预和调控从直接转向间接、从无限转向有限，推动政府负责、专业赋能、市场经营，建立有利于社会互助成长的多元组织网络和基层治理运转机制。

（三）党建引领的政治统合方式从价值型统合向任务型统合和资源型统合发展

党建引领社区治理的原始动力来自党自身建设的优化完善与党对多元组织网络统合的支撑，在此基础上，可以筑造"一核多元"和"一核多能"的社区治理架构。[③] 面对行政、社会、市场三类政治统合对象，结合前文分析，笔者将党建引领的政治统合方式归纳为党的建设的价值型统合、党对多元共治的任务型统合和党对社会互助的资源型统合，进而提出，需要推动党建引领的政治统合方式从价值型统合向任务型统合和资源型统合发展。

1. 价值型统合是党建引领基层治理的基础性方式

中国共产党有它的历史使命与行动价值，初心和使命就是为中国人民

① R. A. W. Rhodes, "The New Governance: Governing Without Government," *Political Studies* 44 (2010): 652 – 667; Chris Ansell and Alison Gash, "Collaborative Governance in Theory and Practice," *Journal of Public Administration Research and Theory* 18 (2008): 543 – 571.
② 刘妮娜：《中国特色互助社会：历史溯源与现代建构》，《北京社会科学》2021 年第 5 期。
③ 曹海军：《党建引领下的社区治理和服务创新》，《政治学研究》2018 年第 1 期。

谋幸福、为中华民族谋复兴，在长期奋斗中也构建了中国共产党人历久弥新的精神谱系。所以，党建引领的价值型统合主要指由党组织主导推动，将党的价值引领与基层社会的价值多元紧密结合起来，充分发挥党的政治核心和领导核心作用，以党的鲜明价值体系引领统合基层社会，让党的基本路线、各项方针政策以及理想信念、精神底色等贯彻到群众之中。①

价值型统合的主要机制为党组织吸纳嵌入机制，治理工具可以概括为以下几种。一是吸纳人才加入。基层党组织和党员嵌入基层治理结构和过程之中，以体制吸纳等方式吸纳各类青年人才、社会和经济组织成员加入基层党组织或兼任基层党组织职务，壮大党的基层队伍。二是政社企党组织嵌入。以组织嵌入等方式将党组织嵌入基层社区、社会组织、经济组织等，以党的各级组织战斗堡垒和党员先锋模范实现价值引领。三是划小治理单元。把党组织和党员队伍建到更小治理单元上，推动楼门院发挥自主治理和辅助社区治理的双重功能。四是发掘激励优秀党员。优秀党员是组织系统中最活跃的要素，通过培育、选派优秀党员到重点岗位上工作，发挥优秀党员务实肯干、冲锋在前的担当表率作用。

2. 任务型统合的任务主要在于社区难题的统筹解决

任务型统合的核心在于党建引领多元共治，具体表现为党建引领多方共建机制，"多方"包括城乡社区党支部、村/居委会、业委会、物业公司，以及为社区提供过服务的公益机构、志愿者、周边非公企业共同组成的社会组织等。其主要依托党建协调委员会平台运行，辅以"街乡吹哨、部门报到"、党建引领居委会建设和业委会建设等治理工具，将社区内的多方资源链接起来并盘活，② 在共建、共治、共享、共商中解决社区问题。这既是价值型统合的进阶，也是党建工作由组织引领、直接服务向功能引领、间接服务转变的重要抓手，是目前党建引领基层治理的重点工作。

在这里，党建引领的优势体现在以下两个方面。一是通过党政主导推

---

① 参见孙柏瑛、邓顺平《以执政党为核心的基层社会治理机制研究》，《教学与研究》2015年第1期；刘安《吸纳与嵌入：社区党建背景下中国党社关系的调适策略——以江苏省N市C区为例》，《黑龙江社会科学》2015年第5期。

② 吴晓林：《党如何链接社会：城市社区党建的主体补位与社会建构》，《学术月刊》2020年第5期。

动纵向整合。在社区难题问题解决的许多场景下，党和政府是联合行动体，政府行政系统借助党的组织系统向基层延伸，增强上级组织动员能力、提高基层政策执行成效，拓展政社关系中的"交集"部分，同时党政合力以指令、考核、晋升激励等方式驱动纵向党政工作体系运转，推动跨组织的"条""块"协同。二是通过社企参与推动横向协作。中国的基层治理建立于一个以党的组织体系为载体的权力组织网络基础之上，[1] 几乎所有机构、主体中都存在着党组织，面对基层治理的公共利益最大化需要，通过党政主导，促进社企参与，能够为多元主体之间强化彼此认同、开展协商合作等集体行动创造条件、搭建平台，[2] 帮助找到各方意愿和要求的最大公约数，解决问题、化解矛盾。

3. 资源型统合的关键作用在于通过党建引领助推社会互助成长

一方面，政党越想要推进民主的发展，越要重视建立强大的资源网络予以支撑，[3] 笔者认为，建设良好资源网络是党在国家政权建设与居民情感利益共同体建设双向并进过程中赢得主导权的根本路径。另一方面，社会互助成长要求政府对其的干预和调控转向规范和支持，也需要防止市场资本裹挟居民，对行政、市场形成有效的基层监督制约，从这个角度而言，它需要政党领导、勠力同心。故而，党的资源网络建设也是使政府直接控制相对退缩、保障基层社会不被资本垄断、给社会互助成长空间的重要制度安排和创新方向。

笔者提出，资源型统合主要指党建引领居民参与其中的社会互助治理体系建设。它通过建立党领社企、政府支持的社会互助综合治理平台，将政策、资金、场地以及政社企资源整合起来，建设枢纽型社会组织体系、社会企业体系、城乡社区体系以及线上治理平台，为社会互助搭建资源网络，使党与政社企，尤其是社区治理类社会组织与社会企业之间形成紧密

---

① 景跃进：《党、国家与社会：三者维度的关系——从基层实践看中国政治的特点》，《华中师范大学学报》（人文社会科学版）2005 年第 2 期。

② 参见陈亮、李元《去"悬浮化"与有效治理：新时期党建引领基层社会治理的创新逻辑与类型学分析》，《探索》2018 年第 6 期；孙萍《中国社区治理的发展路径：党政主导下的多元共治》，《政治学研究》2018 年第 1 期；王雪竹《基层社会治理：从网格化管理到网络化治理》，《理论探索》2020 年第 2 期。

③ 林尚立：《社区党建：中国政治发展的新生长点》，《上海党史与党建》2001 年第 3 期。

资源依赖，以党建引领社会互助治理体系建设的方式推动政党的政治统合和社会互助成长的双重目标实现。

三　市场经营社会

从现有实践来看，市场主要作为一类分立于社会而存在的纯市场主体开展市场活动，同时在党建引领、政府推动下参与多方共建、网格治理、协商议事等辅助性、公益性工作，市场与社会并未实现融合发展。这是导致基层治理或行政化悬浮化、缺乏居民参与，或自组织化可持续性不足，难以建立起利益相关、居民共治的均衡基层治理体系，实际也就是社会互助空间的萎缩或异化的重要原因。[①] 延续前文分析，笔者认为，要转变这一非均衡现状，需要建设统合均衡的基层治理系统，这一均衡既体现为党领导的政府、社会、市场的均衡，也体现为国家领导的社会、市场的均衡。其中的重要路径就是通过党委领导、政府负责的社会与市场、互助与竞争、组织与资本之间的双向吸纳与合作制约，推动市场在资源配置中起决定性作用，社会在资源配置中起基础性作用。[②]

（一）市场经营社会的概念与特点

各地的很多城乡社区、枢纽型社会组织、社会企业已经在进行创新市场参与基层治理方式的探索，市场经营社会的概念[③]展示了这类市场与社会互动关系的两个重要特点：一方面，使用"市场经营"强调这里的市场并非分立于社会或包含于社会之中，而是通过市场主体主动动员市场资源、市场规则链接嵌入而起到"经营"性的关键作用；另一方面，以社会指代正式或非正式的社会组织，强调"人在组织中，才在社会中"，由此明确要推动市场经营社会，发展约束性市场工具、帮助社会成长，而非让市场经营个人以获得最大利润。

---

① 在巨额商业利润的驱动下，一些地区出现了市场通过各种手段直接或间接地侵犯居民、业主的权利的现象。

② 刘妮娜：《中国互助型老龄社会的系统建构》，《云南民族大学学报》（哲学社会科学版）2022 年第 5 期。

③ 笔者曾以社会养老服务供给为例对这一概念进行过阐述。参见刘妮娜、程士强《社会与市场的联动：市场经营社会的模式划分与运作逻辑—以社会养老服务供给为例》，《云南民族大学学报》（哲学社会科学版）2023 年第 6 期。

市场经营社会主要指通过市场主体以及市场规则推动社会成长、实现社会目标，包括促进社会组织发育发展以及提供多元化社会服务，进而推进社会与市场动态均衡互动。具体而言，如图3-4所示，市场包括市场规则和市场主体。市场规则以竞争为中心，以累积市场资本为目标，主要指遵从"经济人"理性选择、追求利润最大化和严格计算成本收益的核心原则，让竞争机制充分发挥作用。[①] 根据注册类别和企业规模，市场主体可分为个体商户、小微企业、大中型企业。社会包括社会目标和社会主体。社会目标以社会互助为中心，以累积社会资本为指向，开展社会经济活动的目的在于挖掘地方资源与潜力，为当地居民、社群、社区社会组织、社区提供就业创造、生存发展、社区营造等方面的服务、保障和参与的机会。社会主体包括互助组织和专业社会组织。需要说明的是，常见的"市场参与社会治理"是企业以捐赠、公益等方式履行社会责任，这种参与和其市场经营活动无直接关联，而市场经营社会是市场经营活动与社会服务、社会治理的深度融合，旨在以经济上可持续的方式实现市场主体与社会主体的互利共赢。

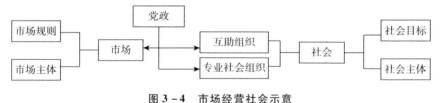

图3-4 市场经营社会示意

（二）四类组织形态的差异化组合互动

市场经营社会的运作逻辑可以概括为四类组织形态（见图3-5）的差异化组合互动。

四类组织形态包括社群或互助志愿队伍、社会组织或城乡社区、核心企业、企业群。社群或互助志愿队伍是内核，社会组织或城乡社区、核心企业是平台和屏障，它们与企业群共同满足居民多元需求。社群或互助志愿队伍属于自组织形式，由城乡社区居民根据个人兴趣、意愿、供求关系

---

① 洪银兴：《论市场规则及其相关的制度安排》，《西北大学学报》（哲学社会科学版）2005年第2期。

而形成，在不同程度上体现了自我管理、自我服务、自我教育等自组织特点。社会组织或城乡社区起到困难救助、组织培育、平台搭建、资源整合、互助合作等作用，其与城乡社区居民自组织共同实现社会目标。核心企业主要起到经营平台作用，其往往既有社会目标又遵从市场规则，以社会企业形式存在，通过组织内部市场规则与社会目标的调和，同时积累社会资本和市场资本，提供充分利用社会和市场的服务，整合党政、社会、市场资源等。弱势群体帮扶、社区治理、环保、有机食品等特殊领域尤其需要社会企业。企业群主要指从事社区服务产品生产经营的企业、个体商户，遵循市场规则，理想状态是其在与前述三类组织的合作制约中有序提供产品和服务。

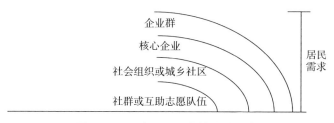

图3-5　四类组织形态的有效组合

进一步地，根据市场性、社会性、制度可持续性的偏重（与在参与其中的多元主体中哪类组织起主导作用密切相关），市场经营社会的运作模式可以划分为三种类型：一是社会主导型，指以社会主体为主开展运营、以社会目标为主导，市场规则嵌入社区/社会组织，社团/合作社/社区利用企业达成目标，以及在市场与社会的相互合作制约中以社会目标为主；二是市场主导型，指由市场主体运营、以市场规则为主导，社会目标嵌入企业、企业经营社群，以及在市场与社会的相互合作制约中以企业目标为主；三是多元共治型，指党委、政府、市场、社会协同参与。笔者认为，多元共治型模式是一种制度可持续更强的均衡体系形式，市场主导型模式和社会主导型模式在形成合适的能够与党、政、社、企建立紧密资源依赖的平台之后，将转变为多元共治型。三种运作模式的运作逻辑如表3-1所示。

表 3-1   三种运作模式的运作逻辑比较

运作模式	主要特点	组织特色	服务特色	互利方式	党政角色
社会主导型	社会资源交换	社会组织与企业相互合作制约、偏重社会目标	志愿	提供客户、分享利润	资金政策支持、监管
市场主导型	市场服务弱势群体	企业共同经营社群、遵循市场规则	交换		
多元共治型	社区治理和社区经济	党政领导的社会组织和企业相互合作制约、多元并重	治理		紧密资源依赖、监管

社会主导型市场经营社会的组织互动主要体现为企业与城乡社区/社会组织相互合作制约，同时社团/合作社/城乡社区也能拥有下属企业。这一模式下的运作组织以组织化、规范化能力强的社会组织为主，包括在街道备案或在民政部门、住房建设部门、农业部门等正式登记注册的正式社会组织、合作社，经过社会企业认证的企业以及城乡社区等。由于该模式的主要目的是实现社会目标，故往往更看重社会组织培育，社会组织所提供的服务偏向志愿和合作。社会组织与市场主体在合作中，以相互链接资源并彼此合作制约的方式互利发展，如通过社会资源交换方式提供客户、分享利润，并为社群提供可靠的市场化服务等。

市场主导型市场经营社会的组织互动主要体现为企业经营社群。这种情况多发生在社会以社群等非正式社会组织的形式存在的情境下，表现为由一组优势互补的企业/商户群共同经营社群等非正式社会组织。这些企业中一般有一家核心企业，从这个企业的角度看，其也在经营包括城乡社区、社会组织、个体商户、小微企业在内的组织平台。其虽然服务于社会目标，但遵循市场规则，往往在为弱势群体提供社会服务方面发挥作用，互助志愿服务偏交换属性，目的在于降低成本，并通过培养社群增加企业/商户群利润、拓展收入来源。

党委政府在前述两种类型中发挥支持和监管的辅助作用，多元共治型市场经营社会的突出特点在于其依托枢纽型社会组织与党委、政府形成了紧密资源依赖关系，其所建立的平台综合了市场主导型和社会主导型的形式，兼具企业与城乡社区/社会组织相互合作制约以及企业经营社群特点，适用于社区治理与社区经济场域，而非仅是社群培育、服务或社群经济。

第二节　老龄互助合作：互助型老龄社会的 适应性变迁

进入 21 世纪以后，学界就陆续开始进行老龄社会研究，并逐步形成共识：老龄社会是一种新的社会形态，① 在这一新的老龄社会形态里，由于人口年龄结构向老年型转变，社会结构变迁和老龄社会治理可能面临一些由社会制度和运行方式滞后于人口转型带来的失序问题，如家庭功能弱化、老年空巢和青年空巢并存、农村经济落后但人口老龄化程度高等。② 老龄互助合作是有效应对这些新变化的重要方式，也是互助社会建设的突破口，是互助社会建设遇上（超）老龄社会后的适应性变迁；这是中国特色互助社会建设道路，也是符合中国现实养老国情的社会养老道路。未来一段时期的老龄互助合作可能包括党统筹领导老龄组织工作、党建引领多元共治积极应对人口老龄化、市场经营社会推动老龄事业和老龄产业融合发展等。

一　党统筹领导老龄组织工作

如前文所述，中国的老年人口规模庞大，60 岁及以上老年人口数量预计将迅速从 2025 年的 3 亿人增加到 2035 年的 4 亿人，2050 年以后将推高到 5 亿人左右。这些老年人需要有领导的参与、有归属的管理，老年福祉以及老年人对经济、政治、社会生活的参与也直接关系国计民生。政党是现代政治生活得以展开的核心要素，其存在是社会自主参与国家生活的内在要求，且其能通过有效掌握和运用现代国家制度对公共事务进行管理，探索党对老龄工作，尤其是对老龄组织工作的统筹领导必要且急需。

---

① 参见党俊武《如何理解老龄社会及其特点》，《人口研究》2005 年第 6 期；胡湛、彭希哲《老龄社会与公共政策转变》，《社会科学研究》2012 年第 3 期；周学馨《面向国家治理现代化的中国老龄社会治理》，《探索》2021 年第 2 期。

② 参见陆杰华、林嘉琪《中国人口新国情的特征、影响及应对方略——基于"七普"数据分析》，《中国特色社会主义研究》2021 年第 3 期；原新、金牛《中国老龄社会：形态演变、问题特征与治理建构》，《中国特色社会主义研究》2020 年第 Z1 期。

2021 年 11 月发布的《中共中央　国务院关于加强新时代老龄工作的意见》明确提出了要加强党对老龄工作的全面领导。具体要求是：各级党委和政府要高度重视并切实做好老龄工作，坚持党政主要负责人亲自抓、负总责，将老龄工作重点任务纳入重要议事日程，纳入经济社会发展规划，纳入民生实事项目，纳入工作督查和绩效考核范围。加大制度创新、政策供给、财政投入力度，健全老龄工作体系，强化基层力量配备。发挥城乡基层党组织和基层自治组织作用，把老龄工作组织好、落实好，做到层层有责任、事事有人抓。建设党性坚强、作风优良、能力过硬的老龄工作干部队伍。综合运用应对人口老龄化能力评价结果，做好老龄工作综合评估。

二　党建引领多元共治积极应对人口老龄化

基层自治组织体系是国家领导的基础性的互助组织体系，专业社会组织体系能够为基层自治组织体系赋能，链接资源，进行专业的志愿者培训、社区社会组织培育、特殊人群关爱救助等。企业则是社会创新的动力来源。企业、专业社会组织形成的联合、枢纽等能够为企业和专业社会组织提供服务。应当通过党建引领多元共治，比如成立国家层面的老龄党建协调委员会，积极应对人口老龄化，从依托单一的专业社会组织、社会企业、城乡社区"两委"或老年协会等，发展为专业社会组织、社会企业、城乡社区"两委"和老年协会协同合作发挥各自优势，同时让以老年人为主的城乡社区居民广泛参与进来。

三　市场经营社会推动老龄事业和老龄产业融合发展

老年人的核心需求是集体化、低成本的生活和服务，组织和人的参与是其中极为重要的中介变量。第一，老年人既面临身体机能和感知觉下降、意志力和记忆力减退、情绪日益脆弱等方面的身心衰老，也拥有积累的丰富阅历、智慧和经验等宝贵财富。第二，他们既是重要的市场客户，又是有特殊需求的弱势群体，需要保护其合法权益不受损害。第三，伴随"60 后""70 后"逐步进入老年，他们的自主消费水平，身体健康状况，继续参与社会活动的能力、意愿，以及对医护康养、投资理财、储蓄保险等服务的需求等都远高于以往世代。这些均会推动面向老年人的新型市场经济的发展，一、二、三产业需要相应进行适老化调整，搭建老年友好场景。

中国特色老龄事业和老龄产业发展的重要问题在于经营性质和方式问题，也即社会化（互助合作化）和市场化的关系问题，需要依靠党委领导、政府负责下的部分互助合作化而非完全依赖政府或市场来发展中国特色老龄产业和老龄事业，并在此基础上推动二者的融合发展。发展方向是逐步建设老年人合作社与市场协同并进的老龄事业和老龄产业。

本书的后续章节将建立研究框架，对老龄互助合作的具体实践展开详细分析，并提出问题与对策建议。本节仅起承上启下作用。

第四章 调研概述与研究框架

互助养老体系建设是互助社会建设的创新突破，需要寓于基层治理之中去发展。从本章开始，笔者将借用帕森斯社会系统理论（AGIL 理论）建立互助型老龄社会的研究框架，结合 2014～2023 年收集的互助养老和基层治理调研案例，以社会互助为轴心，以互助型社会养老为重点，以"服务—组织—经营—治理"为递进逻辑，以"社会互助＋多元服务""社会互助＋规范管理""社会互助＋企业经营""社会互助＋基层治理"为主要内容，分析互助型老龄社会建设的各类形式、模式、平台等。本章的主要工作包括：一是承接第一至第三章的理论建构，具体分析基层治理和互助养老的政策脉络和实践成效，二是交代调研城市和调研案例的基本情况，三是建立研究框架指导后文研究。

第一节 政策脉络与实践成效

本节主要从互助养老和基层治理两个方面进行政策脉络梳理，并结合笔者前期调研结果粗略呈现互助型社会养老的实践成效。

一 政策脉络

（一）基层治理①

2013 年 11 月，党的十八届三中全会召开以后，我国基层治理重点逐

---

① 笔者在前文分析了社会、社区、基层的概念区别，总结而言，在目前我国社会组织成长度不足的情况下，过度宽泛地使用基层社会治理一词不利于社会组织和服务发展，而基层治理更加偏重于党统合领导基层的多元组织、力量、资源推动基层治理运转起来。同时，笔者的观点依然是治理的核心在于推动社会组织和服务成长起来，也就是以社会互助为本，逐步形成均衡之势。

步从体制机制建设转向了体系建设。这一时期主要使用"基层社会治理"一词。这次会议指出，全面深化改革的总目标是完善和发展中国特色社会主义制度，推进国家治理体系和治理能力现代化。2016 年 12 月，民政部、国家发展改革委等 16 部门联合印发《城乡社区服务体系建设规划（2016—2020 年）》，提出要提高社会治理能力与水平，创新城乡社区治理体制，将社区建设成效纳入各级党委政府部门的工作目标考核之中。2017年 6 月，中共中央、国务院印发《关于加强和完善城乡社区治理的意见》，进一步提出要促进城乡社区治理体系和治理能力现代化。

2017 年 10 月，党的十九大报告正式提出了要打造共建共治共享的社会治理格局，2019 年 10 月，党的十九届四中全会提出建设人人有责、人人尽责、人人享有的社会治理共同体，并将社会治理体系归纳为党委领导、政府负责、民主协商、社会协同、公众参与、法治保障、科技支撑 7个方面，这一理念体系基本沿用至今。

2020 年 10 月，党的十九届五中全会将社会治理特别是基层治理水平明显提高作为"十四五"时期经济社会发展的主要目标之一。自此，基层治理这一概念的使用逐步增加。2021 年 7 月，中共中央、国务院印发了《关于加强基层治理体系和治理能力现代化建设的意见》，对基层治理体系和治理能力现代化建设的主要目标作出详细说明，提出力争用 5 年左右时间，建立起党组织统一领导、政府依法履责、各类组织积极协同、群众广泛参与，自治、法治、德治相结合的基层治理体系，并在此基础上力争再用 10 年时间，基本实现基层治理体系和治理能力现代化，使中国特色基层治理制度优势充分展现。

2022 年 10 月，党的二十大报告提出，增强党组织政治功能和组织功能，坚持大抓基层的鲜明导向，把基层党组织建设成为有效实现党的领导的坚强战斗堡垒，激励党员发挥先锋模范作用，保持党员队伍先进性和纯洁性。积极发展基层民主，健全基层党组织领导的基层群众自治机制，完善基层直接民主制度体系和工作体系。完善社会治理体系，健全共建共治共享的社会治理制度，提升社会治理效能，畅通和规范群众诉求表达、利益协调、权益保障通道，建设人人有责、人人尽责、人人享有的社会治理共同体。

结合实地调研和政策分析，笔者认为，在基层治理体系建设的政策实践中，党的全面领导和基层网格化治理体系建设是两个关键，这也是互助社会建设的重要组成部分。①

第一，确立党在基层治理中的全面领导地位。2017 年 6 月发布的《中共中央　国务院关于加强和完善城乡社区治理的意见》就提出，要充分发挥基层党组织领导核心作用，把加强基层党的建设、巩固党的执政基础作为贯穿社会治理和基层建设的主线。党的十九大报告明确了把基层党组织建设成领导基层治理、团结动员群众、推动改革发展的战斗堡垒的目标任务。2019 年 5 月，中共中央办公厅发布的《关于加强和改进城市基层党的建设工作的意见》提出，提升党组织领导基层治理工作水平要从四个方面入手：一是健全党组织领导下的社区居民自治机制；二是领导群团组织和社会组织参与基层社会治理；三是做实网格党建，促进精细化治理；四是建设覆盖广泛、集约高效的党群服务中心。2021 年 7 月中共中央、国务院发布的《关于加强基层治理体系和治理能力现代化建设的意见》进一步提出，要坚持党对基层治理的全面领导，把党的领导贯穿基层治理全过程、各方面。

第二，推动建立基层网格化治理体系。2013 年，党的十八届三中全会通过的《中共中央关于全面深化改革若干重大问题的决定》提出，要以网格化管理、社会化服务为方向，健全基层综合服务管理平台，及时反映和协调人民群众各方面各层次利益诉求。近年来，网格化治理与基层党建、精细化管理服务、智慧化平台结合起来在基层得到大力推广。2019 年 5 月，中共中央办公厅发布的《关于加强和改进城市基层党的建设工作的意见》，也进一步提出要做实网格党建，促进精细化治理：整合党建、综治、城管等各类网格，将党支部或党小组建在网格上，把公共服务、社会服务、市场服务、志愿服务下沉到网格，精准投送到千家万户。2021 年 7 月中共中央、国务院发布的《关于加强基层治理体系和治理能力现代化建设的意见》进一步提出，要力争用 5 年左右时间，健全常态化管理和应急管

---

① 笔者曾系统总结过基层治理体系建设的六类模式，包括党建引领大型社区治理、社区网格化治理、社区协商民主治理、社区互助合作治理、专业社会组织赋能式治理、社会企业经营性治理等。参见刘妮娜《社会治理的基层经验——以北京市回天大型社区治理实践为例》，社会科学文献出版社，2023。

理动态衔接的基层治理机制，构建网格化管理、精细化服务、信息化支撑、开放共享的基层管理服务平台。

基层治理的政策脉络梳理如图4－1所示。

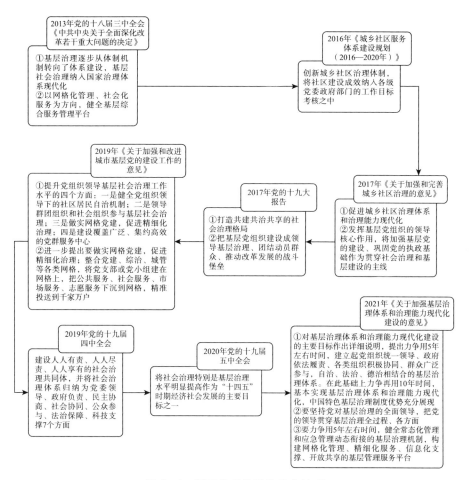

图4－1　基层治理的政策脉络梳理

（二）互助养老①

20世纪80年代末，中国村/居民委员会普遍建立、基层群众自治制度

---

① 需要说明的是，互助养老的外延要大于互助型社会养老，当前的非市场养老都可以看作互助养老。互助型社会养老是以老年人互助组织为概念边界的，需要社会互助发展到一定阶段，才能真正推广起来。

进一步完善之后，城乡社区中的救助型的互助养老活动就开展起来，帮扶对象主要是困难、高龄、孤寡老人。活动一般由村/居委会主任、妇女主任带头，如北京市延庆区妇联从 2002 年开始就鼓励各村成立巾帼服务队，自发组织村里妇女对村中的孤寡老人进行节日慰问、为他们送饭、帮助他们清洁卫生等。

到 2000 年，建立中国特色老年社会互助制度正式出现在了国家政策文件中。2000 年 8 月，中共中央、国务院出台《关于加强老龄工作的决定》，提出了今后一个时期我国老龄事业发展的主要目标：从我国社会主义初级阶段的基本国情出发，努力建立和完善有中国特色老年社会保障制度和社会互助制度。

2008 年，河北省邯郸市肥乡县（现肥乡区）前屯村建立农村互助幸福院，农村互助养老引发了社会普遍关注。此后，在国家及各地政府推动下，各地先后展开互助幸福院、幸福大院等试点，2011 年国务院办公厅印发的《社会养老服务体系建设规划（2011—2015 年）》、2013 年国务院印发的《关于加快发展养老服务业的若干意见》、2016 年民政部、国家发展改革委发布的《民政事业发展第十三个五年规划》，均提出要大力支持农村互助型养老服务设施（互助式养老服务中心）建设。根据民政部发布的 2014~2017 年的《社会服务发展统计公报》的统计，这一时期互助型养老设施数量大幅增长，2014 年为 4.0 万个，2015 年为 6.2 万个，2016 年为 7.6 万个，到 2017 年达到 8.3 万个。

从 2017 年左右开始，政府的政策导向从农村互助幸福院的设施建设逐步向依托互助设施开展互助养老服务转变。2017 年 3 月，国务院发布的《"十三五"国家老龄事业发展和养老体系建设规划》提出，要大力发展农村互助养老服务；2017 年 12 月，民政部等 9 部委联合发布的《关于加强农村留守老年人关爱服务工作的意见》提出，要充分发挥老年人组织、村民互助服务组织、社会工作服务机构作用，鼓励低龄健康老年人为高龄、失能留守老年人提供力所能及的志愿服务，探索建立志愿服务互助循环机制。根据 2018 年 12 月第十三届全国人民代表大会常务委员会第七次会议的相关决定第三次修正的《中华人民共和国老年人权益保障法》的第四章"社会服务"明确提出，要发扬邻里互助的传统，提倡邻里间关心、帮助有困难的老年人；鼓励慈善组织、志愿者为老年人服务；倡导老年人互助服务。2018 年国务院《政府工作报告》也提出要发展互助式养老。

2020 年 10 月，党的十九届五中全会通过的《中共中央关于制定国民经济和社会发展第十四个五年规划和二〇三五年远景目标的建议》提出要实施积极应对人口老龄化国家战略，发展普惠型养老服务和互助性养老。互助养老上升到了积极应对人口老龄化国家战略层面。2021 年 4 月由第十三届全国人民代表大会常务委员会第二十八次会议通过的《中华人民共和国乡村振兴促进法》提出，要支持发展农村普惠型养老服务和互助性养老。2021 年 11 月，中共中央、国务院发布的《关于加强新时代老龄工作的意见》提出，要结合实施乡村振兴战略，加强农村养老服务机构和设施建设，鼓励以村级邻里互助点、农村幸福院为依托发展互助式养老服务。2022 年 2 月，国务院发布《"十四五"国家老龄事业发展和养老服务体系规划》，提出以村级邻里互助点、农村幸福院等为依托，构建农村互助式养老服务网络。

在此基础上，根据不完全统计，截至 2023 年 12 月，已经有 30 个省（区、市）落实中央文件精神，出台了本省（区、市）的《关于加强新时代老龄工作的意见》或《"十四五"老龄事业发展和养老服务体系规划》，其中有 45 份文件提到发展农村互助养老。例如，北京市出台的《关于加强新时代首都老龄工作的实施意见》提出大力发展乡村养老、城乡互助养老等新型养老模式；浙江省出台的《关于加强新时代老龄工作打造"浙里长寿"金名片的实施意见》提出，大力发展农村互助养老，补齐农村养老服务短板；山东省出台的《关于加强新时代山东老龄工作的实施方案》提出，优化农村幸福院等互助养老设施，鼓励专业服务组织连锁化托管运营，打造服务可持续的农村互助养老模式；吉林省出台的《吉林省老龄事业发展和养老服务体系"十四五"规划》提出充分利用撤并学校、农村福利中心、集体房产等闲置资源建设农村养老大院，积极推进农村互助养老；等等。

互助养老的政策脉络梳理如图 4-2 所示。

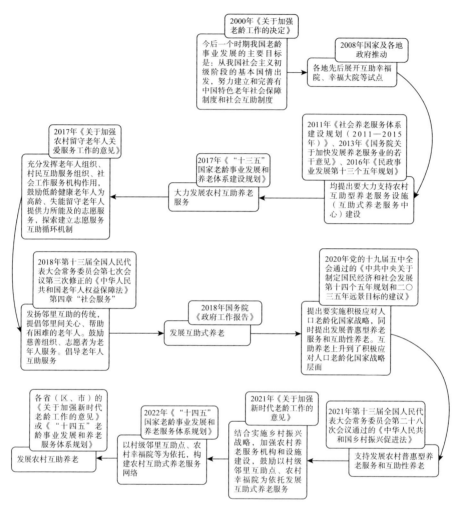

图4-2 互助养老的政策脉络梳理

二 实践成效

笔者曾对 2016~2020 年北京、河北、上海、广东、浙江、江苏、辽宁、吉林、四川、广西等 10 个省（区、市）中 14 个市的 50 个城乡社区开展互助型社会养老试点的相关数据进行统计分析，其结果能够粗略反映目前我国互助养老典型案例的实践成效。其开展互助养老服务的情况如

表4－1所示。①

一是文化娱乐类服务开展最为广泛全面。50个城乡社区都开展了面向全部老年人的包括老年教育、歌舞、手工、乐器演奏等在内的文化娱乐类服务，运营主体包括城乡社区"两委"、企业、社工组织、老年协会、个人等，组织形式一般是老年人教育、歌舞、手工、乐器演奏队伍等。有29个（58％）城乡社区获得政府资金支持，主要体现为政府对老年协会、社区居家养老服务中心的评级奖励/补贴，全部城乡社区的服务都获得了城乡社区资金支持，体现在村/居民委员会与城乡社区内部组织、社工机构、企业联合开展文化娱乐活动时，城乡社区的资金或物品支持，24个（48％）城乡社区通过社会捐助或城乡社区居民互助获得资金支持，老年人一起娱乐，没有报酬，也不付费。

二是面向高龄、失能半失能、困难老人的上门探望类服务固定开展。50个城乡社区均开展了无偿的面向困难、高龄、独居、失能老年人的上门探望类互助养老服务，这与政府的政策导向密切相关。② 从资金来源来看，有37个（74％）城乡社区获得政府资金支持，46个（92％）城乡社区获得城乡社区资金支持，24个（48％）城乡社区通过社会捐助或城乡社区居民互助获得资金支持。政府、城乡社区"两委"和城乡社区内部组织之间并不互斥，政府一般采用购买服务的方式，村/居民委员会在重要节日探望慰问城乡社区困难老人，城乡社区老龄专干会与志愿者配合不定时上门了解老年人情况，城乡社区内部互助小组（组织），如老年协会也会在重要节日或不定时探望慰问城乡社区困难老人。建立救助型互助养老服务体系的地区，定期上门探望服务以政府购买的社会组织服务为主，由社工机构、企业、老年协会负责提供，有固定的志愿服务队伍或互助

---

① 在调研的50个城乡社区中，有13个城市社区（占26％）、37个农村社区（占74％）。选择了服务内容作为服务类型的主要划分标准，医护保健类服务在笔者调研案例中没有涉及，故不做具体讨论。

② 2017年，党的十九大报告明确要求健全农村留守老年人关爱服务体系；2017年底，民政部等9部委联合发布《关于加强农村留守老年人关爱服务工作的意见》，要求促进社会力量广泛参与留守老年人关爱服务。这类上门探望服务由于无偿或报酬极低，提供主要依靠互助志愿者的志愿服务精神，有的也会提供临时的生活照顾类服务。运营方和组织方包括社工组织、老年协会、城乡社区"两委"（妇女组织）、义工组织等。

服务队伍。

三是部分城乡社区开展生活照顾类服务，以社工机构和企业运营为主。城市社区中有 7 个（53.8%）提供生活照顾类服务，分别由社工机构和企业组织进行，农村社区中有 26 个（70.3%）提供生活照顾类服务，分别由村"两委"（妇女组织）、社工机构、企业、义工组织进行。城市生活照顾类服务分为低偿、无偿服务两类。在农村生活照顾类服务中，多数（84.6%）社区由政府购买面向困难、高龄、独居、失能老年人的救助型居家养老服务，项目管理者一般为民政部门，委托慈善协会、社工组织、企业运营，方式包括两种：（1）依托各村委（妇女组织）组建互助志愿队伍；（2）由社工组织或企业直接到各村寻找护理员，建立互助志愿队伍。从资金来源来看，在提供生活照顾类服务的 33 个案例中，只有 4 个（12.1%）没有得到政府资金支持，只有 1 个（3.0%）得到城乡社区资金支持。有 6 个（18.2%）得到了社会捐助或城乡社区居民互助的支持，其中包括义工组织自发捐助、志愿服务时间银行平台捐出时间币、社工机构帮助老年协会成员寻找生计并将收入的 30% 作为失能老人生活照护基金。总结来讲，目前的城市生活照顾类服务还是以市场型的有偿服务为主，互助型社会养老中的生活照顾类服务主要是面向农村高龄、孤寡、独居、失能、半失能老年人的救助型服务。

四是助餐类服务以农村开展为主。城市社区中，有 3 个（23.1%）提供午餐/午晚餐服务，服务分别由社区、老年协会和企业运营，农村社区有 21 个（56.8%）提供午餐或午晚餐，7 个（18.9%）不定时聚餐，服务分别由村集体、老年协会和企业运营。在提供助餐服务的 31 个城乡社区中，有 26 个（83.9%）获得政府补贴，有 28 个（90.3%）获得村集体补贴，有 2 个（农村社区，占 6.5%）允许老年人免费就餐，5 个（农村社区，占 16.1%）由老年人自带粮食共做共食，24 个（77.4%）允许老年人低偿就餐（每餐 3~15 元）。除共做共食的之外，一般由 1~2 名厨师和几名帮厨（互助志愿者）负责做饭，会为他们发工资或者允许他们免费吃饭，并面向老年人按月收费，月底结算，因故没就餐的餐钱转入下月。整体来看，助餐服务主要在农村地区开展，依靠政府和村集体的投入，由村"两委"或老年协会运营，一些地区开展类合作社式的助餐服务，很有推广意义。

另外，有 4 个城乡社区的志愿者中有村医，可以提供医疗服务，其他城乡社区没有开展康复护理类的互助养老服务。

表 4 - 1　部分互助养老试点城乡社区开展互助养老服务情况

单位：%，个

	助餐类	生活照顾类	上门探望类	文化娱乐类
资金				
政府资金支持	83.9	87.9	74.0	58.0
城乡社区资金支持	93.5	3.0	92.0	100.0
社会捐助或城乡社区居民互助	54.8	18.2	48.0	48.0
老年人交费	77.4	9.1	0.0	0.0
组织				
企业	16.1	48.5	12.0	10.0
社工组织	9.7	15.2	32.0	14.0
互助组织	74.2	34.3	52.0	72.0
个人	0.0	0.0	4.0	2.0
服务				
（服务供给）有报酬	100.0	87.9	36.0	0.0
（为获得服务）付费	93.5	9.1	0.0	0.0
适度普惠型	100.0	9.1	0.0	100.0
救助型	0.0	87.9	100.0	0.0
开展服务城乡社区数量	31	33	50	50

数据来源：根据笔者调研数据计算。

第二节　调研城市与调研案例

本书的数据来源已经在第一章进行了详细阐述，本节将具体说明调研城市、调研案例选择情况以及主要调研内容和调研安排。

一　调研城市概况

调研城市共 20 个，按照城市行政级别可以划分为四类：一是直辖市，包括北京市、上海市；二是省会城市，包括江苏省南京市、广东省广州市、陕西省西安市、四川省成都市；三是一般地级州市，包括江西省新余市，山东省烟台市，吉林省松原市、延边朝鲜族自治州；四是一般的县、市辖区、县级市，包括青海省民和回族土族自治县、山东省荣成市、山东省单县、甘肃省民乐县、陕西省泾阳县、浙江省安吉县、福建省晋江市、广西河池市宜州区、四川省芦山县、四川省茂县。

2020年调研城市的人口经济情况如表4-2所示。从人口情况来看，户籍人口最多的北京、上海、成都的户籍人口数量均超过1000万人，户籍人口最少的芦山、茂县的户籍人口在11万人左右。北京、上海、成都的常住人口数量均超过2000万人，广州、西安的常住人口数量超过1000万人，南京、烟台的常住人口数量也分别超过900万人和700万人，新余虽然是地级市，但常住人口仅有120.3万人，一般的县、市辖区、县级市中除了晋江（206.2万人，其中非户籍人口有85万人）、单县（102.7万人）的常住人口超过100万人以外，其他均在100万人以下，芦山和茂县均不足10万人（表4-2中芦山市常住人口数量为精确数据向上四舍五入得到）。在常住人口老龄化率方面，根据第七次全国人口普查数据公报，2020年我国60岁及以上老年人口占总人口的18.7%，调研城市中有12个的常住人口老龄化率高于全国平均水平，荣成市最高，达到30.6%，烟台市、延边州、上海市、单县、芦山县、松原市、泾阳县的常住人口老龄化率均超过20%。

从经济发展情况来看，北京、南京、上海、广州的人均GDP排在前4位，均超过15万元，单县、松原、民乐、泾阳、宜州、民和排在后6位，均不足5万元。

从地理位置情况来看，调研城市分布在华东地区（8个）、华北地区（1个）、华南地区（2个）、东北地区（2个）、西南地区（3个）、西北地区（4个）等6个地区，其中，有青海省民和回族土族自治县（回族和土族）、吉林省延边朝鲜族自治州（朝鲜族）、广西河池市宜州区（壮族）、四川省茂县（羌族）等4个城市为少数民族聚居区。

表 4 – 2　2020 年调研城市的人口经济情况汇总

城市类型	城市	户籍人口（万人）	常住人口（万人）	常住老年人口数量（万人）	常住人口老龄化率（%）	地区 GDP（亿元）	人均 GDP（万元）	地理位置
直辖市	北京市	1400.8	2189.0	429.9	19.6	36102.6	16.5	华北地区
	上海市	1475.6	2488.4	581.5	23.4	38700.6	15.6	华东地区
省会城市	南京市	722.6	932.0	176.8	19.0	14818.0	15.9	华东地区
	广州市	985.1	1867.7	213.1	11.4	25019.1	13.5	华南地区
	西安市	978.0	1296.0	207.5	16.0	10020.4	7.9	西北地区
	成都市	1519.7	2094.7	376.4	18.0	17716.7	8.5	西南地区
一般地级州市	新余市	125.1	120.3	21.3	17.7	1001.3	8.4	华东地区
	烟台市	651.9	710.4	182.4	25.7	7816.4	11.0	华东地区
	松原市	273.3	225.3	48.5	21.5	752.9	2.7	东北地区
	延边州	204.7	193.5	48.2	24.9	726.9	3.5	东北地区
一般的县、市辖区、县级市	荣成市	65.2	71.4	21.8	30.6	943.2	13.2	华东地区
	单县	127.5	102.7	21.1	20.5	334.8	3.4	华东地区
	安吉县	47.3	58.7	11.5	19.6	487.1	10.3	华东地区
	晋江市	121.2	206.2	20.8	10.1	2616.1	12.7	华东地区
	宜州区	67.0	54.9	10.7	19.5	123.2	2.2	华南地区
	芦山县	11.8	10.0	2.2	22.3	50.8	5.1	西南地区
	茂县	11.0	9.5	1.6	16.5	43.0	4.5	西南地区
	民和回族土族自治县	43.9	32.7	4.6	14.0	108.2	3.3	西北地区
	泾阳县	33	24.2	5.9	24.6	80.9	3.3	西北地区
	民乐县	19.3	19.1	3.4	17.8	68.8	3.6	西北地区

注：老年人口指 60 岁及以上人口；松原市、延边州、安吉县的人均 GDP，按照统计年鉴中数据，是按户籍人口计算的。

资料来源：根据各地第七次全国人口普查数据和 2020 年各地统计年鉴数据整理。

二　调研城市模式特点

调研城市模式主要包括新余"党建＋颐养之家"模式、晋江"党建＋邻里中心"模式、荣成"社会信用＋老年食堂"模式、松原农村"集中托养照顾所＋互助养老"模式、宜州农村"老年协会＋互助养老"模式、南

京市级时间银行模式、广州南沙时间银行模式等。调研城市模式及其特点如表4-3所示。

表4-3 调研城市模式及其特点

模式	特点
新余"党建+颐养之家"模式	新余市以"党建+"为统领，由组织部门牵头推动，充分发挥城乡社区"两委"主导作用，引导多元主体共同参与，在城乡地区全面推行"党建+颐养之家"，为老年人提供就餐、日间生活照料、精神慰藉等社区居家养老服务
晋江"党建+邻里中心"模式	晋江市坚持党建引领主线，设立国有全资的邻里中心运营公司负责总体运营，以城乡社区"两委"为主导，以基层各领域党群服务中心为阵地，协同多方共同参与，使社区提供"老有所养、幼有所育、病有所医、食有所安、居有所乐、事有所办"服务及具备其他功能，打造社区治理共同体和社区经济综合体
荣成"社会信用+老年食堂"模式	荣成市将互助养老嵌入社会信用体系与新时代文明实践体系建设之中，坚持以"党政引领、志愿服务、社会协同、信用激励"的方式建设老年食堂，以"巧厨娘"队伍、信用积分规范互助志愿服务，以信用资源汇聚社会资源，保障老年食堂的可持续运营
松原农村"集中托养照顾所+互助养老"模式	松原的村级老年协会会长由村党支部书记兼任，老年协会吸纳爱心志愿者，成立互助志愿服务队，在此基础上，政府、村"两委"和老年协会共同建设的村级老年人集中托养照顾所，集住宿、吃饭、娱乐、生活照顾于一体，凸显了集中养老互帮、互动、互娱的特点，同时可以向外辐射，提供居家互助服务
宜州农村"老年协会+互助养老"模式	宜州有较为完善的老年协会组织体系，在基层老年协会规范化管理并开展各类文化娱乐活动的基础上，拓展了由政府购买基层老年协会养老互助服务并进行监督考核的居家养老互助服务项目
南京市级时间银行模式	南京市养老服务时间银行（2023年10月更名为"南京市养老服务互助时间平台"）是由南京市民政局主导推动建立，南京养老志愿服务联合会整体运营，鼓励志愿者为老年人提供养老服务，按一定的规则记录储存服务时间，当年老需要时提取时间兑换服务的养老志愿服务时间储蓄信息管理平台
广州南沙时间银行模式	广州南沙时间银行是由广州市南沙区民政局主导推动建立，广州市南沙区社区服务宝运营中心整体运营，既可以由党委、政府、社会、市场等多方设计服务项目执行，也可以由会员随时提交服务需求或承接服务的社会互助平台。服务项目包括涵盖居民生活各方面的专业服务、政务服务、便民利民服务和志愿服务等。1小时时间币相当于1.9元人民币

三　调研案例介绍

（一）城乡社区案例

城乡社区调研案例如表 4-4 所示，共包括 10 个省（区、市）的 40 个城乡社区，调研时间分布在 2014 年、2018 年、2019 年、2021 年、2022 年、2023 年，其中以 2023 年为主。

表 4-4　城乡社区调研案例

	所属地区	城乡社区	调研时间
北京市	昌平区霍营街道	霍家营社区	2021 年、2022 年、2023 年
	昌平区回龙观街道	回龙观新村社区	2021 年、2022 年
	通州区宋庄镇	辛庄村	2018 年
上海市	松江区叶榭镇	堰泾村	2018 年、2019 年、2023 年
浙江省	湖州市安吉县昌硕街道	双一村	2014 年、2018 年、2023 年
	湖州市安吉县递铺街道	赵家上村	2023 年
	湖州市安吉县报福镇	洪家村	2014 年、2018 年、2023 年
	湖州市安吉县报福镇	统里村	2018 年、2023 年
	湖州市安吉县报福镇	中张村	2018 年、2019 年、2023 年
山东省	威海市荣成市桃园街道	嘉和社区	2023 年
	威海市荣成市俚岛镇	大庄许家村	2023 年
	烟台市莱州市沙河镇	路旺原家村	2023 年
	烟台市芝罘区毓璜顶街道	南通社区	2023 年
	烟台市芝罘区世回尧街道	南尧社区	2023 年
广东省	广州市南沙区南沙街道	南北台社区	2023 年
	广州市南沙区榄核镇	榄核社区	2023 年
	广州市南沙区黄阁镇	黄阁社区	2023 年
	广州市荔湾区逢源街道	耀华社区	2023 年
江西省	新余市渝水区水西镇	桐林村	2023 年
	新余市渝水区水西镇	珍田村	2023 年
	新余市渝水区河下镇	平川村	2023 年
	新余市分宜县分宜镇	介桥村	2023 年
	新余市渝水区罗坊镇	院前村/习彭村	2023 年
	新余市渝水区袁河街道	虎山社区	2023 年
	新余市渝水区城北街道	龙泉湾社区	2023 年
	新余市渝水区孔目江街道	新苑社区	2023 年

所属地区		城乡社区	调研时间
福建省	泉州市晋江市梅岭街道	梅庭社区	2023 年
	泉州市晋江市梅岭街道	梅青社区	2023 年
	泉州市晋江市罗山街道	华泰社区	2023 年
	泉州市晋江市西园街道	王厝社区	2023 年
	泉州市晋江市磁灶镇	瑶琼村	2023 年
	泉州市晋江市磁灶镇	磁灶社区	2023 年
吉林省	松原市宁江区伯都乡	杨家村	2018 年
	松原市宁江区伯都乡	井发村	2018 年
甘肃省	张掖市民乐县民联镇	郭家湾村	2023 年
广西壮族自治区	河池市宜州区庆远镇	围村	2018 年
	河池市宜州区安马乡	白屯村	2018 年
	河池市宜州区安马乡	木寨村	2018 年
	河池市宜州区石别镇	清潭村	2018 年
	河池市宜州区庆远镇	畔塘屯	2018 年

（二）（枢纽型）社会组织案例

社会组织调研案例如表 4 - 5 所示，共包括 12 个省（区、市）的 39 个社会组织，调研时间分布在 2014 年、2015 年、2018 年、2019 年、2021 年、2022 年、2023 年，其中以 2023 年为主。

表 4 - 5　社会组织调研案例

所属地区		社会组织	调研时间
北京市	东城区	北京爱众慈孝家园养老服务中心	2019 年、2023 年
	通州区	北京市通州区瀚丰居家养老服务中心	2018 年、2019 年、2023 年
	昌平区	北京市昌平区社会组织发展服务中心	2021 年、2022 年
	昌平区	回龙观街道社区社会组织联合会	2021 年、2022 年、2023 年
	丰台区	中国老龄事业发展基金会	2023 年
上海市	松江区	上海松江叶榭社区堰泾长者照护之家	2018 年、2019 年、2023 年

所属地区		社会组织	调研时间
浙江省	湖州市安吉县	昌硕街道双一村老年协会	2014 年、2018 年、2023 年
	湖州市安吉县	递铺街道赵家上村老年协会	2023 年
	湖州市安吉县	报福镇统里村老年协会	2018 年、2023 年
	湖州市安吉县	报福镇中张村老年协会	2018 年、2019 年、2023 年
	湖州市安吉县	报福镇洪家村老年协会	2014 年、2018 年、2023 年
	湖州市安吉县	乐享人生社会工作服务中心	2019 年、2023 年
	湖州市安吉县	报福镇报福村老年协会	2014 年、2018 年、2023 年
广东省	广州市荔湾区	逢源人家服务中心	2019 年、2023 年
	广州市南沙区	社区服务宝运营中心（南沙时间银行）	2018 年、2019 年、2023 年
福建省	泉州市晋江市	梅岭街道梅庭社区文化体育协会	2023 年
	泉州市晋江市	罗山街道华泰社区老年协会	2023 年
	泉州市晋江市	磁灶镇磁灶社区老年协会	2023 年
	泉州市晋江市	磁灶镇瑶琼村老年协会	2023 年
吉林省	松原市宁江区	伯都乡于家村老年协会	2018 年
	松原市宁江区	伯都乡井发村老年协会	2018 年
甘肃省	张掖市民乐县	甘肃省民乐县鹏程公益协会	2023 年
	张掖市民乐县	民联镇郭家湾村老年协会	2023 年
广西壮族自治区	河池市宜州区	庆远镇围村老年协会	2018 年
	河池市宜州区	安马乡白屯村老年协会	2018 年
	河池市宜州区	安马乡木寨村老年协会	2018 年
	河池市宜州区	石别镇清潭村老年协会	2018 年
	河池市宜州区	庆远镇畔塘屯老年协会	2018 年
江苏省	南京市栖霞区	南京养老志愿服务联合会（南京市养老服务时间银行）	2023 年
	南京市栖霞区	彩虹社会工作服务中心（姚坊门时间银行）	2018 年、2019 年、2023 年
	南京市鼓楼区	爱德基金会（爱德仁谷）	2023 年
四川省	成都市高新区	成都益多公益服务中心	2015 年、2019 年
	成都市高新区	成都高新区秋语秋韵养老服务中心	2019 年、2021 年、2023 年
	雅安市芦山县	芦阳街道横溪村老年协会	2015 年、2019 年
	雅安市芦山县	芦阳街道大板村老年协会	2015 年、2019 年

续表

所属地区		社会组织	调研时间
陕西省	西安市未央区	陕西助老汇社会工作发展中心	2023 年
	咸阳市泾阳县	王桥镇社树村老年协会	2023 年
	咸阳市泾阳县	王桥镇东街村老年协会	2023 年
青海省	海东市民和回族土族自治县	民和回族土族自治县孝康养老服务中心	2023 年

（三）企业案例

企业调研案例如表 4－6 所示，共包括四川省、北京市、江苏省、江西省、广东省、福建省、山东省等 7 个省（直辖市）的 11 家企业，调研时间分布在 2018 年、2019 年、2020 年、2021 年、2023 年，其中以 2023 年为主。

表 4－6　企业调研案例

所属地区		企业	调研时间
北京市	通州区	北京瀚丰养老服务集团有限公司	2018 年、2019 年
	昌平区	回龙观社区网	2021 年
	昌平区	天通苑社区网	2021 年
广东省	深圳市南山区	第一养老护理服务（深圳）有限公司	2023 年
江西省	新余市渝水区	陈香颐养居家养老服务中心	2023 年
福建省	泉州市晋江市	泉州弘善老人养护服务有限公司	2023 年
	泉州市晋江市	晋江邻里乐享产业发展有限公司	2023 年
江苏省	南京市浦口区	南京银杏树养老服务有限公司	2023 年
四川省	成都市	四川省三哺智慧养老服务有限公司	2019 年、2021 年、2023 年
山东省	菏泽市单县	单县禾农农产品种植专业合作联合社	2020 年
	烟台市芝罘区	爱行礼运（山东）信息技术有限公司	2023 年

（四）个人案例

笔者所在课题组在上海市、广州市、南京市、新余市、民和回族土族自治县、民乐县、安吉县和泾阳县共 8 个地区，对 92 名参与互助养老与基层治理的个人进行了个案访谈。个人案例的地区、性别、年龄、职业分布如图 4 – 3、图 4 – 4、图 4 – 5、图 4 – 6 所示。

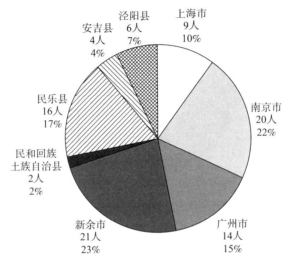

图 4 – 3　个人案例的地区分布

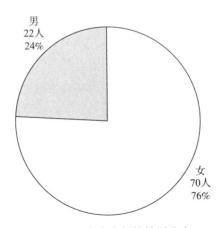

图 4 – 4　个人案例的性别分布

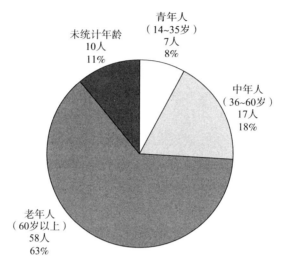

图 4 – 5　个人案例的年龄分布

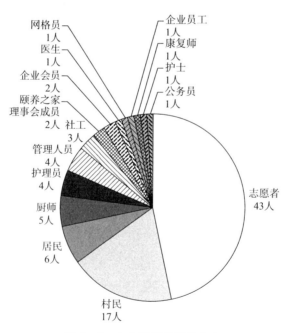

图 4 – 6　个人案例的职业分布

第三节　研究框架

本节借用帕森斯社会系统理论（AGIL 理论）建立理论分析框架。

一　理论基础

本书在第二章、第三章系统分析、阐述和建构了互助型老龄社会的相关概念、结构模型。互助型老龄社会意图建构一种"互助"的生活的现代社会话语，建设人们"相互帮助"的有序圈层化、组织化的老龄社会。从社会互助角度看，在纵向上，它包括个体层面的互助行为、中观层面的互助组织、宏观层面的互助制度文化；在横向上，它主要包括互助服务、互助组织、互助参与、互助合作、互助保障、互助平台等。从互助型老龄社会角度看，广义的互助型老龄社会是以社会互助为本的社会治理体系，中义的互助型老龄社会是推动互助服务、互助组织、互助参与、互助合作、互助保障、互助平台等发展的社会互助制度和社会互助体系，狭义的互助型老龄社会则仅指围绕老年人、以老年人社会互助为抓手的互助养老制度和互助养老体系。

作为一种社会新形态，互助型老龄社会的治理结构具有未来性、建构性、动态性的特征，既是党领导多方力量统合均衡发展的动态过程，也是从现实形态不断向理想形态发展的动态过程。这里借用帕森斯社会系统理论，进一步明确互助型老龄社会的理论建构。

帕森斯社会系统理论认为，经济系统、政治系统、社会共同体系统和文化模式托管系统分别承担适应、目标实现、整合、模式维持（AGIL）四个功能，共同构成了作为整体、动态均衡、自我调节和相互支持的社会系统。[①] 本书借助这一工具说明互助型老龄社会的治理结构，其中 AGIL 功能分别由互助经济、党的领导、互助组织体系、互助制度文化四个子系统承担（见图 4-7）。

---

① 参见 T. Parsons and Neil J. Smelser, *Economy and Society*（New York：Free Press, 1956）；T. Parsons, *Sociological Theory and Modern Society*（New York：Free Press, 1967）。

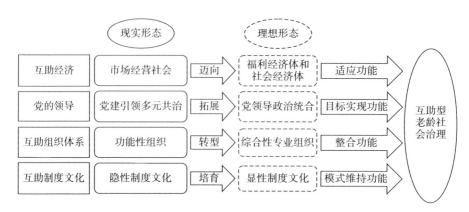

图 4-7 互助型老龄社会的治理结构

（一）适应功能：互助经济

社会体系中角色的首要功能是适应，社会系统需要被组织得能够与其他系统相容、得到其他系统的支持、满足其行动者的各种需要，并实现一种有意义的调适，[①] 也就是要从外部环境中汲取生存所需的物质和能量，从而维持系统的生存与发展。利益驱动是社会发展的原动力，现代社会互助需要创新市场经营，通过市场主体以及市场规则激活个人和集体对自身利益的追求。

互助经济承担适应功能，其从市场经营社会走向福利经济体和社会经济体。互助经济与政府经济、市场经济相对应，是建立在互助组织基础上的经济形式，其追求实现经济社会等多元目标而非单纯以营利为目的。笔者将现阶段的形式总结为市场经营社会，指通过市场主体以及市场规则推动社会互助成长、实现社会目标，包括培育发展社会组织、提供多元化社会服务等。在这种经济形式中，市场主体不以经营客户获得最大利润为唯一目标，而是主动动员市场资源、让市场规则链接嵌入社群，以社会互助成长和市场营利为共同目标，实现社会与市场的互利共赢。而伴随社会互助成长，以市场为主导的市场经营社会的形式将逐步演变为党领导的互助组织体系主导的福利经济体和社会经济体形式。但是，中国特色的福利经

---

① 于海：《结构化的行动，行动化的结构——读吉登斯〈社会的构成：结构化理论大纲〉》，《社会》1998 年第 7 期。

济体和社会经济体并非有管理自治、民主决策、以成员及劳动为本等相对严格的伦理标准的社会经济概念，而是党领导的互助组织体系在其中起主导作用，与政府、企业合作提供包括养老、医疗、助残等福利服务，乃至生活服务、商品零售等的低成本、圈层化的经济共同体。伴随社会互助成长和互助经济体规模的扩大，互助经济将逐步走向社会对市场的吸纳，这也是建设社会主义国家合作社的长期历史过程。

（二）目标实现功能：党的领导

目标实现功能是指通过建立合适的目标，调动需要的资源，进行协调的互动与努力，以使系统与其环境的关系按照期望改变，从而促进整个系统目标的达成的功能。我国基层治理要实现的目标是建立国家领导的、以人民为中心的、社会自行调节的均衡（一种相互合作制约的均势），以解决政府部门和市场主导基层治理中引发社会风险的两类失灵：一是二者"以我为主、为我所用""悬浮于基层"带来的个体无效参与、被压制、原子化；二是政府、市场存在力量和能力不足、分散，彼此割裂以及管理不规范、供求不平衡、评价无作用等问题，难以满足居民尤其是弱势群体不虞匮乏、安全、健康的生产生活需要。

党的领导承担目标实现功能，其从党建引领多元共治推动社会互助成长走向党领导政治统合从而对社会互助体系进行吸纳和整合。目前，党对社会建设工作的领导主要体现为党建引领多元共治，以价值型引领、任务型引领为主，正在逐步加强资源型引领。在价值型引领方面，党的价值主导与社会价值多元紧密结合起来，充分发挥党的政治核心和领导核心作用，既以体制吸纳等方式吸纳各类青年人才、社会和经济组织成员加入中国共产党，又以党组织战斗堡垒和党员先锋模范把党的基本路线、各项方针政策以及理想信念、精神底色等贯彻到群众之中。在任务型引领方面，主要通过党建引领推动纵向整合和横向整合。在许多场景下，党和政府是联合行动体，政府行政系统借助党的组织系统向基层延伸，增强上级组织动员能力、提高基层政策执行成效，进一步地，党组织能够为行政、社会、市场等多元主体彼此间的合作制约创造条件、搭建平台，帮它们解决问题、化解矛盾。在资源型引领方面，党主要在前面两者的基础上，进一步建立政党而非政府的社会互助体系，将政策、资金、场地以及政社企资源整合起来，为社会互助发展搭建资源体系，推动党的互助组织体系逐步成长起来。党领导的老龄组织体系即是其中之一，也是亟待创新建立的。

（三）整合功能：互助组织体系

整合功能是促进和加强系统的组成部分之间的协调，使其整合成一个大的运行系统，以保障其能应付社会秩序运作中所可能产生的各种不正常现象或病态状况的功能。笔者认为，中国是人口规模庞大的社会主义国家，互助组织处于基础性而非辅助性地位。党委领导、政府推动的互助组织体系建设是一项基础性工程，是中国社会建设的根基、社会主义制度优势的充分彰显，发挥了社会共同体的整合功能。

互助组织体系承担整合功能，其从功能性组织走向综合性专业组织。理想的互助组织是合作社形式的互助组织，其联动线上互助平台，开展互助服务、互助参与、互助保障、互助合作等社会互助类业务。目前的互助组织主要为功能性组织，根据主要功能，可以划分为政治性互助组织（党的群团组织、村/居民委员会、一些政府下属事业单位等）、社会性互助组织（社会团体、社区社会组织等）和经济性互助组织（合作社、集体经济组织、社区社会企业、资金互助组织、基金会等）三类。另外，还有一类专门性的社会服务机构，主要功能包括培育基层组织、提供专业服务、搭建资源联动平台、推动资金互助等。在互助型老龄社会建设中，互助组织是核心性组织，社会服务机构是专业性组织，二者需要以互助组织为核心交互合流、共同发展，也就是说，互助组织要向综合性、专业性、合作化方向发展，担负起社会建设的组织责任：一是在党组织的领导下承担起为党和国家组织动员广大人民群众，帮助他们进行利益整合与表达的功能；二是在政府指导支持下开展工作，并与政府形成合作和监督关系，吸纳专业社会组织提供孵化培育和专业赋能服务，与企业彼此合作制约、相互吸纳优点、协同发展；三是在与互助服务、互助参与、互助保障、互助合作、共同成长中，逐渐明确互助组织边界，让社会成员自由自主地选择参与到互助组织的建设之中，依托其开展社会互助类业务，切实创造自己的和集体的美好生活。

（四）模式维持功能：互助制度文化

模式维持功能指保证系统重新开始运作时能够照常恢复互动关系，即通过保存、传递文化维持基本的价值体系，使整个系统保持稳定的功能。[①]从制度文化的内源结构来看，中国的根本性的政治结构和社会结构是民主集中的集体主义形态。在工业文明和全球化、市场化浪潮席卷中，中国人的社会心理出现了复杂无秩序变迁，其一方面与人的共同体式的本能社会参与需求相违背，另一方面与我国集体主义国家结构形成冲突，这是需要推动建设现代互助社会的两大重要原因。

互助制度文化承担模式维持功能，其从隐性制度文化走向显性制度文化。中西方的社会互助－社会建设道路发展并不理想，[②]以市场为中心的经济环境下的互助并非国际和国内的现代社会建设的主流制度文化，一般会被用公益、慈善、志愿、合作等代替，在现阶段属于一种非正式的隐性制度文化。但回溯中国历史，互助蕴含在中国千百年的集体主义和家国责任思想中，融入中国乡土社会互助互利的生产生活之中，是中华文明的重要根基和精神纽带。面向进入老龄社会和超老龄社会的未来中国，共同富裕是社会主义的本质要求，而互助与竞争、社会与市场相互合作制约，是走向共同富裕的社会主义现代化国家的必然选择，互助制度文化也将超越传统"家"的私领域，融合现代思想与实践，逐步在实践探索中被确立为一种显性文化和关键社会制度，在中国这样一个社会主义大国中逐步实现理想的互助共同体与现实的互助共同体的统一。本书在理论分析、实践总结基础上，将在最后一章提出建立社会互助制度并进行具体设计。

二 理论分析框架

互助型社会养老是互助型老龄社会建设的重要内容，其寓于基层治理

[①] 刘润忠：《社会行动·社会系统·社会控制——塔尔科特·帕森斯社会理论述评》，天津人民出版社，2005。

[②] 西方中世纪以来的行会、兄弟会等互助组织代表了社会进行自我保护、与政府分立对抗的自发组织力量，尤其因在19~20世纪以推翻资本主义建立社会主义社会为目的的无产阶级革命中发展而被镇压。中国在20世纪中叶，以行政令运动式地强行推动高级形式的社会主义农业合作化，加之其他不利因素，最终导致了三年困难时期等严重损伤或妨碍农村经济、农民利益、农业发展的结果。

之中，也是现代互助社会建设的突破口。根据前述对互助型老龄社会的理论分析以及 AGIL 社会系统建构，本书以社会互助（有组织的互助）为轴心，以互助型社会养老为重点，以"服务—组织—经营—治理"为递进逻辑，通过"社会互助＋多元服务"形成社会互助平台网络承担模式维持（L）功能，通过"社会互助＋规范管理"建立互助养老组织服务体系承担整合（I）功能，通过"社会互助＋企业经营"推动养老服务联合体发展承担适应（A）功能，通过"社会互助＋基层治理"建设理想的城乡社区治理共同体和城乡社区经济综合体承担目标实现（G）功能，建立互助型老龄社会分析框架，其具体体现为研究框架与互助型老龄社会系统框架（见图 4 - 8、图 4 - 9）。

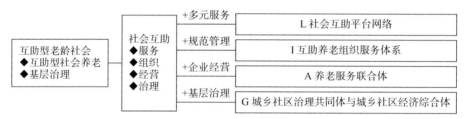

图 4 - 8　研究框架

A（适应功能） 养老服务联合体	G（目标实现功能） 城乡社区治理共同体与城乡社区经济综合体
L（模式维持功能） 社会互助平台网络	I（整合功能） 互助养老组织服务体系

图 4 - 9　互助型老龄社会系统框架

第五章 "社会互助 + 多元服务"：
社会互助平台网络

如前文所述，社会互助平台网络承担着互助型老龄社会这一社会系统的模式维持功能，它承载了以社会互助为本的平台、网络、服务，目的在于推动个体互助的广泛发展，并在与系统中的其他要素、子系统，如党政社企组织的互动中，生产形塑制度文化。在这里，互助的网络、组织、平台、制度、文化均围绕人而延展、而产生。而凭借现代互联网平台扁平化对接的高效便捷优势，以及虚拟币在互助服务的度量中的优势，可以整合互助行为、互助组织、互助经济，驱动多元互助的有效持续运转。不少地区亦将互助平台网络与社会信用结合起来，推动社会诚实守信和互助友爱的相互促进、共同发展。本章就从人们的生活互助网络、互联网社会互助平台以及社会信用体系三个层面分析我国社会互助平台网络的现状和特点。

第一节 生活互助网络

互助广泛存在于我们的日常生活中，是人与人之间相互关怀、相互支持的体现，涵盖了物质方面的工具性支持以及精神层面的表达性支持等。互助不是强制的，其中包含了人们自主自愿的参与、选择与决策。中国的社区生活、社区经济应当以社会互助为本，推动社会互助的发展，积极构建生活互助网络。①

---

① 对于尚处于社会主义初级阶段的中国而言，我们依然有规模庞大的普通劳动者，这些劳动者收入不高、在现代化进程中收获着个人进步，互助既代表了集体共同参与应对困难环境的精神和行动，也体现了个人修养和美德的提升，两个层面相互促进，能够共同促使参与者物质富足、精神富有。

生活互助网络可以拆解为链接方式和互助内容两部分（见表5-1）。

表5-1　生活互助网络的构成

互助网络	链接方式	正式互助网络
		非正式互助网络
	互助内容	物质互助
		劳动互助
		精神互助
		服务互助

一　链接方式

链接方式包括正式互助网络和非正式互助网络两类。

（一）正式互助网络

1. 组织形式

正式互助网络是由城乡社区、社会组织（包括老年协会、互助平台等）等正式的机构或组织的成员，通过有计划地开展互助活动链接而成的。

一方面，城乡社区是基层治理的基本单元，通过党领导的村/居委会组织城乡社区居民，构建起由城乡社区"两委"工作人员、居民代表、互助服务员、互助伙伴、志愿者等多方力量组成的互助网络。从笔者的调研来看，很多组织、队伍的成立以及其他社区的创新都得到了城乡社区党支部书记的重视并由城乡社区牵头开展的。

另一方面，社会组织亦是搭建正式互助网络的重要主体。社会组织工作人员运用自身的专业知识、技能和资金等社会资源，帮助城乡社区居民建立互助小组及相应机制，以开展资金、物品、服务等方面的互助。其中，老年协会作为老人自我服务、自我管理、自我教育的平台，其积极分子借助该平台有计划地组织活动，在推动老年人群体形成正式的互助网络中发挥了独特的作用。互助平台也是一类社会组织（包括社会企业形式的），其鼓励社会互助的组织、交换、服务、保障等，同时以互助服务员、志愿者、互助伙伴等的积极行动助推形成正式的互助网络。

2. 服务形式

在笔者调研的案例中，正式互助网络中服务链接居多，这些服务包括互助服务和志愿服务两类。

非日常生活帮扶的正式互助服务实际已经在很多地区得到应用，只是没有被称为互助服务，而是以兼职服务的名义存在，或者其概念被与志愿服务混淆使用。总结来看，服务交换型互助服务主要指各类存储服务时间的时间银行模式中的服务；报酬给付型互助服务以社区食堂、社区服务中心、老年食堂、社区托幼机构等的兼职服务员、厨师、送餐员等的服务为主。互助服务员多以赚取报酬为目的，但他们会认真地完成工作，既丰富自己的生活，也贡献自己的价值。以养老服务为例，在农村，兼职护理员其实也是专业护理员；在城市，根据不同机构的定位，兼职护理员有的提供居家照护类服务，有的提供上门探访类服务。老年食堂的厨师、送餐员，尤其是在农村，主要是由村里的（准）老年人来担任。

互助小故事——兢兢业业的农村护理员王阿姨

王阿姨是青海省民和县某村的居家养老服务护理员，一方面，王阿姨为该村24名老人提供居家照料服务，包括修剪指甲、做饭、洗衣等；另一方面，王阿姨也负责该村幸福互助院的活动开展、场地打扫等，一般互助院每周会办一次活动，邀请村里老人参加，包括吃饭、下棋、跳舞等。王阿姨说："居家服务工作时间较为自由，每月有1500~2000元的收入，也能兼顾务农和照顾家人。不过这份工作需要有爱心和耐心，和老人培养出了感情，工作做起来就越来越得心应手。比如一些老人会觉得有些不好意思，觉得担待不起，我们服务人员会慢慢沟通，让老人了解服务内容和提供服务的原因，老人们了解了也就越来越接受了。"（HW20230703）

互助小故事——用温情掌勺的厨师胡爷爷

胡爷爷是江西新余某村颐养之家的厨师，他与妻子两人共同为该村颐养之家的81名"入家"老人提供服务，主要工作内容是做饭、打扫厨房和食堂卫生以及为不方便来食堂吃饭的老人送餐。据胡爷爷介绍，年轻的时候胡爷爷四处打工为生，风餐露宿，辗转于砖厂和工地，2023 年胡爷爷满足"入家"年龄要求之后，便第一时间报名成为颐养之家的厨师。他说："这里工资相对其他村里的其他工作要高，夫妻二人每个月工资合计是 4600～4800 元，工作稳定性强、工作环境好，离家也近。""为老人服务，我们也想做好，每天做的菜都不一样。做什么菜一般是问老人喜欢吃什么，尽量满足他们的要求。来这里吃饭的老人都觉得好，吃得都更胖了。"颐养之家就像一个温馨的大家庭，而胡爷爷便是这个家的掌勺人。（MH120230724）

互助小故事——因感恩而持续参与的王阿姨

王阿姨在南京市某居家养老服务中心（站点）负责保洁工作，截至 2023 年 7 月笔者调研时，她已经在该站点工作了十几年，转换了好几次角色。开始时，她是站点的工作人员兼志愿者，定期举办节日活动、为老人提供上门服务等。年纪大后她"退居二线"，但仍旧特别热心，积极参加站点举办的各类活动，帮忙组织、帮忙送饭，给老人们送去温暖。王阿姨说，她能持续参与的主要原因是她的公公婆婆也享受了居家服务，她觉得要感恩。"我公婆住在附近，以前他们经常来活动，现在患上阿尔茨海默病了，我就不让他们出来了。站点这边会提供上门服务——我们的服务员每个月都要上门两次，免费帮他们量血压、修指甲、推头发、送饭。"她说："在这里工作的日子我真的很是开心，在帮助别人中获得了快乐，也在接受站点帮助时感受到了温暖。"（RW120230719）

互助小故事——热肠古道的吕阿姨

吕阿姨是南京市某居家养老服务中心的互助志愿者。早在 2014 年该居家养老服务中心站点建立之初，她便响应号召在中心注册为互助志愿者，到 2023 年，已是拥有近 10 年互助经验的志愿者。每天中午，她会在食堂给老人们打汤、发餐，然后给社区里行动不便的高龄老人或残障人士上门送餐。趁着送餐时间，她也会简单地看望一下老人，了解老人当天的情况。而她提供服务的服务时间都被记录在了时间银行里，以后她也可以获得帮助。她说："2014 年的时候家里没有人需要我整天照顾，加上社区鼓励我们报名，我就来当志愿者了，做这些工作也不怎么累，还能认识别人，我挺开心的。"（VL120230717）

现阶段，与互助服务相比，志愿服务更为广泛地存在于正式互助网络中。笔者曾在以往研究中分析过志愿服务与互助服务的混淆问题，这成为互助难以开展的重要原因：目前大部分互助型社会养老以发动志愿者、提供志愿服务为主，以志愿的标准去要求互助，认为其不能被定价、不能有酬劳，导致服务内容单一且可持续性不足，是把互助与志愿相混淆而在现实中使互助发展遭遇瓶颈的典型表现。[①] 这实际体现的是市场与资本对互助的挤压，并不符合中国现实国情。

在 2023 年暑假的 11 省市调研中，我们依然遇到了这个"物质"与"精神"协调的两难困境。一方面，一部分志愿者的初心是无私奉献帮助他人，不考虑回报，有些奖励固然好但不是他们付出的主要动力。"当真的去做了这些事，去奉献爱心，反而不会考虑太多东西了，我们是志愿嘛！做的是好事，做好事还需要理由吗？"（VH120230717）有的志愿者甚至认为补贴伤害了他们的自尊心，他们不想把奉献变成交易进而被要求达到某些标准。另一方面，志愿服务是一种志愿者自主自愿的付出，对其规范性、可持续性没有办法要求或做出保证，又导致想要低成本地提供养老服务难以实现。故在这里，笔者想再次强调：应当将互助服务与志愿服务进行明确区分后交互合流为互助志愿性的社会服务，务实地以互助志愿的区分与交互合流推动二者的共同发展，互助服务和志愿服务的服务者同样应该进行群体区分。

在调研中，很多志愿者的无私奉献精神也非常令人动容，如志愿者团队、义工团队、老年协会的管理和服务团队等。

互助小故事——心有大爱无私奉献的王站长

笔者调研过一家位于大连市的义工站，其正式成立离不开核心人

---

① 刘妮娜：《互助与志愿的交互合流：以互助型社会养老发展为例分析》，《中国志愿服务研究》2021 年第 3 期。

物——王站长的付出与坚持。① 据王站长介绍，他从年轻时就热衷于帮助别人，最早的时候，他在 1994 年资助了沂蒙山区的两个女童上学，一直支持她们读到大学。2006 年，他通过媒体了解到义工的存在，就自己申请注册成为一名义工。后来，街道工作人员了解到他的义工服务事迹，2007 年，街道负责人找到王站长，询问他是否愿意成立街道义工站，他欣然应允，于是他与街道开始着手组建义工站。为了支持义工站的活动，王站长带头出资成立了"万元基金"，其他义工也采取自愿捐赠的方式为基金注资，以支持义工站的活动。正是有了王站长这样一位无私奉献的核心人物，该义工站才得以建立并不断发展壮大，为社区居民提供了包括义务理发、结对关爱、"邻里情"、"情暖空巢"、"逝者安"等志愿服务活动。

互助小故事——全心扑在老年协会发展上的邢会长

刑会长是咸阳市某村老年协会的会长，他把老年协会做成了一家社会企业，担任会长后积极承接各类助老项目。2015 年，刑会长就开始引入养老试点项目，以老年协会为组织抓手，动员志愿者为当地的独居、高龄、孤寡老人提供上门服务。项目结束后，老年协会延续项目理念继续在本村内开展互助养老服务。2021 年，刑会长又积极为老年协会引进爱德基金会"爸妈食堂"项目，为村内的独居、留守老年人提供免费助餐服务，解决了本村 30 多位老年人的吃饭难问题。进一步地，刑会长又带领老年协会经营了村里原有的创业工厂，通过制作手工花馍、出售丧葬用品等方式，多渠道拓展老年协会的收入来源。刑会长说："我始终秉持着'为子女尽孝、为老年人解难、为"两委"分忧'的理念，始终坚持着两个'心'，一个是爱心，一个是热心，对老年人要有爱心，对老年协会事务要热心，只有保持这两个'心'，才能把事情做好。"

---

① 笔者在 2018 年和 2019 年调研过这个案例，已经过去了五六年，在微信朋友圈里依然能看到王站长推送的他们团队的义工活动。这份坚持，让人感动。

（二）非正式互助网络

非正式互助网络实际也是我们的日常工作生活网络，主要指由建立在地缘、亲缘、业缘、趣缘等关系基础上的互助行为所链接起的互助网络。非正式互助网络中的互助行为主要基于双方的信任和情感联系，由双方默认一致地自愿进行。

二 互助内容

互助内容涉及范围较广，笔者将其划分为物质互助、劳动互助、精神互助、服务互助等四种类型。

（一）物质互助

物质互助主要指为互助网络中的城乡社区居民提供必要的生活资源以维持其生存，提高其福利水平和生活质量。在互助网络中，资金、物品等被输送给最有需要的群体，包括米面粮油等生存物资，衣物、鞋子等日常用品以及慰问金等。

（二）劳动互助

劳动互助基于城乡社区成员之间的道义情感和乡土认同，是指以为他人无偿提供劳务为主的互助行为。比如当亲戚、朋友、邻居有建房、红白喜事时主动上门帮忙，帮者不计报酬，受帮者提供伙食等。

（三）精神互助

老年孤独是老年人面临的重要难题，尤其对于空巢、独居老人更是如此。笔者在农村调研时，很多老人述说自己的一天就在发呆中度过。一位老人在受访中说："我早上 4 点就醒了，睁着眼睛到天亮，做点饭吃，收拾一下卫生，中午做点饭，晚上 7 点多就上床了。身上总疼，难受。"听她讲的时候，笔者仿佛看到了她在受到病痛的折磨的同时，独自一人躺在床上的孤单与寂寞的样子。故精神互助主要是关怀陪伴、心理疏导、情感支持等，可以增强互助双方的精神力量和生活信念。

互助小故事——助人自助的罗奶奶

罗奶奶是一位 62 岁的退休职工，丈夫因为出车祸有残疾，有两个儿子。据她介绍，她已经做了 20 多年的志愿服务，只要有时间她都会参加志愿服务，其中老年服务包括上门探访、打扫卫生、送餐等。她曾经照顾过一个患有癌症的老人，为他做饭，直到他去世。还有一个名叫李达的老人，也是退休职工，90 多岁了，他没有结婚也没有子女，罗奶奶也会上门探访、帮助打扫卫生并与他聊天。在谈到坚持参加志愿服务的动机时，罗奶奶说，她遭遇了很多生活的不幸，是参加志愿服务，帮助她走出痛苦、重拾信心。（VL120230728）

（四）服务互助

服务互助主要是由互助服务员提供多样化、日常性的专业服务，包括但不限于老年助餐服务、居家助老服务、养老照护服务等。笔者在前文已经进行具体分析，这里不再赘述。

除了前述的互助服务内容，笔者近期也看到了城市中的企业推动社会互助的案例，如爱优趣平台由北京小熊童年科技有限公司运营，开始推广邻里拼团请教练、请老师，后又推出邻托付——邻里互助服务，照护服务项目包括孩子托管、老人照看、宠物照料等，孩子放学接管 79 元/次，帮老人上门做饭 68 元/次，就医陪诊 150 元/次，宠物寄养 60 元/天，等等。

第二节　互联网社会互助平台

传统的社会互助是内生的熟人社会的互助，以人情伦理为规范，主要囿于有着共同"历史社会经验"的可信任的血缘、地缘、亲缘，互助内容是以社会圈子网络为单位的生活互助、劳动互助、金融互助以及更高层次的互助保障等。伴随市场化冲击和互联网的发展，现代的社会互助是外生的熟人社会的互助，也就是需要创造条件、搭建平台，让邻里、亲朋以及更高层次的区划圈层的人们互助起来。互联网社会互助平台就是让圈层的交往扁平化的重要技术工具。其作用有七：一是推动扩展个体互助范围，为处在不同时空的人们创造一个可以进行自发互助的平台；二是推动互助价值可视化，以虚拟币的形式进行交换或激励，或为能反映互助价值的虚拟币增加金融货币属性；三是推动组织发育成长，这个平台承载了整合、帮助社群、组织成长的各类社会组织、企业；四是推动互助服务供给，平台以及社会组织、企业以组织形式存在，能够规范化、正式化地提供各类救助性、普惠性的互助服务；五是推动基层治理运转，为网格治理、协商议事、互助合作、专业赋能、企业经营提供平台；六是推动互助保障，以平台成员为圈层，形成互助基金，为互助小组及其联合体提供稳定的救助、保险，在此基础上，可以衍生金融功能；七是推动合作社经济发展，平台作为一个合作社，下面可以有各层级的合作社，平台成员也是合作社成员，可以进行集体经营、供销合作、信用合作，平台可拓展托幼、养老、医疗、体育等其他福利服务，提高成员的生活和福利水平，促进成员的全面发展。故而，互联网社会互助平台是互助社会建设的重要驱动力和中介平台。

根据笔者调研，目前的互联网社会互助平台处于起步探索且迅速发展阶段，部分平台已经实现了用户之间的信息交流和资源共享。根据经营理念和定位偏好，可以将其划分为两种典型模式，分别是政府主导型和企业主导型，政府主导型主要包括志愿服务平台、互助服务平台、社区治理平台，企业主导型主要包括社群交往平台和社群交易平台（见表 5 – 2）。

在政府主导型平台中，志愿服务平台强调服务的自愿性，即个人自愿奉献、以利他为价值取向提供服务。互助服务平台包括服务交换为主和报酬给付为主两类。前者以服务兑换服务，不涉及货币交换，如南京市养老服务互助时间平台，在提供互助服务后记录服务时长，在达到规定年限或其他相应标准后，服务时长可以兑换服务。后者通过货币或者时间币为互助服务支付报酬，如广州南沙时间银行，用于互助服务交换支付的时间币与人民币挂钩，[①] 时间币可以在指定商城兑换商品，也可在平台兑换服务。社区治理平台往往由街道或社区主导开发应用，偏重政治功能，工作内容包括党建、政务、资讯等信息公开、协商议事、互助志愿等。

在企业主导型平台中，社群交往平台强调成员自主性，其主要功能是帮助成员实现信息共享、交流互动，这类平台的重要特点是包容性强，交流内容涉及日常生活的方方面面。社群交易平台市场化程度最高，涉及的交易内容多为实物，典型案例是二手车/二手房/二手书籍交易平台等。

---

① 1 时间币 = 1.9 元人民币。

表 5-2　对互联网社会互助平台的类型归纳

平台类型		功能定位	服务内容/主要作用	交易/交换方式	服务记录/激励方式	典型案例
政府主导型	志愿服务平台	志愿服务	居民服务	无	服务时长/奖品	中国志愿服务联合会
	互助服务平台	社会互助	居民服务	服务交换	服务时长	南京市养老服务互助时间平台
			居民服务	报酬给付	时间币/货币	南沙时间银行/爱优趣
	社区治理平台	基层治理	党务/政务/居务	混合	平台积分	山东荣成社会信用平台
企业主导型	社群交往平台	资源共享	信息共享/资源交换	双方商议	平台积分	回龙观社区网/天通苑社区网
	社群交易平台	商品交换	实物交易	现金交易	交易金额/交易情况记录	闲鱼/瓜子二手车/链家/孔夫子旧书网

本节将以笔者调研的三类互联网社会互助平台：南京市养老服务互助时间平台（服务交换型互助服务平台）、广州市南沙时间银行（报酬给付型互助服务平台）、北京市回龙观社区网（社群交往平台）为例进行分析，展现目前我国的一些具有代表性的互联网社区互助平台模式。

一　南京市养老服务互助时间平台：服务交换型互助服务平台

南京市养老服务互助时间平台为原南京市养老服务时间银行，2023年更名，后文笔者为论述方便，还采用时间银行的说法。根据《南京市养老服务时间银行实施方案（试行）》的规定，养老服务时间银行（以下简称"时间银行"）是指政府通过政策设计，鼓励志愿者为老年人提供养老服务，按一定的规则记录储存服务时间，当年老需要时可提取时间兑换服务的平台。虽然这一定义说的是志愿者提供养老服务，但这里笔者仍将时间银行界定为由政府主导建设、社会组织运营，是主要围绕社区老年人搭建的服务交换型的社区互助服务平台。①

---

①　笔者认为，应当将志愿服务与互助服务区分开来，将一部分有意愿、有能力的志愿者优选为社区互助服务员，提升社区互助服务的专业性、规范性和可持续性。限于访谈对象所用的都是志愿者的说法，这里暂且按照原访谈材料整理。

（一）从时间银行试点到统合建立市级平台

从 21 世纪初，南京市的社区、社会组织就开始探索时间银行模式，[①]到 2019 年 7 月，南京市人民政府办公厅印发了《南京市养老服务时间银行实施方案（试行）》，对时间银行建设的总体要求、重点任务、实施步骤、保障措施等进行部署，正式提出以政府主导方式，让时间银行服务站点进入各区、街道和社区。

2020 年 7 月，《南京市养老服务条例》开始施行，其中的第五十六条明确规定："本市建立养老志愿服务时间储蓄制度。市民政行政主管部门应当会同市政务数据管理行政主管部门建立养老志愿服务时间储蓄信息管理平台，发布服务对象需求、预存和转移志愿者服务时间、评价志愿服务等。"由此，南京正式将时间银行储蓄制度纳入养老服务体系，为之后的养老服务开展提供了明确的条例指引。

2022 年 5 月，南京市人民政府办公厅发布《关于进一步完善我市养老服务"时间银行"体系建设的通知》，通知针对实践中出现的一系列问题，进一步细化了对时间银行体系建设的要求，明确了夯实时间银行基础工作、抓好时间银行志愿者队伍建设、完善时间银行志愿者关爱措施、拓展时间银行应用场景、实施时间银行系统平台升级改造、强化时间银行财力保障等 10 项主要任务。

（二）南京市养老服务互助时间平台运行机制

1. 平台管理

南京市时间银行建立了"市－区－街道－社区"四级管理体系。[②] 南

---

① 事实上，笔者曾经调研过姚坊门时间银行、太阳沟时间银行、桃源居时间银行等多种类型的时间银行。2017 年，南京养老志愿服务联合会登记成立，市级层面的时间银行平台建设开始进行筹备。

② 一方面，在用户端，时间银行依托"我的南京"App 接入时间银行信息管理平台手机端，在"我的南京"App 开辟"时间银行"专栏，供市民实时查询时间存储、消费等情况。另一方面，平台实现志愿者档案、服务对象档案、工单信息上链，创建时间银行区块链账本，对"时间"的产生、流通、消耗、捐赠等生命周期进行完整记录，永久保存。同时，对接多个部门进行数据比对，如公安部门违法犯罪记录、发改委信用记录等的比对。

京市民政局牵头出台相关政策、建立时间币池，① 一方面，南京市政府为南京市的年满 80 岁的空巢老人，60～79 岁的低保家庭失能、半失能空巢老人，农村留守老人免费发放服务时间；另一方面，南京市民政局以政府购买服务的形式，委托南京养老志愿服务联合会进行市级时间银行的管理服务和运营，负责指导各区、街道社区、社会组织组织社区互助服务员开展各类为老服务，区、街道、社区也可以根据自身情况因地制宜开展组织和服务。

2. 服务开展

服务开展前，由互助双方在 App 或小程序上自行接派单。社区志愿者和服务对象均需在"我的南京"App 上注册，服务对象（也可由各时间银行站点工作人员帮忙）会在南京养老志愿服务联合会官网、"我的南京"App 等平台上发布服务任务（需求），社区志愿者根据自身空闲时间领取任务，完成服务，最后审核通过后计入互助服务时间。②

时间银行服务项目主要包括"五助"、智能技术培训、专业服务 3 类。"五助"指助餐、助医、助浴、助洁、助急 5 项；智能技术培训指与智能手机使用相关的服务，包括社交应用、线上支付等方面的教学；专业服务指与医疗护理相关的服务，只有具备相关专业资质的志愿者可申请提供，如生命体征检测、口腔护理等（见表 5 - 3）。

---

① 根据《南京市养老服务时间银行实施方案（试行）》的规定，南京市设立时间银行专项基金，资金由福彩公益金保障，鼓励社会捐助。专项基金委托市慈善总会设立，主要用于：化解时间银行运行风险；为重点空巢独居老年人发放服务时间；志愿者因户籍迁离本市等原因需注销账户时，按照最新公布的非全日制小时工工资标准的 10% 给予一次性补助。个人志愿者以南京市民卡为载体，开设专门的时间银行账户，暂定 1500 小时为存储上限，超出的服务时间主要用于捐赠或社会褒奖。

② 一些时间银行站点制定了志愿者管理机制，如栖霞区西岗街道星康乐居家养老服务中心提出"志愿服务五步法"规范。第一步：志愿者问好进门。志愿者到达服务对象住处后，敲门并主动说明身份和来意，经对方认可后进门。第二步：双方确认当次服务内容及要求。志愿者进门后须和服务对象或其家人确认当次服务的内容和具体要求，以免出错。第三步：开始服务。确认服务要求后，志愿者开始服务。服务过程中志愿者必须注意服务双方的人身、财产安全。第四步：双方确认服务时间记录。志愿服务结束后，志愿者在时间存折上记录服务时间和服务内容，邀请被服务对象分别进行关于当次服务时间、服务内容及满意程度的评价，并盖以专用印章。志愿者不得干预被服务对象的主观评价。第五步：志愿者告别离开。离开时必须与服务对象告别，嘱咐服务对象关好门，以防无关人员有机可乘。

表 5 - 3　时间银行服务项目及对应互助时间

	项目		对应互助时间		项目	对应互助时间
"五助"	助餐	上门送餐	0.25 小时	专业服务	生命体征检测	0.5 小时
		帮助买菜	0.5 小时		安全护理	0.5 小时
	助医	陪同就医	1.0 小时		协助更衣	0.5 小时
		代买药品	0.5 小时		协助床上移动	0.5 小时
	助浴	洗澡看护	1.0 小时		温水擦浴	1.0 小时
		接送服务站点洗澡	1.0 小时		压疮预防及护理	1.0 小时
	助洁	理发	0.5 小时		面部清洁和梳头	0.5 小时
		家务料理	0.5 小时		床上洗头	0.75 小时
		清洗衣服	0.5 小时		协助进食/水	1.0 小时
		清洗床单、被罩等	1.0 小时		口腔护理	0.75 小时
	助急	精神慰藉	1.0 小时		协助翻身及有效咳痰	1.75 小时
		日常生活应急协助	1.0 小时		留置尿管的护理	1.0 小时
智能技术培训	基础手机应用		1.0 小时		会阴护理	1.0 小时
	健康生活		1.0 小时		失禁护理	1.0 小时
	社交应用		1.0 小时		床上使用便器	1.0 小时
	便捷出行		1.0 小时		指/趾甲护理	0.5 小时
	文娱生活		1.0 小时		足部清洁	0.5 小时
	线上支付		1.0 小时			
	时间银行服务		1.0 小时			

　　张奶奶经常通过时间银行寻求生活帮助，包括智能手机使用、送餐、买菜等。智能手机的使用是张奶奶最常需要用到的服务："我在App上申请注册被帮扶对象，能根据自己的需求发布任务，比如有买菜需求，我就发任务，然后勾选时间。就是现在还没太搞清楚怎么用，找别人我也不好意思，手机操作有问题我就找小戴（站点工作人员）。今天我又带了几个问题来要问她。"面对其他无法独立解决的日常问题时，张奶奶也会求助服务站点："有一次我说家里煤气有味道，就打电话给小戴，怕是煤气泄漏。小戴说过来给我看一下，不行就帮我打电话给煤气公司检测一下。""我一开始的时候是来食堂吃饭的。

疫情的时候，有一年下大雪嘛，不给在银发食堂吃饭了，小戴和志愿者她们就给我送饭，基本每天都有送。"（PZ1202300719）

在服务激励方面，除了互助服务储存的时间既可以存入个人账户以备志愿者本人60岁后兑换服务，也可以转移给直系亲属，或者捐赠给时间银行公共时间池以外，部分站点也特色化地采取给予适当物质激励的方式，如笔者调研的万康景泰居家养老服务中心线下同步记录时长积分，累积的积分可以兑换奖品，姚坊门时间银行则将部分互助服务时间用于兑换生活物品和货币。

（三）典型模式一：姚坊门时间银行的"721"兑换方式

自2014年8月起，姚坊门时间银行项目在王子楼社区试点，该项目是在尧化街道支持下由姚坊门慈善基金会①策划、彩虹社会工作服务中心②承接执行的创新公益项目，旨在以时间银行模式管理街道辖区的互助服务资源，倡导邻里互助和志愿服务精神。彩虹社会工作服务中心依托尧化街道的社区居家养老服务中心的9个实体站点和服务项目，整合并开发了尧化街道辖区的互助服务资源，并用时间银行系统进行规范管理，社区居家养老服务项目包括家政服务类、护理类、关爱交流类、外出代办类、维修类、其他类等。③

老年大学里面有手工班、唱歌班、美食班之类的，这些都不收费。老师们会带学生做一些类似于比萨和奶茶等比较小的、方便老人吃的美食。（MW120230717）

---

① 姚坊门慈善基金会是南京市首家镇街级慈善基金会，成立于2014年1月，创始资金1000万元。

② 彩虹社会工作服务中心于2014年成立，该组织是由钟山职业技术学院教学团队支持、大学生自主创业成立的民办非企业单位。目前该组织的服务项目已经覆盖南京市栖霞区、江宁区等多个区、街道，并向江苏省其他城市延展。

③ 家政服务类包括卫生打扫、衣服清洗、擦玻璃等；护理类包括量血压、按摩理发、半自理人员的短期照料等；关爱交流类包括独居老人陪伴、给失能老人读书读报等；外出代办类包括代购生活用品、代缴水电费、陪同就医拿药等；维修类包括各种家电、水管线路、自行车维修等；其他类包括儿童或老人的临时照看、家教、儿童专业技能培训、环保活动、政策宣传、社区巡逻等。

姚坊门时间银行因其邻近大学城的地理位置，吸引了众多高校志愿者，志愿者队伍中有较多大学生志愿者，同时其组织党员义工团，发挥党员的作用，让党员参与到时间银行的服务内容中。截至 2023 年 7 月笔者调研时，尧化街道的 13 个社区全部建立社区时间银行分行，拥有 8000 余名居民志愿者、62 个志愿团队，服务对象 200 余万人次；存入时间 51.9 万小时，支取时间 9.3 万小时，剩余时间 42.6 万小时。

姚坊门时间银行的服务管理机制颇具特色，实行 "721" 志愿者获益模式，即志愿者的时间账户中 70% 的时间货币可兑换等额的志愿服务时间，20% 可兑换生活物品，10% 可直接兑换现金补助（1 小时兑换 12 元）。如志愿者赵阿姨已经在时间银行存了 3000 多个小时志愿时长，"一部分我换了柴米油盐，剩下的以后再换成别的"。"虽说大家不咋去换，但起码心里有底，我们可以去换需要的东西，然后就会想加入了。"（VZ120230717）

> 志愿者的存款比例是 7∶3，提供 10 个小时的志愿服务，有 3 个小时可以换取现金或物品，按照一个小时 12 块钱来兑换。志愿者有一个时间银行的账户，是我们和中信银行联名的银行卡，可以直接兑换钱，定期打到对应的银行卡账户里。（MW120230717）

（四）典型模式二：万康景泰时间银行的 "双激励" 机制

万康景泰居家养老服务中心①运行着两套志愿服务记录系统，为志愿者提供双重激励。一套是南京市时间银行记录系统，为志愿者进行时长累计，志愿者年满 60 岁就可以使用时长兑换服务，该记录系统在全市范围内通存通兑，是对志愿者的长期激励。另一套是站点记录系统，按服务时长累计积分，每 1 小时的志愿服务计 10 分，积分到不同等级可以兑换礼品和服务。每名志愿者有一份志愿服务记录表，记录了他/她的服务时间、存入积分、支出积分、累计积分、工作内容。

---

① 南京市万康景泰居家养老服务中心是 2018 年 7 月在秦淮区民政局登记成立的民办非企业单位，位于秦淮区汇景北路 130～142 号二楼、三楼。万康景泰居家养老服务中心是 2A 级社会组织，其业务范围包括为老年人提供助餐、助浴、助洁、助急、助医、助乐、助聊、助学、助行、助购、护理、探望、精神慰藉等服务。

我是团队组长，我们都住这一片，经常一起散步、活动，我对每个人的事情都比较熟悉。开始是我自己一个人送餐的，后来我发现这样效率太低了，假如我突然有事情，就会耽误。后来我就跟她们协商，让她们帮忙一起接单送餐，接单不仅累计时间银行的时长，我还会在站点账上给她们记分。这个记分的激励作用很大：她们想上跳舞课、走秀课，积分可以直接兑换课程，虽然课程不算很贵，但是如果可以免费她们肯定更有积极性，况且送个菜就是两三分钟的事情。（PD120230719）

二 广州南沙时间银行：报酬给付型互助服务平台

不同于南京市时间银行以服务老年人为主，南沙时间银行①偏向基层治理，是广州市南沙区政府主导推动的社区互助公益项目，服务内容包括邻里互助、技能交换、志愿者活动、困难帮扶、社区建设等，由广州市南沙区社区服务宝运营中心负责运营。服务提供者经供需双方双向选择、双方评价后获得时间币，并将时间币存储在其时间银行账户中。

南沙时间银行的时间币具有货币属性，1时间币等值于1.9元，会员有需要时可用时间币兑换他人为其服务，或在平台商城换取自己需要的物品。故笔者将其界定为报酬给付型互助服务平台。

作为一个区级时间银行平台，南沙时间银行自2013年成立，可以说在大浪淘沙中经历了复杂的发展转变，笔者在以往研究中进行过介绍，② 目前其正在从政府购买服务导向向会员服务导向转变，也即通过提升服务水平不断吸纳新的会员，借助用户引流实现平台扩张和互助服务的推广。

---

① 根据官网简介，南沙时间银行以"互联网＋"为载体，以"多方共举，服务共通，利益共享，社群共融"为核心理念，以服务时间存储和支取为基础，具有监控、交换、评价、记录、追溯等服务功能。包括政府、企业、社会团体、社区居民在内的社会各界，均可注册成为时间银行会员，进行需求发布、服务承接和公益发起，党委、政府、社会、市场、社区资源与个人服务需求精准对接，最终实现"社区问题由社区解决"的目标。详见 https://www.nstimebank.com/82/20230630163513_6432.html。
② 参见刘妮娜《论中国时间银行的特色及发展逻辑》，《城市问题》2020年第7期；刘妮娜《互助型社会养老：模式考察与理论研究》，高等教育出版社，2023。

（一）平台运行机制

1. 平台管理

南沙区民政局对南沙时间银行进行项目统筹管理、业务指导以及监督评估。南沙时间银行运营管理中心包括总办、策划部、宣传部、运营部、财务部，负责指导南沙时间银行各站点运营，主要职责是定期分配任务，指导各站点工作方向，审核各站点的服务方案，帮助协调解决各站点遇到的问题。各社区站点负责日常运营工作、各类服务供给并配合社区工作，站点工作人员隶属运营部。

如图 5 - 1 所示，截至 2023 年 9 月，南沙时间银行在南沙区各镇街已经设立 11 个站点。每个站点配备 1～2 名工作人员，根据当地实际情况开展各类宣传推广活动、发展时间银行会员，为不能独立操作系统的用户提供线下服务。

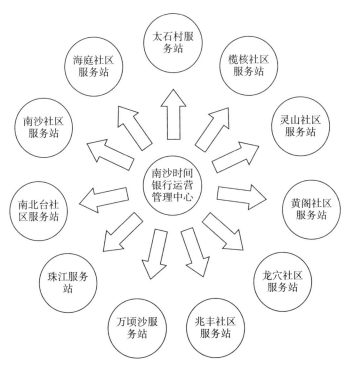

图 5 - 1 南沙时间银行站点示意

站点工作主要包括：一是线上线下宣传和推广平台，根据中心统一安排或站点自行安排定期开展活动；二是联合社工服务站进行困难老人探访，每月一次，并借此收集微心愿；三是对收集的微心愿进行发布，寻找愿意满足微心愿的资助方；四是开展"暖南"党员群众服务项目活动，通过组织党员时间银行活动引导党员干部积极参与公益活动和群众服务；五是与其他企业或者社工机构合作，一起组织和开展相关活动；六是运营"双拥"时间银行项目，服务现役军人及其家属，招募志愿者，开展相关活动。（MJ120230728）

2. 服务开展

平台用户可以在网站、App 或服务站点自行接派单，发布服务需求、承接服务项目、发起公益慈善、开展社区活动。服务提供方可获得相应时间币，1 小时服务时长可累积 12 枚时间币。南沙时间银行平台使用流程如图 5-2 所示。

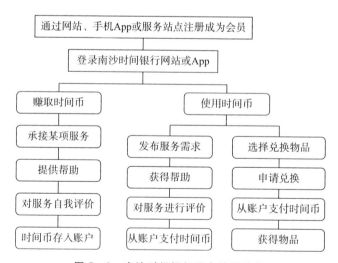

图 5-2 南沙时间银行平台使用流程

南沙时间银行将开展的服务项目划分为微项目、公共服务、关爱服务、家政服务、家庭维修、培训教育、医疗保健、文化艺术、运动休闲、上门服务、专业技术、志愿服务、公益活动、微心愿 14 种类型，每种类型下又划分出若干小项。例如，上门服务包括日常商品速递、订餐送餐、代驾拼车、美容化妆、家事料理等 5 项。志愿者可根据自身的能力以及意愿选择承接相应类型的服务，使服务更具针对性与专业性。

（二）重点项目一：党员时间银行

2018 年 6 月，南沙党员时间银行项目启动，其以充分发挥党员先锋模范作用为引领，打造"互联网＋社区服务"党员服务模式，将居民需求与党员资源精准链接，同时实现党员服务的可监督、可追溯、可评价。下面以南沙区委组织部依托党员时间银行平台开展"暖南"党群服务工程的一些故事为例进行介绍。

2023 年 7 月，黄阁社区发布"协助改造星光老年人之家"微项目，麒麟中学党支部迅速响应组织号召，与黄阁社区党组织联系，承接了该微项目。麒麟中学党支部对黄阁社区星光老年人之家的场地进行了实地察看，同时安排党支部党员整理图书室、对健身设备进行清理修整等。

2023 年 8 月，万顷沙镇红洋村一名 58 岁残疾人士需要到医院打长效针，在平台上发布微心愿。1 名热心党员认领微心愿后，陪同该残疾人士前往医院，并帮忙填写就医表格，解决该残疾人士的就医难题。

2023 年 9 月，广州工业智能研究院党支部积极响应南沙街道海湾社区发出的志愿服务需求，为海湾社区开展的"重视儿童眼保健，守护孩子明眸'视'界"宣传活动提供志愿服务。活动当天，广州工智院党员先锋队代表完成活动场地布置，在现场提供签到、视力筛查、义诊咨询等流程指引，协助派发健康知识宣传册，维护现场秩序，并在活动结束后及时帮忙清理现场，保持环境的整洁有序。

另外，在服务完成后，南沙区的党员将志愿服务所获取的全部时间币，统一捐赠给有需要的困难群体，① 群众可以利用时间币再次兑换服务，实现志愿服务成果的二次利用，解决了特殊困难群体无法通过为他人提供服务挣得时间币满足个人现实需求的问题。

（三）重点项目二：服务弱势群体

服务弱势群体，尤其是老年群体是南沙时间银行的重要项目之一。从

---

① 党员捐赠主要通过南沙党代表时间银行志愿服务基金完成，各级党组织以及党员的志愿服务，折合成时间币后，全部无偿捐赠给时间银行。

2021 年 12 月开始，其在之前为老服务项目的基础上，启动了"星火燎原、点亮千人微心愿"项目。在南沙区民政局指导下，通过与社区、社工机构合作，对辖区贫困、独居、残疾、低保等弱势老年人群体及其他弱势群体进行上门探访，收集微心愿并进行发布，链接资源为弱势群体开展服务。这些微心愿会在南沙时间银行的网站和公众号上发布，承接者每完成一个微心愿会得到平台奖励的 12 枚时间币。根据南沙区民政局网站发布的数据，截至 2023 年 7 月，项目累计征集包括物资支持、居家清洁、精神慰藉、房屋改造等在内的微心愿、微项目 6257 条。项目共联合 17 个合作单位，累计发动会员、志愿者入户探访、电话探访 180 次，访问困弱群体 4328 人次，整合调动社会资源 24 万余元，对接实现微心愿、完成微项目 1348 条。

以下是一些站点管理员、志愿者的访谈记录。

志愿者罗阿姨说："有一个低保户，她患有精神疾病，经常怀疑别人偷她的东西，我会定期上门陪她聊天。"（VL120230728）

志愿者王阿姨说："现在大家的物质生活条件都不错，更重要的是精神陪伴。老年人年纪大了，更需要精神上的陪伴。我们主要是跟老人聊天，了解他们的想法，只有这样才能缓解老人的孤独感。"（PW120230728）

志愿者黄阿姨提到一次她记忆深刻的志愿活动，她和同事上门探访了一位 70 多岁的五保户，这位老人患有糖尿病，脚部受了损伤。他们想要带他去看病，他的侄子不但不同意，还说他们多管闲事。（VH120230728）

站点管理员林小姐说："有一些独居老人的儿女不在身边，年纪比较大或者行动不太方便，志愿者就会定期上门为这种服务对象提供家政服务，帮忙清洁家里的环境或者帮忙去购买药物。"（ML120230728）

志愿者周阿姨说："通常情况下，有子女和稳定收入来源的老人，时间银行不会过多地去关注。"（VZ120230728）

三　回龙观社区网：社群交往平台

不同于前述两类互助服务平台，回龙观社区网①属于区域性的社群交往平台。该网站成立于 2000 年 3 月，是全国最早创建的社区网站之一，最初是创始人 LQ 为给在回龙观具有买房需求的年轻人建立的一个买房、入住、装修以及衣食住行方面的经验交流论坛，后逐步发展为回龙观居民互动、社交、互助的虚拟空间，同时，也因平台用户规模庞大而具有政治、经济、文化等多元属性和功能。回龙观社区网的发展历程如图 5－3 所示，2019 年，负责运营回龙观社区网的北京东海腾龙科技有限公司获评北京市首批社会企业、回天地区品牌社会企业。虽然发展历程起起伏伏，但是该平台始终坚守为回龙观地区居民提供服务的初心，坚守"观里人"服务者的角色。总体来说，该平台有两方面的运行机制：社会企业经营与政府借道治理。

1. 社会企业经营

回龙观社区网是由居民自发成立的互助性网站，居民自治、互助、公益是其主要特点。② 自成立以来，回龙观社区网组织开展了丰富多彩的大型文化娱乐活动，如"超级回声"大赛、"西瓜文化节"、新年音乐会、回龙观足球超级联赛、相亲会、招聘会、跳蚤市场等，每年开展活动上百场。2009 年 3 月回龙观志愿者协会成立以后，回龙观社区网基本依托其开展互助志愿活动。开展的活动包括志愿者培训、困难救助、社区治理等，

---

① 21 世纪初，回龙观地区基础设施落后、治安条件不好，被称为"睡城"。在这种背景之下，回龙观地区居民自发成立了回龙观社区网。

② 根据笔者对网站的浏览，当网友有租车位、拼车、转让闲置物品、转让预付卡、钟点工求职、团购物品、寻人寻物、宣传好人好事等需求时，他们会在社区网上发布相关信息，并明确描述自己的需求。其他感兴趣或者有相关资源的网友看到后，双方可以通过私信或者电话联系，商讨具体的物品交换细节，如物品的状态、价值、交付方式。一般情况下，交换双方会商定一个时间和地点，进行物品交接。版主作为管理者和志愿者，会把这些信息整理、分类到不同板块，方便链接需求和资源。

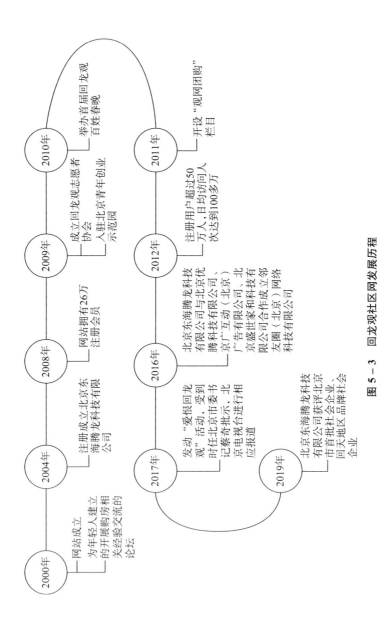

图 5 - 3　回龙观社区网发展历程

品牌项目包括"随手拍"、"G＋"绿色社区、"回天映像"、战"疫"网者行动等。

截至 2022 年，回龙观社区网注册用户已经达到 70 多万人。一方面，回龙观社区网的企业经营功能主要体现在它通过为政府、社区、其他商业企业等提供广告、平台、会员、技术可以获得广告收入、交易收入、会员/订阅/定制收入、技术服务收入等；另一方面，这种经营也是在自我约束、监督基础上的经营。2019 年其牵头成立北京市昌平区回龙观企业信用建设促进会，共同规范本地区企业信用管理，加强企业合作。下面以广告收入为例对其经营方式进行介绍。

回龙观社区网会为周边商家在网页上打广告并收取广告费，既为商家进行广告宣传，又为居民推荐了优质的服务商家，同时增加了网站自身的收入。

> 网站最早是靠给商家做广告来获得营收的，头十年日子比较好，可以说排着队来找我们，那时候确实是太火了，当时做广告就是"这个没位置了，去等下个月再做吧"这样的一个状况。这些网页广告对许多商家的发展都起到了重要的作用，其实有好几支装修队靠我们网站发展起来，现在自己成立装修公司了。（PL120210427）

线下广告一般通过与周边商家进行合作，以线上宣传、引导居民探店的形式为商家引流，增加店内人流量。

> 从 2013 年开始，回龙观社区网每年都会在 11 月举办"邻里讨糖节"活动，由于这项活动的主要受众是孩子，因此，回龙观社区网会与周边的舞蹈工作室、儿童表演中心、武术馆、语言培训班等幼教机构合作举办。有意参与"邻里讨糖节"的商家需要向网站缴纳一定的广告费，网站会将所有参与活动的商家绘制在一张地图上，由家长带着小朋友到店打卡，领取糖果。商家在为到店的小朋友发放糖的同时，也会推出一系列活动，如免费体验课程，邀请家长和孩子免费试听，达到宣传产品、吸引客户的效果。相关负责人介绍说："等于说

我给你拉了一个人进你的店里，而且这个人肯定是孩子，是你的目标用户，这个活动我们每年特别火。"（PL120210427）

2. 政府借道治理

回龙观社区网利用其互联网媒介及社交属性，充分发挥桥梁纽带作用，搭建起了政社沟通协商平台。在 2006 年时，回龙观社区网就曾为消防、公安、工商、税务、政协等开设"回龙观社区服务中心"板块，以便居民及时了解相关信息，如交通队发布的交通情况、派出所发布的警情预警、消防队发布的火情通报、物业发布的停水停电通知信息等。

再如 2017 年，回龙观社区网发起"爱恨回龙观"活动，通过征文、随手拍、街头采访等形式，围绕交通、教育、环境、文体设施、公共配套、医疗、就业 7 个方面征集居民意见，吸引了 48 万人次参与，征集到问题及建议 2000 余条，[1]政府各相关部门对居民提出的问题给予了高度关注，其中部分问题被写入了《优化提升回龙观天通苑地区公共服务和基础设施三年行动计划（2018—2020 年）》，居民反映的陈营东桥、北郊农场桥等交通断点、堵点问题，已经得到了有效解决。

又如 2019 年 7 月，为配合"回天秩序 2019"百日攻坚专项工作，回龙观社区网联合回龙观街道组织了"乱象随手拍，助力回龙观秩序整治"及交通志愿者招募的活动，广泛动员居民积极参与乱象举报，同时通过网上"12345"系统，直接与街道对接，反映居民诉求。这类例子还有很多。

第三节　社会信用体系

社会信用体系主要用于评估和反映个人、企业、组织的信用状况，主要功能是评估和记录个人或组织在社会与经济活动中的信用状况和行为表现。它通过收集、分析和处理各种数据来评估个人或组织的信用水平，并

---

① 数据来自访谈时相关机构提供的资料。

根据评估结果给予相应的信用评分或等级。[1] 在这个过程中，社会信用体系主要具有以下四个方面的功能。一是信用记录。社会信用体系记录个人或组织的信用行为和信用历史，包括违约记录、欺诈行为、守约记录等。这些记录可以用于评估个人或组织的信用状况，并在需要时提供参考。二是信用评价。社会信用体系通过收集和分析个人或组织的信用相关数据，如支付记录、履约能力、行为习惯等，对其进行评估和分析，以确定其信用水平和信用风险。三是信用奖惩。社会信用体系可以根据个人或组织的信用表现给予其相应的奖励或惩罚。例如，信用良好的个人或组织可以享受更多的信用便利和优惠，而信用不良的个人或组织可能会面临限制、处罚或其他不利的后果。四是信用建设。社会信用体系通过引导和激励个人或组织遵守诚信原则和规范，促进信用建设和文明行为。它可以通过教育、宣传、培训等方式提高公众对信用的认识和重视程度，推动社会信用意识的增强。[2] 2023 年 5 月，笔者调研了山东荣成的社会信用体系，荣成作为全国首批社会信用体系建设示范城市之一，将"信治"作为提升市域治理效能的有效抓手，不断拓展"信用 +"应用场景，实现了社会治理体系建设与社会信用建设的有机融合，以信用评级和信用积分充当社会治理体系和社会经济体系的约束工具、度量工具和货币工具，走出了一条以社会信用为主线牵引的社会建设道路。本节就以荣成的"社会互助 + 信用"模式[3]为例进行社会互助与社会信用体系相结合的具体分析。

一 荣成市社会信用体系概述

山东省早在 2007 年就启动了"四德"工程建设[4]，2023 年山东省

---

[1] 2014 年，国务院发布的《社会信用体系建设规划纲要（2014—2020 年）》明确定义了社会信用体系。它是社会主义市场经济体制和社会治理体制的重要组成部分。它以法律、法规、标准和契约为依据，以健全覆盖社会成员的信用记录和信用基础设施网络为基础，以信用信息合规应用和信用服务体系为支撑，以树立诚信文化理念、弘扬诚信传统美德为内在要求，以守信激励和失信约束为奖惩机制，目的是提高全社会的诚信意识和信用水平。

[2] 王淑芹、郭玲：《中国社会信用体系建设的缘起与特征》，《首都师范大学学报》（社会科学版）2023 年第 3 期。

[3] 笔者将其称为"社会互助 + 信用"模式，但文中沿用关于"信用 +"的一些表述。

[4] "四德"工程建设以"职业道德、社会公德、家庭美德、个人品德"培养为基本内容。

《政府工作报告》中进一步提出推进新时代美德山东和信用山东建设。2022 年，山东省出台《关于深化拓展新时代文明实践中心建设的实施方案》《关于深化"五为"文明实践志愿服务的实施方案》《山东省"为老"志愿服务项目指南（试行）》等政策文件，《山东省志愿服务条例》开始施行；2023 年，山东省新时代文明实践志愿服务信息平台投入使用。荣成市由政府主导建立了社会信用体系。

首先，创新社会信用体系建设。从 2012 年开始，荣成市探索社会信用体系建设，并成立社会信用中心，围绕"信用 + 党政管理""信用 + 行业监管""信用 + 社会治理"三个方面，逐步建立覆盖全市范围的社会信用体系，先后获批成为全国首批社会信用体系建设示范城市之一和全国守信激励创新工作试点市，截至 2023 年 5 月，社会信用指数连续 5 年居全国县级市首位。

其次，推进新时代文明实践中心建设。2018 年，中共中央办公厅印发《关于建设新时代文明实践中心试点工作的指导意见》，提出开展新时代文明实践中心建设试点工作，荣成市基于市、镇街、村社三级单位，构建"实践中心－实践所－实践站"组织架构，各级党组织书记分别担任中心、所、站"一把手"，形成了"书记抓、抓书记"的长效机制；建立"部门专家团队 + 城区专业团队 + 镇村团队"三级志愿服务体系，实行梯级服务；搭建了荣成市新时代文明实践中心云平台，按照"事前申请、事中扫码、事后公示"流程开展文明实践志愿服务活动。

最后，社会服务与社会信用相挂钩。荣成市出台了《荣成市社会信用管理办法》《荣成市个人诚信积分管理办法》《关于统筹推进美德荣成和信用荣成建设的实施意见》《荣成市志愿者考核和信用管理办法》《荣成市农村居民信用积分评价办法》等文件，以"信用"为标准、"积分"为形式、新时代文明实践活动为载体，组织各村制定村级信用管理制度，将群众参与理论宣讲、清洁家园、邻里互助、扶贫救济、扶老救孤等社会服务与个人美德信用挂钩，根据参与次数、时长计算美德信用积分，与社会礼遇、基金奖励、实物兑换等挂钩。

二 荣成市社会信用体系的发展历程

在党政领导下，荣成市社会信用体系建设呈现由党政管理到市场管理再到社会治理的发展特点，可以划分为"信用 + 党政管理""信用 + 行业监管""信用 + 社会治理"三个部分。

（一）"信用 + 党政管理"

相比于市场管理和社会治理，荣成市最先在党政机关内部进行征信管理的尝试。2012 年以来，荣成市创新推出"政务信用评级"，出台了《荣成市政务诚信管理评价办法》，上线运行"荣成市政务诚信考核网上管理平台"，围绕依法行政、守诺践诺、勤政廉政等内容，每季度组织 25 个部门对区镇街、市直部门考核打分，平台实时算出政务诚信指数并自动排名，结果与各单位及主要负责人的信用状况直接挂钩。荣成市干部考核结果也与个人信用挂钩，机关事业单位工作人员的信用积分和信用等级直接关系到个人的升迁奖惩、职称评定、优秀评选。

（二）"信用 + 行业监管"

在建设社会信用体系过程中，荣成市各部门联动实施信用监管。推行"跨行业信息共享、信用联管"模式，在食品药品、环境保护等 13 个领域签订联合惩戒备忘录，发起部门及时将严重失信信息提供给关联部门参考使用，按备忘录约定进行联合惩戒。2021 年，荣成市出台《荣成市市场主体信用分级分类管理办法》，明确了信用评价包括公共信用综合评价、行业信用评价和市场信用评价，将市场主体划分为诚信守法、轻微失信、一般失信、严重失信等四类，根据公共信用综合评价结果，将其进一步细分为 AAA、AA、A（A +、A -）、B、C、D 六个信用等级，A 级为市场主体原始基准等级。政府会优先考虑信用等级高的企业，提高信用等级高的企业在申请资金扶持、申报企业项目时的优先级，限制失信企业的机会。除了惩罚，企业也可以通过"信用 +"体系获得信用激励，如以捐款、社会服务等方式获得相应的信用激励，提升自己的信用等级。①

2023 年，荣成市出台《社会组织领域信用分级分类管理办法》，② 将

---

① "信用 + 行业监管"一方面对荣成市企业起到监督作用，另一方面提供的信用恢复方式也促进了企业参与社会服务，推动了荣成市信用体系在社会治理场景中的运用，为荣成市城市治理与社会服务赋能。

② 资料来源：《荣成市用活"信"办法促推社会组织监管提质增效》，山东省民政厅官网，2023 年 7 月 7 日，http：// mzt. shandong. gov. cn/art/2023/7/7/art_ 92781_ 10314945. html。

388 家注册社会组织、2194 家备案社会组织全部纳入市级信用管理系统及行业信用监管平台，开发社会组织监管具体信用指标，实时更新信用信息，与业务主管单位间实现信用数据互联互通、共用共管，并为全市社会组织 1.1 万余名从业人员建立信用档案，组建行政审批、行业主管、民政及服务对象"四位一体"信用评价机制，按照"AAA、AA、A、B、C、D"六个等级，每年对社会组织进行一次信用等级评价，评价结果与承接购买服务、享受扶持政策等挂钩。

（三）"信用 + 社会治理"

截至 2022 年底，荣成市为全市 81.3 万个人、8.6 万个市场主体、330 个部门单位、373 个社会组织、831 个城乡社区组织建立"信用档案"，每个自然人和法人都有自己的"信用档案"和"诚信名片"，已征集信用信息超过 4 亿条。[①]

荣成市社会信用体系分两级运作，在市级层面，荣成市将所有社会成员纳入征信系统，建立信用信息档案，并在国内首创诚信千分考核机制[②]，根据征信对象的不同行为进行加减分，依据信用记录和信用积分，对个人和市场主体进行信用评价，分为诚信模范、诚信优秀、诚信、诚信警示、失信、严重失信六个级别，分别使用"AAA、AA、A（A +、A -）、B、C、D"予以标识。A 级为原始基准等级。

在城乡社区层面，荣成市分城乡制定相应信用管理办法。在城市社区，荣成市围绕解决社区治理实际问题，结合社区居民公约，于 2020 年出台、2022 年修订完善了包含 10 个信用主体、340 项生活领域激励指标的《荣成市城市社区信用管理办法》，全面推行"契约化 + 信用"管理，将"信用承诺"嵌入社区党建、社区治理等全过程。在农村社区，荣成市于 2019 年出台《荣成市农村居民信用积分评价办法》，一方面，将群众参与志愿服务、环境整治、扶贫帮困、移风易俗等 26 项美德诚信行为纳入信用积分管理，并与社会礼遇、实物兑换等挂钩；另一方面，各村建立信用议

---

①　资料来源：《荣成市社会信用体系建设情况》，内部材料。
②　根据《荣成市个人诚信积分管理办法》，个人诚信积分采用千分制，默认得分为 1000 分。计算公式：诚信积分 = 1000 + 加分分值 - 减分分值（信用降级）。

事会，配备采集员，并通过微信群提报、视频监控抓拍等途径征集涉及城乡社区治理的信息，按照"采集员征集—议事会认定—集中公示"的程序，客观公正地进行评定。[①] 同时，设立市镇村三级"信用基金"，进行美德信用示范城乡社区、示范户表彰奖励，让群众感到"信用有价"。

三 "互助养老＋信用"：推动老年食堂运营

老年食堂是荣成市"互助养老＋信用"的项目抓手，借助社会信用体系对老年食堂进行人财物赋能，推动老年食堂运营和运转。

（一）"信用＋资金募集"

在资金募集方面，以服务20名老人的老年食堂为例，食材采购按"两荤一素一汤"的标准，每人每天需5元，再加上各类物料消耗，一年费用约需6万元。为解决启动资金不足的问题，荣成市不仅积极争取上级补助，也运用社会信用体系鼓励捐赠。荣成市设立了"市－镇－村"三级捐赠平台，开通"线上＋线下"捐赠渠道，以市慈善总会为依托，募集款物并接受款物捐赠。目前捐赠渠道主要有三种，一是市级层面，通过荣成市新时代文明实践中心云平台进行物资捐赠；二是村镇层面，爱心企业及商户直接将物资捐赠给村镇的信用超市作为可用信用积分兑换的物品；三是通过荣成市慈善总会的银行账户捐赠。

在荣成市虎山镇，有70多家企业和商户积极响应，捐款捐物支持老年食堂和信用超市的运营。好当家集团、盛泉集团、大沺水产、宏春服装、红旗服装、连丽超市等企业和商户向食堂捐赠的大米、面粉、火腿、面条、味极鲜等物资，为老年食堂加强了食材保障；虎山农业种植专业合作社向食堂捐赠的农用有机肥用于村暖心菜园，为老年食堂加强了蔬菜保障；众诚苗木合作社、润通海鲜行、小状元私房烘焙等商户捐赠的冰箱、电饼铛、锅灶等设备，为老年食堂加强了设备保障；虎山农村商业银行、虎山邮政局、黄山邮政局、鲁丽针织、宜利超市、润林超市等企业和商户捐赠的雨伞、迷你风扇、手抽纸、服装、洗衣粉、洗洁

---

① 资料来源：《荣成市社会信用体系建设情况》，内部材料。

精、凳子等物资，为巧厨娘志愿者加强了激励保障。（PZ120230427）

（二）"信用 + 多元服务"

在人力资源方面，荣成市优化了《荣成市农村居民信用积分评价管理办法》，对参加老年食堂运营的互助服务员、志愿者，给予环境整治双倍信用积分。开办老年食堂的村庄依据政策对各类互助服务员、志愿者开展服务活动的情况进行记录。互助服务员、志愿者获得信用积分后，除了每季度在信用基金发放仪式上接受隆重表彰外，还可以在村内的信用超市兑换想要的日常生活用品，既得荣誉又得实惠。到 2023 年，全市已成立"巧厨娘"妇女志愿服务队伍 500 多支，共有合计 1.1 万人，[①] 市文明办设立 200 万元新时代文明实践专项基金，对常态化参与老年食堂运营的志愿服务团队，"点对点"给予 1 万元、5000 元、3000 元奖励。

同时，为降低食堂的运营成本，荣成市借助信用体系实行荒地改造。以"党支部 + 合作社 + 信用 + 志愿"的形式将村里的撂荒地机动地改造成了"暖心小菜园"，小菜园由志愿者来耕种，参与耕种者加信用积分。除了改造小菜园，各村党支部领办的合作社还种植玉米、小麦、花生等作物，满足老年食堂米面粮油的供应，实现自给自足。如荣成市王连街道东岛刘家村开辟出的 19 亩"爱心农场"，2022 年除了为食堂提供充足的蔬菜外，还对多余的果蔬进行加工销售，结余 3570 元。

另外，部分村庄还开展"餐前一刻钟"活动，组织老人看新闻、读报纸、谈体会，将新时代文明实践由宣传引导变成了群众主动参与。

四 "社区治理体系 + 信用"：推动社区治理运转

下面以荣成市崖头街道河西社区为例介绍"社区治理体系 + 信用"模式，该社区以一家信用超市、一所信用银行、一套企业回馈服务机制将220 多家企业联合起来参与社区治理，在社区、居民、商家的共建共治共商共享中推动社区治理运转。

---

① 资料来源：《信用支撑 志愿认领 依托"暖心食堂"构建新型农村养老服务体系》，内部材料。

（一）企业信用联盟

河西社区周边有大量的小商户，为聚集小商户参与社区治理，社区以党委为平台、以信用为抓手，建立企业信用联盟和金牌合伙人机制。[①]

该联盟和机制的作用体现在以下三个方面。一是聚集。建立信用银行让商家入驻，并根据商家通过为社区捐赠形成的信用评价情况将不同商家分为"牵手合伙人－优质合伙人－资深合伙人－高级合伙人"四个层级，通过合伙人会员身份和荣誉墙等鼓励商家参与其中。二是融合。通过多种方式助力商家发展，如根据商家在社区信用银行的信用评价结果以年度评优、提供法律咨询服务等方式帮助商家。三是参与治理。包括捐款捐物、为社区发展建言献策等。商家通过捐款捐物参与社区治理的过程，借助信用评价体系获得良好的声誉和稳定的客户群体。截至2022年，河西社区商户捐款捐物折算成人民币累计达103万元。

山东省荣成市某公司总经理在访谈时说道：

　　成为社区合伙人好处很多。第一，社区举办的下午茶、同桌谈等日常活动可以帮助我们对接到不少资源，在这个过程中如果有大宗采购的话还可以降低价格。第二，社区举办的活动对我们来说是一个很好的宣传平台，能够让居民知道我们。不仅如此，对我来说，成为社区合伙人，累积信用积分、提高信用等级，可以让我们公司在招投标中取得优先地位。（PJ120230804）

（二）共商共议共赢

社区信用治理体系是社区、居民、商家等不同主体以信用积分为抓手共同参与社区治理、建设社区治理共同体的积极探索。商家借助信用体系形成被认可、有价值的品牌声誉，获得优质的用户群体；居民借助信用体系完成志愿服务，并可以积累信用积分，在信用超市和金牌合伙人商家兑

[①]　起初，社区想为参与社区志愿服务的志愿者提供小礼品，但是社区经费有严格的管理制度。因此，社区希望通过动员社区周边的企业为社区志愿服务活动赋能，成立了爱心商会动员商家捐赠，并借助荣成市信用建设的契机建立金牌合伙人机制。

换礼品和服务。各方实现了社区治理的共同参与、共同建设和成果共享。

河西社区负责人在访谈中说："社区有一家中医养生馆，该中医养生馆有4家入驻单位，分别是1家市级医院和3家社区商户。他们轮流在此提供中医保健服务。该中医养生馆的场地由社区提供，馆内的床铺和医疗器械全部由商户捐赠，居民通过信用积分可以兑换中医养生馆里的服务。我们希望社区搭建的平台能够撬动资源参与社区建设，最重要的就是实现大家的共同参与。"（PF120230804）

小 结

互助行为是社会互助的基础，本章详细分析了寓于基层治理之中且承载互助行为的社会互助平台网络的发展现状、类型、特点等。总结而言，笔者认为，有以下五个方面需要着重关注。一是现代社会互助的发展离不开正式和非正式互助网络的形成、志愿精神和志愿服务的助力。互助与志愿代表了中国社会的本质属性和高层次表达，应当在明确区分的基础上推动二者并进发展，以志愿的利他、奉献、不求回报的更高层次的引领与示范赋予现代互助更强的美德意义，让人们更加积极地参与到集体的、互助的公共生活之中。二是社会互助包括互助养老但不仅限于此。与年轻型社会相比，老龄社会和超老龄社会的社会互助需求会更大，互助养老是其突破口和试验田。社会互助实际代表人们真正能参与到每一个共同体 - 组织的建设之中，共同协商处理社区事务，增加社区公共资源和公共空间，同时进行低成本的志愿服务和互助服务的供给。更加高级/合作化的方式包括信用合作、消费合作、供销合作等合作社形式。三是互联网社会互助平台为现代社会互助提供了成长空间。与传统熟人社会相比，现代社会的市场化分工、理性与个体化决定了建立规范化、制度化的互助互利体系和互助共同体相对困难，而互联网平台基于高效扁平对接、统一规则、虚拟货币等方面的优势则为更大范围内的社会互助提供了平台，能够推动多个圈层、组织、区域的互联互动、资源互补。四是互助行为的量化、可视化、制度化是推动现代社会互助发展的重要环节。比如，时间币、社会信用货币等都是制度化的互助行为的衡量工具。五是互助不能以揠苗助长的方式强制推动。互助行为、互助组织、互助经济等是因为不同经济社会环境中人的需要而产生的，不是因为一定要互助而互助。现代互助需要长期的发展过程，需要大力弘扬、宣传，创造平台、条件，给予资金、政策支持，但不能有形无本，一味地大干快上，效果不一定好。

第六章 "社会互助＋规范管理"：互助养老组织服务体系

社会互助的可持续运转离不开社会组织和规范管理，互助养老组织服务体系是对互助养老的"互助逻辑"的有力维护，也是互助型社会养老的根基性的组织载体。本章聚焦于互助养老组织服务体系建设，按照组织主导类型，将其划分为城乡社区主导型、老年协会主导型、专业社会组织主导型三类，并总结它们各自的实践特点和典型模式。这里需要说明两点。一方面，本章中的互助养老组织形式涉及两个面向，一是互助面向的互助组织，二是专业面向的专业社会组织，二者有部分交叉，比如城乡社区"两委"成立的专业社会组织、注册为专业社会组织的老年协会，就都具有专业社会组织属性，专业社会组织中的社会团体、基金会亦是互助组织。另一方面，笔者将互助型社会养老的划分标准界定为老年人互助组织，① 提供各类针对老年人的服务、产品的互助组织属于老年人互助组织；在专业社会组织中，既属于专业社会组织又属于互助组织的按照互助组织划定；不属于互助组织且仅承担提供社会服务工作的，即使其采用互助服务的互助方式，也不属于互助组织；不属于互助组织但承担互助组织培育赋能工作的，也按照所培育赋能的互助组织所涉及范围划定。

---

① 刘妮娜、杜鹏：《中国互助型社会养老的定位及发展方向》，《浙江工商大学学报》2022年第3期。

第一节　城乡社区主导型

作为党、政府与老年人之间的桥梁纽带，城乡社区"两委"决定着城乡社区党群、公共服务经费的投放方向，在基层发挥主要的组织动员作用。由城乡社区"两委"参与并主导运营社区居家养老服务中心、幸福大院、老年食堂是目前互助养老开展的主要方式，这与政府政策、资金安排及评价导向、城乡社区"两委"重视程度及党组织领导能力、城乡社区经济实力密切相关。

一　调研案例

城乡社区主导型互助养老调研案例如表6-1所示。城乡社区主导型互助养老指城乡社区"两委"主导开展老年人设施建设、组织管理、服务供给等工作，一般出现在村集体经济发展较好、村"两委"重视养老或市县级统一部署要求的城乡社区或地区。从管理特点来看，主要包括两种类型。一是直接服务。城乡社区直接运营老年食堂、幸福大院、老年人活动中心、村级养老院、托老所等老年人设施，组织互助服务员、志愿者队伍提供上门服务，并联合其他的机构、组织、个体商户等提供其他服务。二是组织统合。城乡社区通过党建引领统合社工机构、企业、个体商户、老年协会以及其他基层多元组织提供各项服务，这一类型一般由城乡社区建设老年食堂、幸福大院、老年人活动中心、村级养老院、托老所等老年人设施，交给第三方运营，但城乡社区参与管理监督并给予资金支持。

从服务内容来看，城乡社区主导型互助养老的服务项目包括助餐配餐、文化娱乐、居家照护、托养服务等。[①] 一方面，不少城乡社区直接为老年人提供助餐配餐、文化娱乐、居家照护、托养服务等服务；另一方面，一些城乡社区会统合养老服务机构、社工机构、老年协会等，开展助餐服务，组织互助服务员、志愿者上门为老年人提供居家照护服务，定期

---

① 医疗保健项目主要由社区卫生服务中心或村卫生室负责开展，有的城乡社区将诊所（卫生服务站）与之配套建设，就近为老年人提供医疗保健服务，这里不做具体分析。

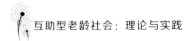

举办文艺活动和体育健身活动（多为政府购买服务或其他项目），促进老年人积极健康生活。收费标准主要按照服务对象家庭收入、年龄、生活自理能力确定，部分老年人属于政府购买服务范畴，部分老年人属于村级补贴范畴。老年食堂一般会给予老年人价格优惠（有的统一优惠，有的按照年龄梯度定价），极少数村庄实行老年人免费就餐。

表 6 – 1　城乡社区主导型互助养老调研案例

城乡社区	所属地区	管理特点	主要服务内容
双一村	浙江省安吉县	组织统合	助餐配餐、文化娱乐、居家照护
赵家上村	浙江省安吉县	组织统合	助餐配餐、文化娱乐、居家照护
霍家营社区	北京市昌平区	组织统合	助餐配餐、文化娱乐、居家照护
华龙苑北里社区	北京市昌平区	直接服务	日常帮扶、文化娱乐
桐林村	江西省新余市	直接服务	助餐配餐、文化娱乐、医疗服务
珍田村	江西省新余市	直接服务	助餐配餐、文化娱乐、托养服务、医疗服务
平川村	江西省新余市	直接服务	助餐配餐、文化娱乐、医疗服务
介桥村	江西省新余市	直接服务	助餐配餐、文化娱乐、医疗服务
院前村/习彭村	江西省新余市	直接服务	助餐配餐、文化娱乐、医疗服务
虎山社区	江西省新余市	组织统合	助餐配餐、文化娱乐、康复辅具
龙泉湾社区	江西省新余市	组织统合	助餐配餐、文化娱乐
新苑社区	江西省新余市	组织统合	助餐配餐、文化娱乐
嘉和社区	山东省荣成市	直接服务	助餐配餐、文化娱乐
路旺原家村	山东省烟台市	直接服务	上门探访、文化娱乐
单家村	吉林省松原市	直接服务	助餐配餐、文化娱乐、居家照护、托养服务
河西村	吉林省松原市	直接服务	助餐配餐、文化娱乐、居家照护、托养服务
杨家村	吉林省松原市	直接服务	助餐配餐、文化娱乐、居家照护、托养服务
井发村	吉林省松原市	直接服务	助餐配餐、文化娱乐、居家照护、托养服务

二　特点分析

城乡社区主导型互助养老案例所涉及的城乡社区往往有独立经济来源，大多数城乡社区也在从单一的养老服务、社区居家养老服务中心向党建引领多元共治并提供综合服务、建设城乡社区经济（服务）综合体方向发展。

（一）政府政策资金及评价导向

城乡社区互助养老项目的发展、运行和效果与政府的政策、资金安排及评价导向密不可分。一方面，政府通过出台相关的法规和文件，明确互助养老项目的目标、范围、标准和要求等。同时，互助养老项目在养老设施建设、组织建设、服务开展等方面需要持续的资金投入，政府可以通过财政拨款、购买服务等提供资金支持，为项目的启动和持续运营提供便利。另一方面，政府通过建立项目评价机制、细化评价指标，以政府评估、专业团队评估、自我评估等相结合的方式对项目运营效果进行监督和评价，以便及时发现问题，优化项目设计和运营模式以使其更符合实际需求、更好发挥社会效益，实现提质增效。

例如，吉林省松原市并没有老年协会基础，2006年，松原市成立了市级老年协会，并订立了统一的基层老年协会章程，由村支部书记担任基层老年协会会长，基层老年协会须在县（市、区）老龄办进行登记备案。在政府推动下，2015～2017年，松原市逐步完成了939个基层老年协会的规范化建设任务。依托基层老年协会，松原市于2008年成立村级爱心志愿者服务队，为高龄、失能、半失能、独居老年人提供志愿服务，并于2015～2017年连续三年实施政府购买农村居家养老服务项目，对爱心志愿者服务队进行养老护理员培训，增强护理人员的服务能力。自2017年开始，根据村级意愿申报，经政府审核选择，进一步主导推动建立了一批村级老年人集中托养照顾所（简称托老所），由村老年协会负责运营。

（二）城乡社区"两委"重视

城乡社区"两委"是农村互助养老组织的关键载体，这与城乡社区"两委"的领导地位、与各级政府的互动、较强的经济资源协调和动员能力有关。在互助养老受到重视的城乡社区，城乡社区"两委"能够为其提供场地、人员、物资等资源，调动城乡社区居民参与的积极性。

例如，吉林松原托老所由村"两委"负责建设和管理运营，一般由村支书、妇女主任或其他村委委员进行具体管理运营。河西村托老所由政府支持、城乡社区主导建立，于2017年4月开始筹建，为老年人提供住宿、吃饭、娱乐以及生活照顾服务。工作人员和志愿服务队成员主要是村留守妇女，服务人员都必须提供县级以上医院开具的健康证明，建立档案、培训上岗（目前服务人员以政府购买服务方式支付工资）。在笔者 2018 年调研时，托老所有 20 张床位，住 18 人，有 4 人属于五保户，本村老人收费标准为 400 元/月，外村老人收费标准为 500 元/月，五保户不收取费用（指已收取国家给予的补贴费用，无须老人再另外出钱）。托老所每月支出包括 2000 元菜钱、1500 元厨师工资等。供暖费和电费一年大约需 10 万元，由村边上的油田企业赞助 9 万元，村里支付 1 万元。经营下来略有盈余。（PX120181225）

又如，江西新余村"两委"承担对颐养之家的管理运营的首要责任，村党支部书记是第一责任人，运营情况纳入其年度绩效考核之中，具体运营一般由村支书、妇女主任或其他村委委员负责。如平川村妇女主任负责本村颐养之家管理，除此之外，她也经常组织妇女小组长（共七八个人）一起上门探望、照顾老人。

> 主要是行动不便的老人和子女不在身边的孤寡老人，我们会上门帮他们洗洗被子、打扫一下卫生。还有一些生了大病的老人，我们也会去看望。[①]（PY1320230724）

再如，北京华龙苑北里社区的社区党支部书记及其团队发起成立华龙苑北里为老志愿服务队，重点帮扶社区里的困难、高龄、独居、失能半失能老年人。志愿服务队拥有 15 名成员，包括社区"两委"成员、社区其他党员和志愿者，队员们会通过上门走访或电话联系的方式，定期询问高龄独居老人的健康状况，提供探访服务，并为其链接相关资源，共同解决其生活难题。随着为老志愿服务工作的深入推进，该队伍已经成为社区养老工作中的重要抓手，根据社区统计，2022 年，服务队为老年人解决出行

---

① 在被问到对于这些老年人工作的看法时，这位妇女主任没有说照顾老人应该是子女的事情等任何推脱责任的话，她说："最担心这项工作做不好，老年人不满意。"（PY1320230724）其他调研村的村支书说得最多的也是："我早点晚点都会来这里看一下，问下老人有没有什么需求，有什么需要改进的。"这句话体现了村"两委"已经把老年人工作（尤其是照顾好老年人）纳入了"两委"工作任务，内化为了村集体责任而非仅是家庭责任，这种负责的态度很让笔者动容。

就医、代开药、物流配送等问题 300 余件。

（三）城乡社区应有独立经济来源

在城乡社区"两委"重视的基础上，有独立经济来源的城乡社区出资相对灵活且更能因地制宜，这一级的资金是应当着重动员和利用的。这些资金能够自主投入互助养老设施建设、组织培育和服务提供之中。在设施建设方面，包括社区居家养老服务中心、托老所、文化娱乐场所、老年人活动室等的建设；在组织培育方面，包括城乡社区专业社会组织、老年协会、互助志愿队伍等的培育；在服务提供方面，包括老年人助餐、托养、文化娱乐活动、上门探访等方面服务的提供。

城乡社区独立经济来源多为城乡社区集体经济收入、物业收入等。如安吉县洪家村由于占据自然环境优势，发展旅游业，目前已经开发包括露营咖啡、沙滩、漂流以及民宿在内的多个项目，保证了村集体收入的稳定，2022 年村集体收入达到 140 万元。村集体会对老年协会养老服务进行补贴，主要保障村中的老年食堂的运行。双一村一直与种植绿色蔬菜的公司合作，向公司出租房子和土地，一年可得到租金 50 余万元，这家公司也保障了老年食堂的蔬菜供应。

（四）党建引领多元共治

党建引领多元共治充分体现互助养老组织服务体系的整合功能，尤其是通过党建引领资源整合，为专业社会组织、社会企业、老年协会、卫生服务站等协同合作发挥各自优势提供平台，同时让以老年人为主的城乡社区居民广泛参与进来。

如浙江省安吉县双一村党建引领建设幸福邻里中心，[①] 中心负责人为村妇女主任，同时交由专业社会组织——社工机构进行专业运营，老年协会共同参与管理。幸福邻里中心内部设有"1+1"幸福食堂、文体活动中心、棋牌室、健身房、卫生服务站等，为老年人提供午晚餐供应、娱乐休闲、测量血压和血糖等服务，以及为困难老人提供康复训练等服务。在村

[①] 笔者在 2014 年和 2018 年调研时，双一村的居家养老服务中心由老年协会运营，村里给予资金支持，到 2023 年调研时，居家养老服务中心已经改造成为幸福邻里中心，在党建引领下由多方主体共同参与运营，提供多种类型的社区服务。

"两委"的领导协调下，社工机构与老年协会达成了合作关系：一是老年协会秘书长担任幸福邻里中心管理员（社工）；二是老年协会协助社工机构提供服务，并对幸福邻里中心运营进行监督；三是社工机构向老年协会提供一定的经费补贴，帮助老年协会开展文化娱乐等活动。社工机构在开展各项活动时，会提前通知老年协会，由老年协会召集联络村中的老年人参加活动。

> 我们有三个自然村，村民居住得比较分散，比如正益（社工机构）明天要开展老年人理发活动，就会通知到老年协会会长去联系各小组组长，通知到每个老年人。（PL120230720）

村"两委"也采取定期召开磋商会的办法，村"两委"、老年协会、社工机构的相关负责人共同讨论相关建议，商讨议定服务方案、改进方向。

> 我们村"两委"很重视老龄工作，在村党支部书记的带领下，无论是我们的居家养老照护、助餐，还是邻里中心的各项活动，大家都不是单一地只干自己的工作，老年协会的会长、正益的老师和村委会的工作人员联动性都很强，都是互相兼顾统筹的。（PL120230720）

> 老年食堂每天供应午餐和晚餐，双休日照常运作，每年到腊月二十三停歇。食堂会提前一天公布菜谱，每餐标准为三菜一汤。餐费从2014年到2023年一直保持不变：60～70岁的老人每餐6元，70～80岁的老人每餐5元，80～90岁的老人每餐4元，90岁及以上的老人每餐3元。对于一些瘫痪在床的老人，可以由家属来取餐或者由送餐员送到家中，不足60岁的五保老人、残疾人也可以过来用餐。（PL120230720）

三 典型案例：江西省新余市"党建＋颐养之家"模式

江西省新余市通过党建引领颐养之家建设，实现了城乡颐养之家全覆盖。城乡颐养之家均由党建引领、城乡社区主导，农村全部由村"两委"运营，城市社区交由企业、个体商户运营，社区履行管理监督责任。颐养之家面向70岁以上老年人，一方面，老年人享受社会养老服务，在其中用餐、娱乐等；另一方面，老年人互助自治，实行自我管理、自我服务、自我教育、自我监督。在个体层面，老年人通过自助－互助参与互助养老；在服务层面，低龄老年人担任厨师、帮厨、送饭员等，服务高龄老年人；在管理层面，市县两级政府、街镇和村/居委会承担管理责任，城乡社区党支部书记承担主责，一名村/居委会委员担任管理员；在组织层面，党领导的基层（村/居委会）互助组织体系通过"入家"的形式将老年人组织起来；在治理层面，颐养之家嵌入社区治理和社区经济综合体，逐步将更多城乡社区居民组织起来，进行网格化治理、协商议事、互助合作等。"党建＋颐养之家"模式的建立为新余市的城乡社区老年人提供了获得照顾与陪伴的场所，使老人享受到健康的一日三餐、便捷的服务以及精神上的慰藉。①

（一）"党建＋颐养之家"模式发展历程

2013年9月，新余市渝水区水北镇伍塘村老年食堂开伙起灶，不久后，水北镇发动乡贤捐资850余万元设立了水北农村居家养老基金，在全镇推广老年食堂。到2016年，水北镇已经建立27家老年食堂。

2016年底，在总结水北镇探索经验的基础上，新余市委、市政府印发《关于在全市农村推行"党建＋颐养之家"工作的指导意见》，提出充分发挥基层党组织作用，统筹运用农村各种资源，在有需要的自然村建成颐养之家，为农村留守、独居及困难老人提供日间生活照料、娱乐休闲等服务，丰富农村老人物质生活和精神文化生活，为农村老人创造相互关照、相互帮助、消除孤独、快乐生活的环境，真正实现老人开心、子女安心、各级组织放心。

2019年，新余市委办公室、市政府办公室进一步印发《新余市推进"党建＋颐养之家（城市）"工作方案》，提出将农村颐养之家"四可"工

---

① 在笔者团队调研时，很多农村老人抓着团队成员的手诉说对党给他们建设颐养之家的感激之情。

作法改良移植到城市养老服务中，按照党委领导、高效惠民、政策扶持的基本原则，建设一批"因势利导、市场运作、各方联动、卫生营养"的"党建＋颐养之家（城市）"。

2021年，新余市出台《新余市颐养之家条例》，该条例在颐养之家设施的规划布局、税费减免、资源整合、配建要求等方面细化了保障措施，明确各级政府按规定给予建设补贴、运营补贴和用餐补贴；同时聚焦老年人安全问题，提出建立健全消防、食品卫生、安全值守、设施设备等管理制度，明确相关法律责任，为颐养之家的建设、管理与运营提供了法治保障。

据统计，截至2022年6月，新余市运行的农村颐养之家有697家，其中包括吃住一体点114个、标准点460个、配送点123个，同时全市已有70家城市颐养之家投入运行，均采取标准点模式运作，基本实现城乡社区全覆盖。新余市"党建＋颐养之家"模式发展历程如图6-1所示。

（二）党政推动"颐养之家"规范化建设

在党委领导、政府主导、村（社区）组织实施的工作机制下，新余市大力推动颐养之家规范化、标准化建设。

在制度建设上，2021年新余市出台《新余市颐养之家条例》，为全市颐养之家的建设、管理、运作提供依据。颐养之家站点必须有专门财务账户用于资金往来，各个站点必须有专门的管理人员、厨师和送餐人员；每位老人进入颐养之家都将建立老人健康档案，签订"入家"协议书，颐养之家会对老人身体状况进行摸底；建立"出入家"管理制度，坚持老年人"入家"自愿、退出自由的原则，不搞强求和摊派；在入住颐养之家时，颐养之家会与入住老人或其监护人签订相关入住协议，用来明确双方的权利和义务；等等。2023年新余市"党建＋颐养之家"重点任务清单如图6-2所示。

在硬件设施建设上，颐养之家使用统一标识，悬挂或者嵌入门楣、墙体醒目位置；内部设施全部进行适老化改造，方便老人使用；吃住一体点严格按照有关要求进行消防改造，消除安全隐患；每个颐养之家站点都要配备厨房、用餐室、菜园（农村）、留样冰箱、老年人活动室及其他必要设施等。全市各颐养之家将《全市农村"党建＋颐养之家"建设指导标准》

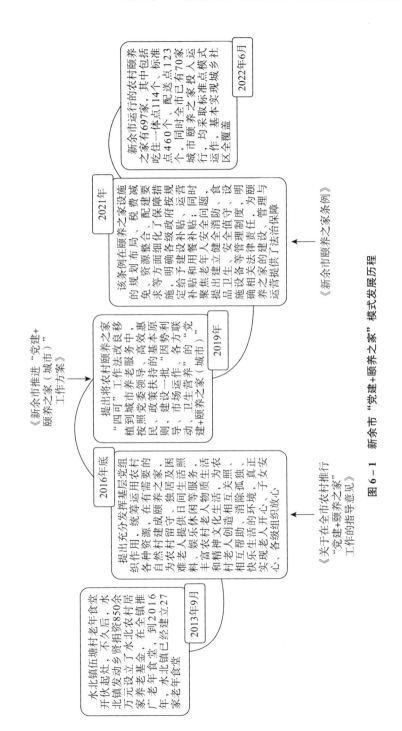

图6-1 新余市"党建+颐养之家"模式发展历程

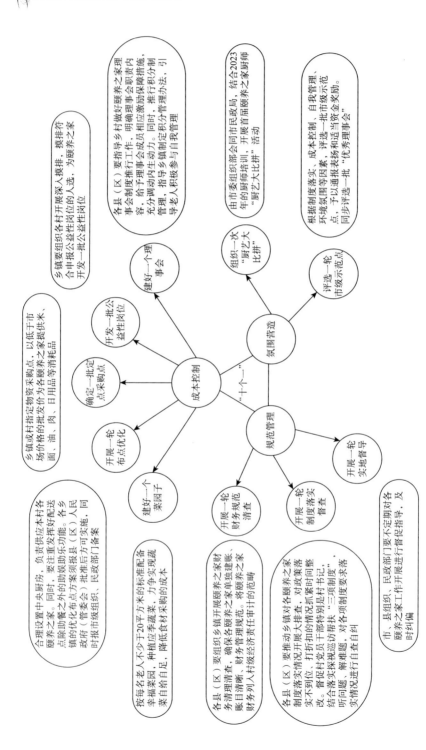

图 6 - 2　2023年新余市"党建+颐养之家"重点任务清单

《颐养之家运行成本管理十条》《全面提升"党建＋颐养之家"工作十条》等政策文本上墙，上述文件明确规定了颐养之家如何建设、如何运行管理以及如何实现让颐养之家更好地服务老年人。颐养之家室外墙面上的彩绘和标语真切地表达了"入家"老人对颐养之家的认可，如"共产党是太阳，把温暖送心中""党得民心，民得实惠""老人开心、子女放心、党得民心"等。

（三）"党建＋"城乡社区互助组织参与运营

新余"党建＋颐养之家"模式成功的关键在于以党委领导推动"党建＋"城乡社区互助组织参与运营。

1. 各级党组织书记担任第一责任人

各县（区）、街道党委书记和城乡社区党组织书记是"党建＋颐养之家"工作的第一责任人。从选址布点、资金筹措，到日常管理、完善制度，再到提升服务水平、营造"家"的氛围等各个环节，各级党组织书记都要亲自抓、带头干。通过这种方式，"党建＋颐养之家"模式培养了一批有责任心、有孝心、重视老龄工作的城乡社区党组织书记。

2016 年，新余市委常委会召开会议并讨论通过了《关于在全市农村推行"党建＋颐养之家"工作的指导意见》（以下简称《意见》），会议强调要把颐养之家工作与基层服务型党组织建设结合起来，有计划地分阶段分层次推进，到 2018 年 6 月底，使颐养之家覆盖全市 409 个行政村，形成具有新余特色的农村养老服务体系，真正实现老人开心、子女安心、各级组织放心的三赢局面。《意见》要求市、县两级政府坚持层层压实责任、传导压力，形成"市县指导、乡镇领导、村级主导"的工作机制，县（区）、乡镇、村三级党组织书记亲自挂帅、合力推进。同时，新余市四套班子领导带头挂点，每人联系一个乡镇；市委主要领导亲自审定颐养之家建设标准、成本管理等规定；县（区）、乡镇、村三级党组织书记全力推进颐养之家建设。新余市还将颐养之家建设纳入县乡村年度工作考核，每年评选颐养之家 100 强和一批服务之星。

在平川村党支部书记看来，要办好颐养之家，最重要的是用心用情、真诚相待。"这些都体现在细节里。比如嘱咐厨师把菜煮烂一些。

平常要主动了解老年人需求。"他经常和"入家"老人说："情愿我们村委多吃点苦，也让你们老人多感受一点温暖。"也正是因为用心用情，颐养之家的老年人才能发自内心地开心快乐。（PH320230724）

颐养之家也逐渐成了政策宣传的平台、干部深入群众的抓手、促进村民团结的纽带。桐林村党支部书记说："颐养之家肯定是促进村里团结的。比如殡葬改革、政策宣传，颐养之家就像一个平台。我早上6点会到颐养之家转转，平常和老人聊聊天，问下有什么需求，顺带也就能讲讲政策。"（PH120230724）

2. 用好管理员和服务商户这一直接运营管理主体

根据笔者调研，农村颐养之家管理员以村委委员（退伍军人）、村妇女主任兼任为主，多数承担了采购员、管理员、卫生员等的职责，在为老服务上率先助阵。退伍军人有责任心、有担当、有纪律性，村妇女主任一般由女性担任，更有爱心、细心和耐心。

桐林村的一位村委委员是该村颐养之家的管理员。他把军队式管理方式应用到了颐养之家的管理中，该颐养之家的各项事务都有严格的纪律，如每位老人用餐的位置固定、餐具定点摆放、水杯要贴上姓名贴纸、不得随意吐痰、物品摆放要整齐等，并进一步采用积分管理制度巩固纪律要求。根据积分管理制度，每月授予老人15分基础分，老人违反纪律将会被扣分，积分可以兑换生活用品①（包括牙膏、香皂、洗洁精等）。这种严格管理的方式不但没有减少老年人参与，反而增加了就餐老年人的数量，该村每天就餐人数达到了80余人，多的时候有近百人。（PH220230724）

介桥村妇女主任是该村颐养之家的管理员。作为女性，她在管理颐养之家过程中最大的特色就是细致周到。以该村颐养之家收支账目

---

① 村里每年花费在积分兑换上的资金有1万元左右。

为例，自该村颐养之家开办以来，每年收入支出、每月老人用餐名单、物资捐赠数额及单位等都有详细记录。说到管理心得，她提到："一方面，管老人就像带小孩一样，自己带头做，老人看得到，就会跟着做。另一方面，账也要明白，因为老人都是消费者，交了200块钱。让老年人理事会过目签字，也起到监督作用，口口相传就会放心安心。"（PZ120230724）

城市颐养之家站点一般建设在社区"两委"工作点附近，并由"两委"成员担任管理员，交由第三方餐饮服务公司运营。在社区站点开火做饭或者由第三方餐饮服务公司每天按点配送餐食到颐养之家，社区在此过程中主要履行监督职能，对菜品质量、餐具消毒、配送效率等进行控制，保障颐养之家站点有效运行。

新苑社区与企业合作运营社区颐养之家。颐养之家食堂具体运营交给第三方合作公司，社区"两委"则负责监督卫生安全。社区食堂每日供应午晚饭和面点，食物干净且味道好，目前每天有200多人次用餐。（PY120230725）

虎山社区颐养之家也是与企业合作运营，运营方式是由企业每天向社区颐养之家站点配送中晚餐，"入家"老人主要到"颐养之家"站点就餐，如遇"入家"老人有特殊情况，社区工作人员也会配送到家。目前，共有80多位老人在虎山社区颐养之家办理就餐服务，固定来吃饭的有40多人。（PF120230725）

3. 发动"入家"老人及其他志愿者积极参与

颐养之家的服务内容包括就餐、送餐、住宿等生活服务；文娱室、棋牌室、读书角等文娱服务；免费理发、上门慰问、过集体生日等志愿服务；健康义诊、量血压、测血糖、健康知识讲解等医疗服务；"'入家'老人点单，管理员送单，政府配单，圆梦人接单"微心愿等慈善服务；等等。在这些工作中，"入家"老人及其他志愿者发挥了重要作用。

一是在农村地区，一般由低龄老年人担任厨师、帮厨服务高龄老年人。如表 6 - 2 所示，笔者调研村庄的颐养之家基本配备有 1～2 名厨师、1 名帮厨、1 名配餐员，厨师工资在 1500～4000 元，工作主要为做饭、打扫卫生以及打理菜园，有的厨师还负责买菜；帮厨工资在 1200 元左右，工作主要为帮助厨师做饭、分餐、打扫卫生；配餐员工资在 1000 元左右，工作主要为给有需求的"入家"老人送餐。

表 6 - 2 调研村庄颐养之家的人员配备

单位：人，元

村庄	厨师			帮厨			送餐员		
	人数	工资	工作内容	人数	工资	工作内容	人数	工资	工作内容
桐林村	2	>2300	买菜、做饭、打扫卫生	—	—	—	1	不固定	给有需求的"入家"老人送餐
珍田村	1	4000	日常管理（管理员兼厨师）、做饭、打理菜园	1	1200	协助厨师做饭、分餐、打扫卫生	1	不固定	扶贫专干给有需求的"入家"老人送餐
平川村	1	2400	做饭、打扫卫生	—	—	—	1	1000	给有需求的"入家"老人送餐
介桥村	1	1500	做饭、打扫卫生、打理菜园	—	—	—	1	1000	给有需求的"入家"老人送餐

二是颐养之家内部设立老年人理事会，"入家"老人中威望高、有热心的老人参与理事会，对颐养之家各项事务进行监督管理，调解老年人矛盾纠纷等。

桐林村颐养之家管理员与老年人理事会共同负责颐养之家的物资采购（以菜品为主），每天管理员买回菜品由理事会（由老人组成）过秤并在发票上签字，月底核对账目由村支书签字。

姚奶奶是桐林村颐养之家的理事会成员，从该颐养之家开办起就成为"入家"老人，她介绍的他们调解矛盾的方式很有趣："一看到谁要吵起来的样子，旁边的人和理事会的成员就会用手指一指门外（意思是别惊动颐养之家的管理员），然后大家就熄火了，因为一旦发生矛盾被

管理员发现了就会扣分，大家也会觉得你不好相处。"（RY120230724）

在新苑社区，颐养之家理事会的会长是社区书记，副会长是副书记。会内成员有社区工作人员也有居民，涵盖面比较广泛，具有代表性。（PY120230725）

三是发动城乡社区居民志愿者为"入家"老人提供服务。

珍田村有一支专业的志愿服务团队，名叫邻里帮爱心志愿服务队。一开始是村民自发地、无组织地去帮助村里的孤寡老人，后来吸纳了党员、妇女干部，团队规模逐渐壮大，开始规范化发展。成立邻里帮爱心志愿服务队后，志愿者们一起开展包饺子、剪指甲、理发、做家务等助老爱老志愿活动。（PC120230724）

虎山社区有三支志愿服务队伍，分别是敲门嫂志愿服务队、党员志愿服务队和新时代文明实践志愿服务队，每个队伍都有50多名居民参加，主要是第二化肥厂的退休职工。志愿服务的主要内容有贫困帮扶、政治宣讲、文化文艺等。笔者调研时访谈了志愿者小刘，小刘2023年19岁，是一名暑期返乡大学生，报名成为社区主办的暑期托管班的志愿者，在托管班辅导小朋友的功课、协助开展活动。（VL120230725）

四是建立亲情连线密切代际沟通互动。各地颐养之家均建立了"入家"老人子女微信群，将老人们的日常生活拍摄成照片、小视频，发到群内，让子女能够随时了解他们的情况。老人在管理员的帮助下，可以和子女视频聊天、浏览朋友圈，了解子女近况。

五是晓康诊所开展"入家"老人医疗服务。晓康诊所一般与颐养之家共建或者距离很近，新余市整合全市医疗服务志愿者资源支持晓康诊所在村开展疾病预防、保健、诊疗、康复等服务，为老人建立健康档案，定期组织免费体检。

L 医生是桐林村晓康诊所医生，在笔者访谈他时 72 岁，2017 年加入了晓康诊所，量血压、量体温、给老人讲健康知识是他的主要工作。他对颐养之家老人的健康状况如数家珍："一共有 82 个老人在这吃饭，有 41 个高血压，11 个糖尿病，还有 15 个是送餐，这种情况我们就会上门服务。"谈到晓康诊所的基本情况，L 医生说道："我们有两个医生，现在是我在值守。这里主要是治一些小伤小病。还会给老人量血压，一般一月一次，但有的老人可能生病了，来一次我就给他们量一次。"除此以外，晓康诊所还会和颐养之家厨房进行联动，提些饮食建议："少吃盐，饮食清淡，适当运动，上次我刚刚讲。"诊所的条件虽然不支持治愈疑难杂症，但当遇到紧急情况时，也会及时反映："及时打电话给 120，送到人民医院去。回来的话我会去探望，不回来我也会去医院看看。"（DL120230724）

（四）"党建＋"资源下沉颐养之家

"党建＋"资源下沉颐养之家主要包括两个部分：一是物资下沉，主要涉及资金和物品；二是人员下沉，主要涉及党员、政府工作人员、社工、志愿者等。

1. 物资下沉

新余市将颐养之家专项资金纳入市、县（区）、乡财政预算，采取"政府补助、村级配套、社会捐助、老人自缴、自我发展"模式，形成经费稳定保障机制。建设经费以政府财政投入为主，为每个行政村一次性投入 10 万元，由市、县（区）、乡三级按 4：4：2 比例分担。运行经费以老人自缴为主，标准为每人每月 350 元，老人交 200 元，市、县（区）两级财政各补贴 50 元，乡、村两级自筹 50 元。此外还有定点帮扶捐助、商会捐助、村民自助、乡贤赞助等。

例如，珍田村建成一家吃住一体型颐养之家，一共投资 90 万元，40 万元来自结对帮扶企业捐赠，20 万元来自政府对接的帮扶单位（烟草公司），市区政府补贴 20 万元，10 万元来自乡贤和村民捐赠（张榜公示）。

我们自己建设，建筑材料从村民这买，请村民来帮工，省下了不

少钱，颐养之家的事就是村民的事，我们也有爸爸妈妈，我们也会老，20年后我们也会在这吃饭。（PC120230724）

在日常运营中，社会捐赠发挥很大作用。珍田村书记介绍道：

把捐赠的油米都折算成人民币的话，从2011年到现在已经有30万～40万元了。这些都是直接捐到颐养之家这里，比如有几位企业家到这里探访，看到老人这么高兴，立马就捐了2000～6000元，村里一个年轻人捐赠了一个送餐车，等等。（PC120230724）

又如，桐林村颐养之家的资金、物资来源也很多样，首先，老人每月缴费200元，如果想要送餐，按照距离远近每月缴纳100～150元；其次，政府和企业定点帮扶提供米面粮油等物资，桐林村的对接单位包括金土地公司、附近学校等；再次，村委每年会按照颐养之家收支状况进行兜底补贴。

新余市各级商会在颐养之家建设和运营方面提供了诸多支持。"乡镇这一块主要是动员商会支持。在端午、中秋、春节三个节日，商会会来走访慰问这些老人，送一些日用品像米油或者举办一些活动。对于商会的投入没有统一的硬性标准，都是自愿的，但是三个节日是固定的、全覆盖的，商会每个点都要去到。"除了以商会名义进行捐助，商会成员也可以以个人名义捐赠物资、现金等，"因为是本地商会，可能有些成员是桐林村人，就会来捐物资、捐现金等"。（PH120230724）

2. 人员下沉

党员、政府工作人员、社工和志愿者会通过不同途径参与社区服务活动、完成社区微心愿等，包括党员回社区报到、政府为社区购买社工服务、社区组织志愿者开展志愿服务活动等。

龙泉湾社区的志愿者团队有600多人，包括少儿志愿者、青年志愿者、党员志愿者、物业管理志愿者等类型。（PY120230725）

渝水区引进第三方社工机构，为下属的三个镇购买社工服务。桐

林村隶属渝水区水西镇，社工在桐林村内举办爱老助老活动，也会开展留守儿童、特殊人士的关爱活动。（PH120230724）

虎山社区突出党组织的领导作用和党员的先锋模范作用，鼓励党员回社区报到，为居民开展服务。社区书记说："虎山社区里有个医生，他就带自己的团队来这里义诊，每年来两次，力所能及为社区老人提供服务。"（PF120230725）

第二节　老年协会主导型

老年协会是具有政治、经济、文化、社会等多重功能的基础性、综合性的现代互助组织，它以现代互助组织的形式将老年人组织起来，是开展农村互助养老的重要组织抓手。[1] 老年协会主导型互助养老主要存在于有相对稳固根基、获得政府和村"两委"支持、有专业社会组织赋能培育、能够规范化管理、有较为稳定的资金来源的老年协会中。开展项目包括为老年人提供文化娱乐、老年教育、老年食堂、社区居家照护等服务，运营互助幸福院、托老所等硬件设施，拓展其他收入等方面。

一　调研案例

老年协会主导型互助养老调研案例如表6-3所示。调研的老年协会成立时间跨度较大，从20世纪80年代到21世纪20年代不等，部分老年协会在民政部门正式登记注册为社会团体，基本制定了组织管理、资金管理、设施维护、为老服务等各项制度，资金来源稳定且多样化，发展得好的老年协会都有着较强的资金自筹能力。

老年协会主要有三个方面的功能：一是辅助乡村治理，包括疫情时期的志愿者执勤、乡风文明建设、村庄环境整治等；二是老年人权益维护，

---

[1]　刘妮娜、房罗鑫：《殊途同归：农村老年协会互助养老的发展脉络与优化导向》，《社会建设》2023年第2期。

主要处理婆媳矛盾等家庭纠纷、邻里矛盾等，提升老年人的家庭和村庄地位；三是为老服务，包括困难老人帮扶慰问、老年人文化娱乐、老年食堂、居家照护、托养服务等，服务人员多为（准）老年人。例如，一些老年协会积极开展象棋、打牌、广场舞等活动，举办文艺演出；牵头成立村级老年体育协会，定期组织体育赛事，推动老年体育活动的开展；牵头成立村老年学校、电视大学，开展知识类、休闲类、保健类等适合老年人的教育培训活动；开办老年食堂，为本村老年人提供助餐服务；开办村级养老院，为本村老年人提供托养服务；成立银龄互助组或互助志愿队伍，为本村高龄、独居、困难、失能半失能老人提供居家照护服务；等等。

表6-3 老年协会主导型互助养老调研案例

老年协会	所属地区	成立时间	收取会费（元/年）	主要服务内容
统里村老年协会	浙江省安吉县	1996年	30	文化娱乐、互帮互助、以老助老、老年教育、纠纷调解
洪家村老年协会	浙江省安吉县	不详	20~30	文化娱乐、居家照护、节日慰问、病丧探望、助餐配餐、老年教育、纠纷调解
中张村老年协会	浙江省安吉县	1996年	30	老年教育、助餐配餐、文化娱乐、困难老人慰问、纠纷调解
社树村老年协会	陕西省泾阳县	2000年	15	"爸妈食堂"、经营创业工厂、文化娱乐、结对帮扶、纠纷调解
东街村老年协会	陕西省泾阳县	1991年	15	老年教育、助餐配餐、文化娱乐、困难老人慰问、纠纷调解
横溪村老年协会	四川省芦山县	2013年	不收取	文化娱乐、经营"九大碗"、困难帮扶、纠纷调解
大板村老年协会	四川省芦山县	2013年	不收取	文化娱乐、经营老年茶室、困难帮扶、纠纷调解
围村老年协会	广西河池市宜州区	1988年	10~20	文化娱乐、居家照护、不定时聚餐、纠纷调解、老年教育
白屯村老年协会	广西河池市宜州区	2014年	20	文化娱乐、居家照护、不定时聚餐、纠纷调解、老年教育
木寨村老年协会	广西河池市宜州区	2014年	30	文化娱乐、居家照护、不定时聚餐、纠纷调解、老年教育
清潭村老年协会	广西河池市宜州区	1982年	20	文化娱乐、居家照护、不定时聚餐、纠纷调解、老年教育

续表

老年协会	所属地区	成立时间	收取会费（元/年）	主要服务内容
畔塘屯老年协会	广西河池市宜州区	2004 年	20	文化娱乐、居家照护、不定时聚餐、纠纷调解、老年教育
郭家湾村老年协会	甘肃省民乐县	2021 年	不收取	助餐配餐、种植老人菜园、老年自乐班、暑假兴趣班
梅庭社区老年协会	福建省晋江市	2018 年	50	文化娱乐、节日慰问、病丧探望、老年教育、纠纷调解
华泰社区老年协会	福建省晋江市	2013 年	50	文化娱乐、节日慰问、病丧探望、老年教育、纠纷调解
瑶琼村老年协会	福建省晋江市	不详	—	文化娱乐、节日慰问、助餐配餐、机构养老、病丧探望、老年教育、纠纷调解
磁灶社区老年协会	福建省晋江市	不详	—	文化娱乐、节日慰问、助餐配餐、机构养老、病丧探望、老年教育、纠纷调解

二 特点分析

老年协会主导型的互助养老案例一般都有较深厚的老年人组织文化基础，即使是在老龄办机构改革之后，这些地区的基层老年协会依然保持了较强的生命力，在与政府、城乡社区"两委"、专业社会组织、企业、个人的资源互动中继续开展老年人工作。

（一）老年协会有相对稳固根基

老年协会在我国的发展由来已久。在晚清与民国年间，南方农村地区就有以老人参与为主的民间社会组织，如老年互助会、宗祠理事会、神明会、村庙管委会等组织。[①] 新中国成立以后，1972 年，江西省兴国县江背人民公社高寨大队成立了全国第一个老人互助会，[②] 随后到 20 世纪 80 年代，河南、山西、福建、吉林、浙江等的农村地区[③]相继成立老年人理事会、老年领导组、老人会、老年读报组等。笔者调研的安吉、晋江、广西

---

① 〔英〕莫里斯·弗里德曼：《中国东南的宗族组织》，刘晓春译，上海人民出版社，2000。
② 吴玉韶：《老龄工作的实践与思考》，华龄出版社，2014。
③ 在笔者的调研中，只有广东深圳和福建晋江的城市社区中有老年协会，其他均在农村地区。

河池市宜州区的自发性的老年人组织在 20 世纪八九十年代就已经存在。

在这些地区，老年人参与老年协会主要基于朴素的互信互助情感。一方面，老年协会是一个小型的熟人圈子，老年人彼此熟悉，在长期交往过程中共享一套习惯和规范，针对问题解决、互通有无等更容易达成协商一致。

> 广西河池市宜州区围村 1988 年就成立了村老年协会，"我们协会 1988 年成立，1989 年开始造册登记，参加的人也不多，基本是从工作岗位退下来的"。（PW120181025）

> 陕西省泾阳县东街村老年协会成立于 1991 年，是陕西省第一家农村老年人组织，"我们的特色主要是文化养老，上上任会长是一名作家，出版了多本泾阳县志，这一任秘书长是一位书法家"。（PC120231023）

另一方面，老年协会中的话事人往往具有较高的村庄威信，可以以组织的形式对老年人形成保护、提高老年人地位，同时帮助村庄维持秩序、调解矛盾等。

如据当地人介绍，福建晋江几乎每个村都有老年协会，老年人在家族和村中具有双重权威，尤其是老年协会的理事会成员，往往在家族里有威望、有号召力。老年协会的活动中心多数与祠堂、村庙相连，协会一般设立文体活动、公益事业、民事调解、居家养老服务、志愿服务等若干职能小组，开展各式各样的活动（MZ120230801）。

（二）获得政府和城乡社区"两委"支持

基层老年协会属于基层组织，其发展离不开政府和城乡社区"两委"的政策资金支持。2006 年，全国老龄委下发《关于加强基层老龄工作的意见》，2012 年，全国老龄办出台《关于加强基层老年协会建设的意见》。在此以后，不少地区出台了相关政策文件推动基层老年协会的规范化建设，尤其是 2012 ~ 2017 年，这一段时间是基层老年协会规范化建设的大发展时期。老年协会的规范化建设使老年协会获得了法定权威，其组织动员和活动开展取得了合法性。

例如，浙江安吉县自2014年开始进行基层老年协会规范化建设，提出到2016年底要实现基层老年协会规范化建设水平全面提升、全覆盖，实现经费有保障、管理有制度、活动有场所、服务有标准。鼓励各乡镇、村（社区）老龄委在办公场所、活动设施、活动空间、活动经费等方面给予基层老年协会支持，共同帮助老年协会解决活动经费、办公场所、活动空间等问题。截至2017年底，全县有村、社区、矿区老年协会210个，覆盖率达100%。在资金补贴方面，采取以奖代补的方式，每年经验收符合规范化建设标准的，按照评定的星级（4、3、2、1）每个分别奖励2万元、1.5万元、1万元、0.5万元，乡镇（街道）给予1：1的配套奖励。

广西河池市宜州区（前宜州市）从2012年开始进行老年协会规范化建设，以奖代补，每年为示范性基层老年协会提供1200元经费，而要达到标准，必须登记注册，建立"三规范七簿一册"。截至2017年，宜州区建有基层老年协会338个（包括村级老年协会210个、屯级老年协会127个、厂矿企业老年协会1个），老年协会覆盖率达到100%。在老年协会得到良好发展的基础上，2016年开展互助养老服务试点。

虽然政府推动极为重要，但老年协会自身以及城乡社区"两委"的内生动力对老年协会发展仍然起到决定性作用。一些城乡社区的老年协会在机构改革、政府对基层老年协会发展的推动力度降低以后，主要与城乡社区"两委"合作开展工作。

例如，福建晋江梅庭社区的老年协会于2018年登记注册成立，"我们事先依托居家养老站提供服务，先聚集了一批老人，后来借这个契机成立了老年协会，让他们自治"（MZ120230731）。

老年协会处于城乡社区"两委"的领导之下，二者相互支持。城乡社区"两委"主要依托老年协会开展村/社区秩序维护、纠纷调解、养老服务等工作，也会在节日活动、文娱队伍组织、老人丧葬等方面给予老年协会一定的经费支持。

例如，甘肃民乐县郭家湾村老年食堂由老年协会、村委、村民、社工机构共同讨论制定运行管理制度，老年协会负责运营管理，村委配合管理，社工、志愿者服务团队协助服务。老年食堂为60岁及以上符合条件的孤寡、残疾、行动不便、失能、政策兜底的老人免费提供一日两餐，并为行动不便的老人提供志愿者免费送餐服务。据老年协会会长介绍，老年食堂在2022年运营得最好，会长、副会长和志愿者排班，每次3人，周一至周五提供中午饭，每天基本有20多个老人就餐。在开支方面，每月1袋面120元，油、调味料、肉等合计约400元，菜是老人自己种的，合计下来每月不超过500元。参与服务的志愿者可以获得积分，在村积分超市换取奖励。在重阳节、中秋节和春节这几个比较重要的节日里，村"两委"会组织妇女与老年协会一起举办活动、做饭、聚会等。（PW120230701）

（三）专业社会组织培育赋能

老年协会与专业社会组织合作一般有两种情况：一是老年协会本身就存在且有发展基础，二是专业社会组织通过孵化培育成立老年协会。专业社会组织的功能主要是帮助老年协会进行规范化管理、探索自我造血方式、提供专业化服务，引入基金会、专业社工、志愿者和外部企业等资源。笔者主要根据调研的陕西助老汇社会工作发展中心、民乐县鹏程公益协会、成都益多公益服务中心三家专业社会组织孵化培育老年协会案例进行总结。

首先，帮助老年协会建立生计基金项目创收。如成都益多公益服务中心在芦山县大板村（现并入五星社区）开展的"九大碗"服务生计项目（通过出租"九大碗"工具和承包"九大碗"服务获得收入）、在芦山县横溪村开展的老年茶坊生计项目（以经营茶坊、提高文艺队技能外出演出的方式获得收入），又如甘肃民乐县鹏程公益协会先后帮助民乐县郭家湾村老年协会开展了养鸡、互联网卖羊等多种创收活动。

互联网卖羊的探索："卖羊的收入给农户，我们按照10%～20%的利润抽成，用于老年协会的水电费支付。"（PW120230701）

养鸡的探索："这个探索不算成功，鸡在外散养的时候会被黄鼠狼叼走，但是聚集在屋子里鸡就得了鸡瘟，最后养鸡的计划失败了。但建议之后还可以接着用这个方法，分散养鸡，这样也是一个提高老人参与度的好方法。"（PW120230701）

2021年，陕西助老汇社会工作发展中心为泾阳县社树村老年协会引进爱德基金会"爸妈食堂"项目，为本村内的独居、留守老年人提供免费助餐服务。老年协会进一步采取将食堂承包给村里的一位妇女，老年协会每年获得1000元租金收入的创新方式，由这位妇女负责老年助餐服务的开展，食堂也向外来务工者和村小学提供就餐服务以增加收入。

在"爸妈食堂"运营期间，爱德基金会曾经中断过几个月的资金支持，后又继续提供支持，中断的时间就是通过对外开放就餐服务维持的。（MG120230706）

其次，通过专业服务活动增强老年人/村民凝聚力。活动包括节日活动（端午节、三八妇女节、中秋节、春节等的活动）、服务站娱乐活动（在棋牌室中开展）、老年食堂（包括送餐服务）、暑假兴趣班（隔代教育）、健康护理服务（建立健康档案、测量血压血糖、理发）、老年社交小组活动、文化惠民活动（送春联、书法）等。例如，甘肃民乐县郭家湾村老年协会发育于老年自乐班，鹏程公益协会邀请专业的艺术老师为自乐班老人提供技能培训，使自乐班逐步走向正规。

据老年协会会长介绍，老年自乐班每月在社区学习中心和养老服务站不定期开展文娱活动，从2021年6月成立到2022年8月底开展了20余次活动，每次都有30多位老人参与。"每一次搞活动，只要听到这里面（养老服务站）的音乐一响，老人们自己就来了。"（PM120230701）

又如2015年，陕西助老汇社会工作发展中心承接国际助老汇项目，以泾阳县社树村老年协会为组织抓手，动员本村互助志愿者为独居、高龄、孤寡老人提供上门服务，村老年协会会长十分认可这种服务理念和方式，在项目结束后继续在本村内开展该项服务。

再次，帮助老年协会链接各类资源，包括志愿者、社工、捐赠以及基金会项目支持等。例如，甘肃民乐县鹏程公益协会帮助老年协会协调将村里的闲置小学翻新成老年人服务站，链接3名社工、2名志愿者组成5人社工服务团队开展专业服务，邀请县域内专业的艺术老师为自乐班成员提供参与式的专业技能培训，争取乐施会的"三留守社区照顾项目"的资金支持以及企业的物资支持，等等。

最后，一些枢纽型社会组织通过陪伴赋能专业社会组织的方式间接赋能老年协会。如陕西助老汇社会工作发展中心承接乐施会开展的农村互助养老经验交流工作坊项目，向甘肃、云南、陕西等地一些没有接触过农村养老的社会组织分享养老政策与案例、提供实务指导，再由它们继续孵化各地老年协会，推动当地老年协会发育建设。

（四）老年协会规范化管理

老年协会规范化管理离不开政府和城乡社区"两委"支持、专业社会组织赋能，关键还在于有好的协会领导班子以及明确的规章制度、透明的财务开支。

首先，需要有好的协会领导班子。老年协会通常设有会长1人、副会长1~2人、秘书长1人、理事会成员多人，他们主要是村内比较有声望或曾经担任过干部的村民。

> 笔者调研的老年协会凡是办得好的，都是有一个好的领导班子，尤其是会长。如福建晋江市磁灶镇磁灶社区老年协会会长已经83岁，但是非常有公心，有捐资活动总是第一个带头捐出，主动和老伴住在老年协会参与建设的村敬老院中，负责监督院内第三方经营、调解院民矛盾等工作。（PW120230801）

其次，需要有明确的规章制度。例如，广西河池市宜州区曾规定基层老年协会要有"三规范七簿一册"，"三规范"具体指协会章程规范、管理制度规范、目标规划规范，"七簿"具体指《老年人名册簿》《会议记录簿》《活动登记簿》《走访慰问登记簿》《维权登记簿》《接受捐赠登记簿》《财产登记簿》，"一册"具体指《会员花名册》。甘肃民乐县郭家湾村老年协会管理层的人员构成较为规范，如表6-4所示。

最后，需要有透明的财务开支。这一点尤其在老年人交纳会费、村民捐资的老年协会中表现更为明显。例如，福建晋江市磁灶社区老年协会自

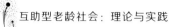
成立起便建立了明确的账目，由专人（一位会计、一位出纳）负责管理，协会接受的所有会费、捐赠或赞助费及其使用，如实登记入账，确保账款相符并定期（按季度）向全体成员公开账目（上墙公开）。协会规定所有开支一律要开具有效凭证（发票），履行相关审批手续后，由当事人统一到出纳处报销，凭证要注明详细费用，报账时背面应注明用途并至少有经手人、验收人或证明人、会长的三个签名。使用经费凭票据报销，票据要做到经手人、证明人、审批人三章齐全，方可报销。

在笔者调研时，磁灶社区深坑敬老院前竖立了一座专门的石碑，上面刻录了从 2014 年至 2023 年 2 月的捐资芳名榜，旁边宣传栏里张贴着深坑老友会 2023 年 5 月 1 日至 6 月 30 日的财务收支表，包含上期余额、本期收入、本期付出和本期结余。在磁灶镇瑶琼村，建设敬老院接受的捐赠爱心榜单也公示在敬老院内，陈氏家庙门前立柱上张贴着《重建陶泽陈氏家庙中期收支公布单》，列出了各项捐资收入、承包基建款、建材款等支出，以及收支对扣结余款。

表 6-4　甘肃民乐县郭家湾村老年协会管理层的人员构成

职务	主要工作
会长	负责协会全面工作，管理养老服务站，组织指导协调副职开展工作
副会长 1	做好日常工作，侧重负责老年人档案及服务记录管理工作，协助参与村委社会事务
副会长 2	协助会长抓好养老服务站和社区学习中心的管理，负责协会来访客人接待工作
副会长 3	主要负责老年食堂的日常运转，辅助做好养老服务站主题活动的宣传工作
秘书长	组织协会成员及会员学习政治、时事、老年法规等，开展经常性的老年法律法规宣传活动，做好涉老纠纷调解工作，维护老年人合法权益

（五）有较为稳定的资金来源

除了前文提及的政府和城乡社区"两委"的资金支持外，老年协会的经费来源还包括收取会费、经营性收入、乡贤和企业家捐助等。晋江、安吉、河池市宜州区的发展得好的老年协会基本都有较强的资金自筹能力。

在收取会费方面，老年协会一般采取入会一次性交费、每年交费、AA 制等几种方式。例如，晋江梅庭社区老年协会的老人入会需交纳 50 元的会费，后面无须交纳，会根据老人意愿开展 AA 制文娱、旅游、聚餐等活动。河池市宜州区围村老年协会会费收取标准为 20 元／（人·年），清潭村老年协会会费收取标准为 10 元／（人·年），安吉县老年协会会费为 30 元／（人·年）。这种收取会费的方式不仅能拓展稳定的资金渠道，也能更好地约束会员的行为，调动老人参与活动的积极性。

在经营性收入方面，老年协会一般通过管理集体资产、组建经济实体、组织有偿演出等方式丰富创收渠道。例如，晋江市瑶琼村老年协会负责村里的家庙管理，每年的香火费、庙宇修缮捐赠费是一笔不小的收入；广西河池市宜州区围村老年协会筹资 2 万元购买了红白喜事用的锅碗瓢盆，用于租赁，每年会有 1 万 ~ 2 万元收入；四川芦山县大板村老年协会"九大碗"服务队通过出租"九大碗"工具和承包"九大碗"服务获得收入；芦山县横溪村老年协会茶坊与文艺表演队用一年的时间发展茶坊、提高文艺队技能，实现了以经营茶坊、文艺队外出演出的方式获得收入；甘肃民乐县郭家湾村老年协会与社会组织项目组一起售卖村中农产品获得收入；陕西社树村老年协会经营扶贫工厂，通过提供丧葬用品制作售卖服务获得收入，其他收入也包括每年过年贴对联、锣鼓表演的收入；等等。

在乡贤和企业家捐助方面，老年协会一般采取向本村居民（老人子女）、企业家、乡贤寻求帮助的方式筹集资金。老年协会发展得好的地区有着浓厚的宗乡文化和敬老爱老传统，像福建的海内外华侨群体众多，其民间的慈善氛围相当浓厚，很多社会力量和华侨乡贤捐资建设老年活动设施，支持老年协会建设。笔者调研的晋江市瑶琼村敬老院在建设过程中募集到捐款近 1000 万元，累计有 77 位乡贤分别捐赠 1 万 ~ 50 万元，3 家企业分别捐赠 20 万元、10 万元、3 万元，其他村民踊跃参与，每人捐赠 500 ~ 5000 元。广西也有具有少数民族特色的尊老敬老传统，笔者调研的河池市宜州区木寨村老年协会在每年重阳节、春节或者村里要办老年人活动时，就会让村里书记或者比较有威望的协会负责人在村微信群里通知，要求老人子女捐钱。虽然每个人捐得并不多，一般是 20 元、30 元或者 100 元，但是凑起来就是一笔数目不小的资金。2018 年，老年协会采取党员带头、干部带头、鼓励子女捐款的形式募捐，得到 4 万元左右的收入，其中老年人子女捐款总计在 2 万元左右。

三 典型案例：浙江省安吉县报福镇老年协会

笔者于2014年、2018年、2019年、2023年四次到浙江省安吉县调研农村老年协会互助养老，在近10年的时间中，老年协会在农村社会养老体系中的地位发生了很大变化（见图6-3、图6-4、图6-5），从2014年调研时政府扶持依靠老年协会运营居家养老照料中心，提供文化娱乐、老年助餐、居家照护等互助服务，到2018年、2019年调研时增加了老年电视大学、其他社会组织等专业力量，承接居家照护服务，同时为老年协会赋能，再到2023年转向政府依托专业社会组织运营老年食堂、居家养老照料中心、幸福邻里中心，开展专业服务。从2023年调研情况来看，安吉县建立了政府购买服务-村"两委"引领服务-社工机构提供服务-老年协会协同服务的社区居家养老格局。在村"两委"的支持与引领之下，助餐、居家照护、文化娱乐等养老服务由社工机构主导提供，老年协会则发挥协同作用，社工机构会给予做得好的老年协会一定的经费补贴。整体而言，在这种政策导向和资金流向变化的情况下，老年协会由于缺乏管理、资源往往处于退守或弱化局面，大多数老年协会仅保留了动员、组织老年人的人员招募、纠纷调解作用，一些本来发展得不好的老年协会变得有名无实（PZ120180722）。而在此局面下，笔者调研的报福镇统里村、中张村、洪家村老年协会就属于一枝独秀，在党建引领下，虽然民政局购买社会组织服务，但实际上仍然由老年协会运营社区居家养老服务中心，提供文化娱乐、助餐、上门探访等服务。

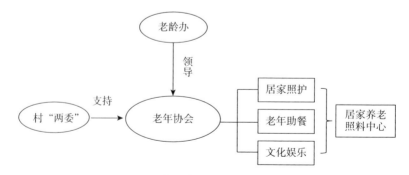

图6-3 2014年安吉县居家养老服务供给示意

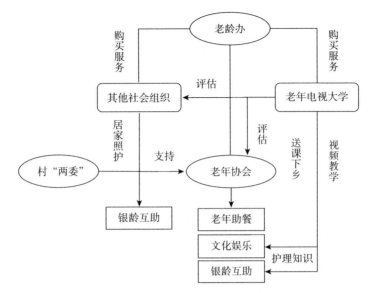

图 6 - 4 2018 ~ 2019 年安吉县居家养老服务供给示意

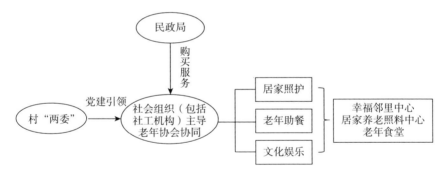

图 6 - 5 2023 年安吉县居家养老服务供给示意

（一）老年协会理事会的坚守

安吉县老年人有着极强的组织力和凝聚力。1989 年，安吉县就成立了第一家基层老年协会——山川乡高家堂村老年协会，目前已经实现全县基层老年协会建设全覆盖，老年人的入会率平均在 80% 以上。从 2006 年开始，安吉县老龄办依托农村老年协会，积极推广建立"银龄互助服务社"，后来发展成为居家养老服务站（居家养老照料中心），此后，农村居家养老照料中心一直由老年协会运营。从 2019 年开始，受到机构改革和政策调整的影响，安吉县老龄办撤销，各村的老年协会没有了上级机构的领导与补贴，不再承担全县核心的养老服务提供责任，逐步成为老年人自发性参与、自我管理和服务的自组织。但笔者调研的报福镇统里村、中张村、洪家村老年协会理事会仍坚守着初心，发挥着主导作用，笔者认为有以下几个方面原因。

一是老年协会成立较早，有深厚的组织基础。统里村和中张村的老年协会均成立于20世纪90年代，有20多年的历史。三个村的老年人入会率达到100%。

二是协会实行网格化管理，有畅通的联络渠道。三个村的老年协会建立了相对完善的理事会组织机构，并在此基础上实行网格化管理。会员根据人数被分为若干小组，每个小组组长由老年协会理事会成员担任，组长负责统计联络组内老年人，老年协会每月召开理事会汇总会员的情况，对需要帮扶的会员进行上门慰问、救助。[①] 通过把老年协会建在"网格"上，村中的每个老年人都被纳入了老年协会的管理体系之中，畅通了为特殊老年人提供养老服务的渠道，也为老年协会互助养老提供了便利。

三是协会会长、理事尽心尽力，有强烈的责任意识。三个村老年协会理事及以上的骨干对老年协会工作有责任心，求真务实、热心服务，老年协会凝聚力强。

统里村老年协会现任会长是2018年被选出来的，已经连任两届。他提及老年协会理事们的坚持时说道："很多困难之前都坚持下来了，之后协会换届的这班人员也在坚持着，镇里村里都在坚持，这样坚持下来就是胜利，对不对？"（PL120230721）

中张村老年协会现任徐会长在老年协会工作了十几年，他表示："我既然接受了这份责任，之前推行的这些项目，我还要按照他们的

---

① 例如，统里村老年协会将健康、低龄、不怕吃苦的老年人分成六个小组，每组30余人并设一位理事，各组都负责着各个村民小组中约20位高龄老人，免费为老人提供服务，由理事每月10日汇报工作；中张村老年协会会员被分为16个小组，每个小组组长为老年协会理事会成员。理事会成员分工明确，职能清晰：设有老年协会会长整体协调村中老年人事务、办公室主任统筹各项活动、理事长分管老年电视大学、财务科长负责统计收支。

套路搞下去，并且在原来的基础上做得更好。"（PX220230721）

（二）多样化的互助服务开展

2014～2023年，笔者多次调研期间，这几家老年协会都仍然坚持开展着节日活动、文化娱乐、困难救助、老年助餐、老年教育等方面的互助服务和活动。

一是开展银龄互助服务，即组织低龄老年人与高龄、空巢、特困、失能老年人等服务对象开展一对一、多对一结对帮扶活动。例如，统里村低龄老人有400多位，占会员总体比例很高，许多60～70岁的老人仍在厂里工作。协会利用这一优势，通过低龄老人结对帮扶高龄老人，提供打扫卫生、帮助做饭等居家照料服务及聊天谈心、讲解形势与政策等精神慰藉服务。2017年以后，虽然政府购买的服务项目统一交给了专业社会组织来开展，互助服务队的服务次数有所降低，但这一活动仍然保留下来。

二是运营村级居家养老照料中心。在2023年笔者调研时，这几家老年协会仍然负责居家养老照料中心、老年食堂[①]的运营以及开展文化娱乐、助餐、医疗、困难老人慰问帮助等活动。

洪家村老年食堂从2014年开始运营，并配有麻将桌、看电视休息区等。老年餐桌全年开放，采取差额收费的模式，90岁以上不收费。在这边吃饭的老人数量少则两三桌（最少10个人），多则五六桌，下雨天的时候人更多（可能有10多桌），会有专人负责登记审核监督。

三是开展老年教育服务。

中张村于2007年开办老年电视大学，设置了医疗保健课、防诈骗知识课、科普课等多门课程，截至2023年7月，共有50多名学员。"我们村的电大有上课签到制度，并设有期末考试检验学习成果，学

---

① 笔者调研时，老年食堂项目也在发生一些变化，如报福镇各村的老年食堂计划交由社会组织运营。

员的积极性都很高。"（MZ120230721）2022 年中张村的老年电视大学被评为省级示范点，获得市级奖励 8 万元。

（三）多元化的资金来源

老年协会的资金来源多元且有资金互助雏形。资金来源包括会员会费、政府补贴、村"两委"补贴、经营性收入以及其他捐助性收入等。

第一，各村的老年协会每年向会员收取 20～30 元或者上不封顶的会费。这种会费机制，在保证了协会有基本的活动资金之外，在一定程度上也动员了会员更加积极地参与到活动中。"要发动会员，仅仅依靠这种情感凝聚力是不够的，我们也会准备一些慰问品或是服务，所以会员们往往会得到远大于所交会费价值的服务。"（MX320230721）

第二，老年食堂用餐需要收取一定费用，如洪家村老年食堂就餐标准为每人 5 元。

第三，政府每年会根据实际情况给予一定的运营补贴，由于有些村中有集体经济，村"两委"亦会进行补贴。

第四，各个老年协会有自己的创收项目。例如，统里村老年协会有一块土地的经营性收入；洪家村老年协会充分利用其名下 10 多亩的土地资源，将土地交由老年人来耕种，既调动了老年人参与的积极性，也可以节省开支。

第五，其他捐助性收入，包括企业支持与捐赠，如 2017 年有公司赞助洪家村 1 万元用于开展元宵节活动等。

统里村以前连空调都没有，但是近些年在一些老板投资的帮助下有所好转，"现在有 40 多万元资产，包括原来老会长留下的 6 万元，以及一些老板投资的几十万元，还造了一个房子"。（PL120230721）

中张村老年协会有企业家在重阳节的时候为高龄老人准备慰问金和慰问品。"我们这边有个姓董的茶叶老板，他每年为我们的高龄老人发放慰问金。90 岁以上老人可以收到 100 元慰问金加慰问品。"（PX120230721）

（四）面临的困难

就目前来看，报福镇的互助养老格局发生了较大的变化。在政府购买社区居家养老服务方面，专业的社工机构开始承担核心的养老服务提供责任，老年协会的作用逐步减弱。这一发展趋势使得报福镇老年协会面临新的困难，具体而言包括以下几点。

一是资金短缺问题。目前政府拨款直接流向专业机构，导致老年协会只有被评为优秀点位才有可能获得少量政府补贴，承接项目的社会组织在与老年协会的合作中，也只是将少部分的资金补贴给老年协会。相应地，由于资金短缺，无法给予志愿者物质上的补贴，很多为老服务难以顺利开展。

> 现在上级没有直接补助，我们的经费日常开支都不够。只有每年被民政局评为优秀点位，才会得到 2 万～6 万元奖励，发给老年协会的最多 3 万元，这也很难拿到。平时我们开展很多活动都需要经费，比如给村中的整岁老人祝寿、老人生病了要买礼品去慰问等。（MZ120230721）

二是与第三方机构存在矛盾。很多社会组织承接的项目需要和老年协会合作，但仍存在老年协会不认可第三方服务的情况。

> 在访谈乐享人生项目负责人时，他提到了与当地老年协会的矛盾点。"老年协会主要认为政府给的钱，是不应该分给我们（第三方）的。政策在变化，他的思想一时难以扭转。"（MY120230722）

三是后备力量不足。一方面，由于目前老年协会的运转较为困难，老年协会的理事会成员普遍对组织的发展前景并不乐观。部分老年协会的骨干表示后继无人，没有人愿意接替他们现在的位置。另一方面，老年协会从成员到管理层都是60岁以上的老年人，缺乏先进的管理经验与互联网知识，难以跟时代接轨，同时又没有年轻力量的输入，组织内部缺乏创新和发展的动力。

四是部分老人子女认知存在偏差。受传统孝道观念的影响，部分子女不认同除自己以外的人员和机构为父母提供养老服务，他们认为这样会导致自己担负不孝顺的恶名。因此，可能很多有实际需求的高龄老人享受不到老年协会及其他服务机构提供的养老服务。

> 村中虽然有银龄互助服务的安排，但是一些高龄老人的子女怕人说闲话，从而不愿意父母接受这样的服务，可能你去为老人服务他反而很反感，认为会在社会上造成一些不好的影响。（PX120230721）

第三节　专业社会组织主导型

从笔者调研来看，专业社会组织主导型互助养老案例以社会养老服务供给为主，目前除时间银行的平台互助、培育老年人团队/社群、老年协会互助服务、城乡社区参与养老服务运营以外，其他单向的社会服务形式从互助组织角度来划定并不属于互助养老，而是在利用互助服务员、志愿者提供上门探望、社区居家照护、老年食堂等各类老年人服务以降低服务成本、培育老年人社群。但是，这种互助服务、志愿服务方式间接地挖掘了老年人身边的互助资源，为后续建立完整的互助养老组织服务体系打下了基础。与此同时，这类社会组织处于专业社会组织与企业之间，面临着"一边向左，一边向右"的选择。它们本身也存在对过度依赖政府项目资金支持的担忧，多数已经或正在探索通过与企业合作、成立企业等方式，向自我造血、混合化运营方向转型。

一　调研案例

2022 年 2 月，国务院发布《"十四五"国家老龄事业发展和养老服务体系规划》，提出要培育一批以照护为主业、辐射社区周边、兼顾上门服务的社区养老服务机构，推动集中管理运营和标准化、品牌化发展。笔者调研的专业社会组织主导型互助养老案例基本已经实现了集中管理运营和标准化、品牌化发展目标。

专业社会组织主导型互助养老调研案例如表6-5所示。除爱德基金会1985年成立，2012年开展爱德仁谷项目，2014年成立爱德仁谷颐养院以外，其他调研社会组织均成立于2008年及以后。有1家社会团体、11家社会服务机构（其中爱德基金会为基金会，逢源人家服务中心等为社会服务机构）。单一型的社会组织有5家，混合化发展的有7家，如爱德仁谷旗下有南京爱德仁谷护理院、南京爱德仁谷颐养院、爱德仁谷（南京）养老产业发展有限公司等，民和县孝康养老服务中心法定代表人成立青海孝康养老服务有限公司等，成都益多公益服务中心法定代表人成立成都花甲年华老年人护理服务有限公司等，北京市通州区瀚丰居家养老服务中心法定代表人成立北京瀚丰养老服务集团有限公司等，成都高新区秋语秋韵养老服务中心由四川省三哺智慧养老服务有限公司推动成立，安吉乐享人生社会工作服务中心法定代表人也是浙江申爱健康管理有限公司等的法定代表人，上海叶榭社区堰泾长者照护之家法定代表人也是上海憬忆社区养老服务有限公司的法定代表人，等等。

机构功能主要包括三个方面：一是基层组织培育，二是专业社会服务，三是搭建资源联动平台。专业社会组织与党委、政府、街道、社区有着紧密依赖关系，培育的基层组织包括老年协会、志愿者队伍等。专业社会服务是专业社会组织秉持社工理念，运用专业社工方法，帮扶老年人、残疾人、儿童等弱势特殊群体，为他们提供专业服务的方式，不少专业社会组织以此为重点业务，通过专业服务+低偿互助服务的方式开展。搭建资源联动平台同样是专业社会组织的专长之一，其通过联动党-政-社-企资源，使多方共同赋能基层治理和社区服务。

表6-5 专业社会组织主导型互助养老调研案例

社会组织	所属地区	成立时间	机构类型	混合化发展	机构特色/文化/价值使命
南京市爱德基金会（爱德仁谷）	江苏省南京市	1985年（2012年）	基金会（社会服务机构）	是	服务理念：个人照护，全人关怀 服务愿景：美人之老，美吾之老，美美与共 服务宗旨：服务长者，丰盛生命

续表

社会组织	所属地区	成立时间	机构类型	混合化发展	机构特色/文化/价值使命
逢源人家服务中心	广东省广州市	2008年	社会服务机构	否	服务宗旨：以人为本，紧贴社区需求；服务社群，展现专业魅力
成都益多公益服务中心	四川省成都市	2014年	社会服务机构	是	使命：传递公益养老理念，人人参与公益助老
陕西助老汇社会工作发展中心	陕西省西安市	2014年	社会服务机构	否	愿景：老年人是社会资源，我们期望老年人生活在一个他们参与其发展又能为其做出贡献的社会，拥有安全、健康、积极的老年生活
南京市姚坊门彩虹社会工作服务中心	江苏省南京市	2014年	社会服务机构	否	服务宗旨：立足社区、救难助困、助人自助、共建和谐 工作机制：政府引导、社会参与、市场运作
北京爱众慈孝家园养老服务中心	北京市东城区	2015年	社会服务机构	否	使命：弘扬中华慈孝文化，激发老年人的生命活力，建立社区志愿者自治团队，实现中国公益互助式居家养老 理念：成为爱、分享爱、唤醒爱
民和回族土族自治县孝康养老服务中心	青海省民和回族土族自治县	2015年	社会服务机构	是	价值观：专业、尊重、感恩、创新、务实 机构使命：陪伴每一位老人安心养老
上海叶榭社区堰泾长者照护之家	上海市松江区	2015年	社会服务机构	是	为老年人提供最专业、最全面的医疗、照护和日间照料服务，维护老年人的尊严，让老年人获得更好的生活和健康的服务
民乐县鹏程公益协会	甘肃省民乐县	2015年	社会团体	否	旨在通过以党建引领公益，整合多方资源，推进公益事业，传播公益文化，提供社会工作服务
安吉乐享人生社会工作服务中心	浙江省安吉县	2015年	社会服务机构	是	宗旨：现代关爱、和谐文明、以人为本、助人自助
北京市通州区瀚丰居家养老服务中心	北京市通州区	2019年	社会服务机构	是	驿站愿景：创建幸福、快乐、安康的家园
成都高新区秋语秋韵养老服务中心	四川省成都市	2018年	社会服务机构	是	宗旨：三哺有爱、幸福养老

二　特点分析

专业社会组织主导型互助养老案例的形成与政府的支持、强大的组织资源联动能力密不可分，其依托可获得的政府、市场和社会资源，通过平台搭建、社会服务、组织培育等，实现自身可持续发展与优化基层治理的双重目标。为摆脱过度依赖政府、自主发展受限的困境，多数案例开始探索市场经营、市场合作等路径，向混合型和集团化方向发展。

（一）政府支持且资源联动能力强

笔者调研的专业社会组织主导型案例大多在政府的许可支持下成立，属于区县、街道范围内的枢纽型社会组织，资金来源以政府购买服务为主，辅之以各类基金会、企业捐助等项目。

以南京市社区居家养老服务为例。南京市政府在社区居家养老服务资金、政策扶持上起到关键作用。[1] 根据笔者 2023 年的调研，南京市级的社区居家养老服务补贴项目就包括以下几种。

第一，居家养老服务中心绩效补贴。根据南京市政策，每年给予经过第三方评估合格且服务绩效达到南京市服务绩效要求的 3A、4A、5A 级居家养老服务中心 10 万元补助，根据服务人次的增加再增加，其中 3A、4A、5A级居家养老服务中心每年补助分别不得超过 20 万元、30 万元、40 万元。

第二，政府购买居家养老服务。对于高龄老人，南京市政府为其购买了居家养老服务，由护理员上门为其打扫卫生、对其进行帮扶照料等。其中要求半失能的服务对象每人每月生活照料时间不能少于 36 小时；失智、失能服务对象每人每月生活照料时间不能少于 48 小时；特困老年人、80岁以上但能够自理的老年人以及低保家庭中能自理的老年人每月不少于 3小时。另外还购买了 80 岁以上老人照顾服务，每人每月享受不少于 2 小时

① 2019 年 12 月，南京市人大常委会通过《南京市养老服务条例》，2020 年 5 月，南京市民政局、财政局联合印发《南京市政府购买居家养老服务实施办法》，对失能半失能、80岁以上老人照护服务和紧急呼叫服务做了详细规定，并给出相应标准及购买价格。2022年 9 月，南京市民政局等 16 个部门联合出台《南京市基本养老服务指导性目录清单（2022 年版）》，明确为全市老年人提供 36 项基本养老服务，将家庭适老化改造服务拓展至 65 岁以上的社会老年人。

免费生活照料服务，每月上门不少于2天，每天不少于1小时〔折合57.2元／（人·月）〕。

第三，政府主导的时间银行项目。南京市的时间银行是由政府牵头、社会组织运营，结合社区养老志愿服务的养老模式。对于南京市满80岁的空巢老人，60～79岁的低保家庭失能、半失能空巢老人，农村留守老人，政府都会免费发放服务时间。每年南京市民政局都会购买时间银行管理服务外包项目，委托社会组织配合做好市级时间银行管理服务以及信息平台的运营。

第四，政府购买的其他项目，如喘息服务、家庭养老床位、六类老人上门探望等。家庭养老床位是2017年南京市在全国率先开展的项目，由养老服务机构为居家的失能失智、半失能老人提供家庭养老床位的专业护理、远程监测等养老服务。民政部门认定的A级以上养老机构、3A级以上居家养老服务中心可以承接该服务。政府为每张家庭养老床位提供配套补贴3000元，此外，养老机构还可以享受综合运营补贴，养老机构收住半失能、失能失智老人的基准运营补贴分别按每人每月200元、300元标准发放。

喘息服务是2018年在南京市推行的针对重度失能老人的照顾服务，目的是让长期照料老人的家属得以喘息。4A级以上的养老机构及居家养老服务中心可以承接政府购买的该服务，按照每位老人最多150元/天核算，每月提供15天服务，所需费用由市区各承担50%。

政府针对居家养老的六类老人，购买了上门探望服务，由志愿者定时上门为老年人开展打扫卫生等服务，倾听老人的困难与诉求，进一步使老年群体感受到关怀与照顾。

政府针对社工机构为老年人提供活动的质量有明确的考核指标，主要涉及活动场次、活动计划、制度建设、环境维护、群众满意度等方面。最后以考核结果对机构进行星级评定，拿不到星级的点位会扣除相应的运营补贴，以此促进机构提高服务和活动质量。（MY120230722）

另外，社会组织也会利用多方资金资源推动项目运转。例如，上海幸福老人村除政府购买服务外，还获得包括上海市老年基金会松江区分会、上海市慈善基金会松江区分会、松江区益行企业家促进会、松江区公益慈善联合会等近百余家基金会、企业和个人的捐赠实物及资金支持。根据"幸福老人村"公众号的公示，2022 年全年，幸福老人村接受机构现金捐赠合计 144400 元，接受来自个人的现金捐赠合计 92200 元，接受来自松江区民政局、上海市慈善基金会、上海市老年基金会松江区分会、各大企业和个人捐赠的米面粮油、瓜果蔬菜、衣物被套、医疗物资等若干。

（二）组织培育与专业服务相结合

专业社会组织的共同使命在于推动社会成长、实现社会目标，具体表现为培育发展社会组织，提供多元化社会服务，为当地居民、社群、社区社会组织、社区提供就业创造、生存发展、社区营造等方面的服务、保障和参与的机会。故在推动互助养老服务组织体系建设方面，专业社会组织案例往往也会将组织培育与专业服务结合起来推进，只是不同的社会组织在组织培育和专业服务间的侧重不同。

例如，北京爱众慈孝家园养老服务中心偏重于组织培育，并以培育的互助团队提供互助养老服务。团队内核社群来自社区（准）老年人社群，他们之间开展互助服务，并通过在读书会上分享经历、荣誉激励以及各类活动形成互助社群。首先，该组织进入社区后会进行互助团队培育。主要通过练习健身操，形成稳定的社区老年人锻炼队伍，在此之后，进行职能分工、建立规章制度、选举团队管委会，管委会一般有 3~5 人。其次，依托互助团队开展老年人服务。一是健康管理。把运动养生送进老人家里，帮助患有重大疾病的老人、特殊老人改善身心健康状况。二是精准帮扶。主要指针对高龄、独居、失能半失能老年人的日常性扶助、互助，如屋顶漏水、轮椅损坏后的维修，理发按摩，临时送饭送菜等。三是便民服务。为社区有需要的老年人提供代买代购、临时洗衣、做饭、医院陪护等服务。

据一位团队成员讲述，她先生从 2003 年起因为脑梗而视力缺失，特别自卑不愿出门，经过互助伙伴的入户陪伴，思想打开了，逐渐可以跟人交流，访谈前一天去医院做例行检查，各项指标都有所好转，所以

她也成了互助伙伴，希望能与其他人互帮互助。（PM120190516）

又如，北京市通州区瀚丰居家养老服务中心偏重于专业服务，利用货币给付和荣誉激励相结合的形式推动开展互助服务，直接为老年人提供居家社区养老服务。机构把互助服务员称为社区管家（"阳光天使"），其主要由社区退休居民组成，低偿开展文化娱乐、爱心早餐、居家探访等服务。以润枫领尚驿站为例，驿站目前有站长 1 人、社区管家 7 人，除站长以外，每人每月有 1000 元补贴，他们主要负责为周边社区的 250 余名失能半失能、失智老年人提供政府购买的居家探访服务。据站长介绍，社区管家的爱心很重要，因为服务老人的家庭照料者基本是老人，所以老人遇到生病、摔倒这些突发事件都会联系社区管家帮忙，有的老人孤独抑郁，没事就给管家打电话，管家上门也会提供家人不愿做的洗脚、剪指甲等服务。每月 10 日、25 日社区管家为社区老人提供 5 元理发服务。与此同时，驿站开展爱心早餐供应、健身操锻炼以及其他文化娱乐类活动吸引社区居民/老年人参与，并根据人群特点和兴趣爱好，组建了舞蹈队、书画队、歌唱队、知青队、党员先锋队、爱心助老队等多支队伍。

（三）部分以机构养老辐射社区居家养老服务

根据党的十九届五中全会"构建居家社区机构相协调、医养康养相结合的养老服务体系"以及《"十四五"国家老龄事业发展和养老服务体系规划》的"在乡镇（街道）层面，建设具备全日托养、日间照料、上门服务、供需对接、资源统筹等功能的区域养老服务中心。到 2025 年，乡镇（街道）层面区域养老服务中心建有率达到 60%，与社区养老服务机构功能互补，共同构建'一刻钟'居家养老服务圈"的要求，笔者调研的南京市爱德基金会爱德仁谷项目、民和回族土族自治县孝康养老服务中心、上海叶榭社区堰泾长者照护之家亦采取了以机构养老辐射社区居家养老服务的方式。

以幸福老人村为例，其以养老机构为大本营，辐射社区居家养老服务和乡村治理项目，拓展形成了"微孝早餐""微孝家宴""微孝百分百""老年人助浴"等社区居家养老服务，以及四房十八间、乡村咖啡屋、共享厨房、乡村博物馆、田间茶坊、慢时光蜗牛生活馆、微型采摘园等乡村治理项目。其中"微孝早餐"为村庄周边 100 多位老人提供免费早餐，每天菜品不重样，包括鸡蛋、面条、馄饨、馒头、水饺、杂粮粥等。[①]

（四）向混合型和集团化方向发展

在笔者调研的专业社会组织主导型案例中，南京市爱德基金会、民和回族土族自治县孝康养老服务中心、上海叶榭社区堰泾长者照护之家、北京市通州区瀚丰居家养老服务中心、安吉乐享人生社会工作服务中心、成都益多公益服务中心、成都高新区秋语秋韵养老服务中心均成立了企业/个体商户，开发市场板块，业务方向也涵盖了社区居家照护服务、老年食堂、养老辅具和适老化改造、机构养老、旅居养老、绿色食品、智慧养老等方面。

以北京市通州区瀚丰居家养老服务中心为例。它主要通过联合食品、理疗、辅具等商户企业提供多样化、市场化的生活服务，其作为平台进行抽成营利，与企业共同打造社区居家养老服务联合体。提供的服务内容包括生活用品等商品销售代购等便民服务，助餐、家政等家庭服务，中医、理疗、肠道保健等健康服务，全托、半托等托老服务，等等。根据笔者调研，在市场化服务方面，瀚丰根据不同驿站特点做过诸多探索，目前稳定下来的有以下几种：一是润枫领尚驿站为中医馆、超市、早餐店等商户提供场地，共享利润；二是东亚印象驿站开展商品代购，销售来源可靠、价格实惠的尿不湿、鸡蛋等商品，提供送货上门服务；三是助餐服务点开发馒头、豆包、粥、果蔬汁等适合老年人口味的餐食；四是尹家河村驿站在为老年人提供助餐服务的同时，也面向村民开放。

东亚印象社区养老服务驿站站长介绍道：

我们在服务老人的过程中发现老年人对尿不湿的需求量远超一般的日用品，市面上价格质量参差不齐，如果能有稳定可信任的货源并且为老人送货到家，对行动不便的老人来说，这就是极大的便利。了

---

① 笔者调研时在村里住了一晚，早上与老人们一起吃的早餐。一碗粥、一碟咸菜、一个鸡蛋，虽然不是多么丰盛的餐食，但老年人从家里来食堂就餐，既锻炼了身体，又能缓解孤单，很是一举两得。

解以后，我们对尿不湿市场进行充分研究后选择了采购品类，通过微信群、电话、上门等方式统计老人的购买数量，然后到采购点进行大批量采购，最后派服务人员送货上门。（PS120230509）

尹家河村驿站于 2020 年 9 月建成，是农村幸福晚年 A 类驿站，2022 年服务超 4.3 万人次，是通州流量最大的农村驿站。驿站主要提供助餐、巡视探访等社区居家服务。其中，老年食堂每天早中饭的人流量能达到 100 人次，其不仅向村内老年人开放，而且也向村里村民、务工人员等开放。老年人满 60 岁享受相应的补贴，其他人员也可按照市场价在食堂用餐。（PY120230509）

三 典型案例一：南京市爱德基金会爱德仁谷项目

爱德仁谷项目是近年爱德基金会推进的重点项目之一，其成立了好来屋社区居家养老服务中心、爱德仁谷护理院、爱德仁谷（南京）养老产业发展有限公司等机构，面向老年群体提供机构养老、社区居家养老、互助养老、老年食堂等服务，并利用基金会募集资金的优势，开展"爸妈食堂""好邻居敲敲门""智萌之友""守护失能老人的尊严""银龄关爱计划""银发学堂"等品牌项目，辐射整个南京市及全国。①

爱德基金会成立于 1985 年 4 月，是由全国政协原副主席丁光训等发起、其他社会各界人士共同组成的民间团体。作为中国改革开放后最早一批成立并具有公募资格的基金会，爱德基金会旨在促进教育、社会福利、医疗卫生、社会发展与环境保护、灾害管理等各项社会公益事业的发展，迄今为止，项目涉及区域累计覆盖 20 多个国家和地区，受益人口达数千万。2023 年笔者调研时，爱德基金会的理事会成员共 24 人，包括 1 位理事长、5 位副理事长、9 位理事、3 位监事、4

---

① 笔者认为，爱德仁谷项目是"资金互助＋养老"的互助养老的创新形式，其模式非常具有借鉴推广意义。

位顾问、1 位特邀顾问、1 位秘书长。秘书长办公会议负责管理爱德肯尼亚办公室、爱德日内瓦国际办公室、爱德非洲办公室、爱德基金会香港办公室、广州市爱德公益发展中心、上海仁德基金会、上海爱德研究中心等。[①]

（一）爱德仁谷项目的品牌扩张历程

2012 年 9 月，爱德基金会与南京市栖霞区民政局签订合作协议，发起养老板块项目——爱德仁谷，共同探索"公益 + 公建民营"的养老新模式。经过 10 余年的努力，目前爱德仁谷已经建立起集机构、社区和居家养老于一体的养护医康相结合的社会养老服务体系，并向养老服务联合体方向发展。2020 年 12 月，栖霞区颐养院荣获 2020 年全国"敬老文明号"的称号。爱德仁谷项目发展历程如图 6 - 6 所示。

1. 爱德仁谷养老院

爱德仁谷项目开始于爱德仁谷养老院（机构统称）的成立。2012 年，爱德基金会与南京市栖霞区民政局合作，探索以"公办民营"的方式开展机构养老服务——民政局负责建设养老院的房屋等其他硬件设施，爱德作为第三方运营养老院。自此，爱德仁谷项目正式启动。

项目启动之初（2012 年），养老院仅包括栖霞区颐养中心一个养老机构，拥有工作人员 13 名，担负 78 位政府兜底的五保老人的集中供养任务。从 2013 年开始，机构不断对剩余空间进行提档升级，除政府兜底老人所需的床位外，其他床位通过市场化方式运营。2013 年，成立了栖霞区智慧养老院。2014 年，爱德仁谷颐养院建成并正式收住长者。2015 年与江苏省人民医院合作筹建爱德仁谷护理院，护理院于 2016 年建成，2017 年正式投入运营并成功对接医保，引进省人民医院专业的医疗管理理念，邀请专家定期查房，提升了医养结合的专业性。护理院还针对不同老人的身体情况制订个性化的康复计划，聘请专业康复师开展康复训练，以提升老人的身体机能、提高老人生活质量。2017 年，爱德仁谷颐养院成立失智症照护专区，服务进一步细化；同年，开设南京首批家庭养老床位。

---

① 资料来源：爱德基金会官方网站。

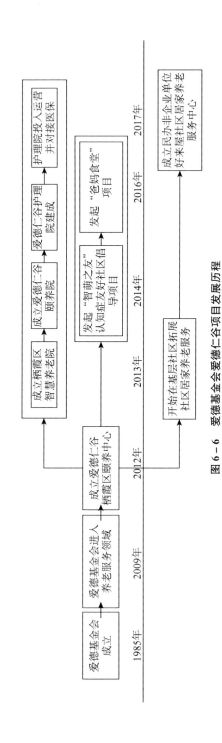

图 6 - 6　爱德基金会爱德仁谷项目发展历程

2. 爱德仁谷社区居家养老

自 2013 年以来，爱德仁谷以机构养老为依托，与区县、街道、社区合作，承接政府购买社区居家养老服务项目。截至 2022 年，爱德仁谷已经在南京市栖霞区、鼓楼区、雨花区等三个区的多个街道共 21 个站点开展社区居家养老服务，其中有 5A 级居家站点 1 个、4A 级居家站点 5 个。共有 100 余名全职员工负责社区居家养老项目，给老年人提供"14 助"标准化助养服务与"N"项个性定制服务。

2017 年爱德基金会成立民办非企业单位——好来屋社区居家养老服务中心，2018 年注册南京市鼓楼区好来屋社区居家养老服务中心、街道日间照料中心、综合护理中心和四级社区居家养老服务中心。秉持"社区长者为本，专业全心关怀"的服务理念，通过社工、社区和社会组织"三社"联动的方式，整合社会资源，为社区老年人提供综合性、专业化社工服务；联合社会各界力量，倡导公众共建老年人友好型社会，共同打造居家养老服务新局面。[①]

爱德仁谷社区居家养老服务以政府购买的无偿、低偿服务为主，优先服务空巢独居、经济困难、高龄或失能失智的老人，积极筹措社会资源满足他们的刚需。社区居家养老服务站点在统一基础建设标准的前提下，结合自身特点开展特色社区居家养老活动。以笔者调研的南京市栖霞区西岗街道星康乐老年日间照料中心为例，该站点成立于 2018 年 3 月，属于中心站点，主要为西岗街道老年人提供助餐、助浴、助洁、助医、日间托养、家庭养老床位、精神慰藉等社区居家养老服务。

星康乐老年日间照料中心坐落于西岗街道商业街，优越的地理位置为辖区内的老人们提供了便利的活动娱乐场所。自正式投入运营至今，星康乐老年日间照料中心的服务范围越来越广，以其为中心点，从服务听竹苑、闻兰苑、赏菊苑开始，逐渐辐射到晶都茗苑、枫霞雅

---

① 资料来源：《2022 年第三季度爱德中文简讯》。

苑、西岗社区、桦墅村等。中心提供的服务主要包括以下几种。一是文化娱乐活动。围绕着"星康乐"的含义，以"星""康""乐"为主要元素打造"闪耀之星""康健人生""耆乐融融"等系列活动。二是老年食堂，即"爸妈食堂"，为经济、身体方面有困难的老人提供营养餐，老人可选择在助餐点集中就餐或送餐上门。费用方面，集中就餐（午餐）每餐10元，送餐上门早、中、晚餐分别为每餐3元、13元、7元。三是居家养老服务。中心承接了政府购买的基本养老服务项目，成立"专业医护团队+社工+志愿者"的队伍，为社区居家老人提供长期护理、居家照护、上门探望等服务。（PL120230719）

3. 爱德仁谷品牌服务项目

爱德仁谷借助爱德基金会公益资源平台进行筹款，推出了"爸妈食堂""智萌之友""守护失能老人的尊严""银龄关爱计划""银发学堂""好邻居敲敲门"等养老公益项目（见表6-6），整合社会资源关爱和温暖困境老人。以下对"爸妈食堂""智萌之友"项目进行具体分析。

"爸妈食堂"是爱德仁谷公益项目中的典型成功案例。"爸妈食堂"项目的理念始于2013年一家企业为老人捐助的"爱的午餐"，资助对象是经济困难的高龄空巢、独居或重病、残疾老人。

2014年12月，爱德基金会联合阿里巴巴集团发起了"爸妈食堂·困境老人社区关怀计划"。项目以老人为核心、公益午餐为载体、社工专业化服务为纽带，旨在为高龄、孤寡、独居、残疾、失能老人提供帮助，改变老人群体所面临的生存困境。项目从南京开始，2017年起扩展到全国。目前，"爸妈食堂"项目在江苏（南京、南通、苏州、无锡等）、山东、天津和秦皇岛、昆明、兰州等多地累计成立168家助餐点。多年来，项目在江苏新闻广播FM 93.7、阿里巴巴公益、支付宝公益、福彩公益金以及众多爱心企业的支持下，累计筹款超过2100万元。2021年，"爸妈食堂"荣获凤凰网行动者联盟"2021年度十大公益项目"称号。（PL120230719）

　　"智萌之友"是爱德仁谷于 2013 年发起的认知症友好社区倡导项目。"智萌之友"，即认知症的好朋友。该项目鼓励志愿者参与公益活动，为认知症患者及其家庭营造包容、有爱、便捷、安全的生活和出行环境，帮助其更好地生活，共筑认知症友好社会，不让任何人独自面对认知症。

　　截至 2022 年第三季度，爱德仁谷养老院已累计收住认知症长者279 人，其中轻度认知症 53 人、中度 116 人、重度 110 人。"智萌之友"项目还开展了 60 场认知症专题培训、18 场家属支持活动，受益人达 4700 人，并举办了贴心守护定位手环捐赠活动、认知症微电影大赛、科普活动、大型研讨会等，出版了《认知症照护者指导手册》，拍摄了 4 部认知症教学片及卡通宣传片进行社会倡导，约 30 万人受益。[①]

表 6 - 6　爱德仁谷养老公益项目汇总

项目名称	主要内容
爸妈食堂	以公益午餐形式，打开社区中的高龄、孤寡、独居、残疾、失能失智老人的心门，让老人走出孤单世界，倡导关注老年群体，特别是社区中经济困难、备受疾病和失能困扰的困境老人
智萌之友	倡导志愿者参与公益活动，为认知症患者及其家庭营造包容、有爱、便捷、安全的生活和出行环境，帮助其更好地生活，共筑认知症友好社会
守护失能老人的尊严	提升困境失能老人身体护理品质和生命尊严，减少家属照护压力，增添其生活幸福感。每位困境失能老人每天仅需 12 元，就可解决一天的卫生问题
银龄关爱计划	为社区内有需要的老年人采购并发放必要的生活物资，缓解其生活压力；定期上门入户探访，深入了解受助老人的个别需求，通过不同方式缓解其精神负担；在社区内开展形式多样的小组活动，丰富老年人生活，促进彼此交流、提升生活品质
银发学堂	面向空巢独居老人开展服务。自 2016 年以来，在 10 多个社区居家养老站点开设书法、合唱、舞蹈、手工、绘画、茶道等 23 门课程，累计服务 3225 人，共计 2 万余人次，衍生培育出 6 个艺术表演团队，长期参与社区志愿综合服务
好邻居敲敲门	关注空巢独居老人的居家安全。通过动员社区里的志愿者、邻居志愿者去关怀空巢独居老人，通过敲敲门、发短信、打电话、微信打卡等方式关注空巢独居老人的安全，当老人有突发状况的时候进行及时处理

---

① 资料来源：《2022 年第三季度爱德中文简讯》。

（二）以基金会混合策略推进养老板块发展

1. 以资金募集牵引社会养老服务体系建设

在各养老项目的推进过程中，爱德仁谷依托爱德基金会力量，积极动员和整合当地资源（包括政策、人财物等），协调多方主体（包括党委、政府、企业、社会组织、社区、居民等）共同推动社会养老服务体系的建设与完善。

其一，链接多方资源，采取多元化筹资方式。其筹资渠道覆盖了政府、企业、网络等。以"爸妈食堂"项目为例，随着项目影响力不断增强、项目成效日益显著，一是南京市、栖霞区以及其他一些项目落地地区的地方政府出台了各项助餐补贴政策，降低了项目运营成本；二是项目与阿里巴巴、江苏新闻广播 FM 93.7 等多家爱心企业合作进行针对企业的专项筹资；三是项目于 2014 年底成为阿里巴巴淘宝公益宝贝的项目之一，消费者每达成一笔订单，就会对项目有一笔捐赠，2022 年通过互联网项目筹款约 500 万元。

其二，协调多方主体力量，利用公益赋能。基金会以社区为平台、社会工作者为支撑、社会组织为载体、社区志愿者为辅助、社会慈善资源为助推，通过"五社联动"推动居家养老服务中心发展，探索引入互助服务员、志愿者协助专业社工人才进行站点的运营，举办关爱"一小一老"社工周主题活动、"老少共融，悦动六一"儿童节主题活动等活动。

在笔者调研的西岗街道星康乐老年日间照料中心，志愿者、互助服务员会协助专业护理员、街道助老员共同提供上门服务。"我们服务的内容很多，有22项，一般根据老人需求提供相应的服务。首先上门肯定是要测量老人血压，然后比如说现在夏季，老人的理发需求比较多，其他有的需要打扫卫生，只要能满足要求，不过分都可以。"在互助服务员、志愿者的管理方面，中心按个人意愿安排工作，并根据工作量和绩效发放工资，"互助服务员的工资大概是1000多块钱"。（MP120230719）

2. 以机构养老辐射社区居家养老

基金会打造爱德仁谷这一养老服务综合体，以机构养老辐射社区居家养老。

　　　　截至2023年7月笔者调研时，在南京市西岗街道有11个服务站点，由爱德仁谷养老院食堂为各站点供应午餐，由爱德仁谷调配专业团队单独承接站点的专业化服务，即包括助医、助浴、助餐、助洁、助急、助乐、助行、助购、助聊、助学、护理、探望、家庭养老床位、精神慰藉等在内的"14＋N"项服务。（PL120230719）

3. 开展特色化品牌项目

爱德基金会设有社会组织培育中心，深耕社会组织培育与社区治理、推动社会组织高质量发展等工作领域，推广特色化品牌项目，以资金帮扶等形式培育社会组织，拓展新的业务领域与业务形态。例如，截至2022年底，爱德基金会联合阿里巴巴公益发起的"爸妈食堂・困境老人社区关怀计划"已累计执行四期，惠及江苏、河北、湖南、江西、福建、广西、四川、甘肃、云南、湖北、内蒙古、宁夏、陕西、辽宁、广东、新疆、天津、重庆等27个省（区、市），已为37个市州的万名困境老人提供逾150万人次的公益午餐。笔者调研的陕西助老汇、民和孝康等多家社工机构都接受了"爸妈食堂"项目的资助。

4. 拓展多元化养老产业

在爱德仁谷机构、居家以及公益养老项目取得成绩的基础上，爱德基金会从已有经验出发，积极拓展多元化养老产业。一方面，其投资了多家养老机构和配套机构，如以从事食品制造业为主的南京爱德食品有限公司、以从事卫生行业为主的广州番禺爱德仁谷医疗护理站有限公司等；另一方面，其与政府、第三方机构合作，共同建设经营面向包括老年人在内的社区居民的社区食堂项目。

　　　　2022年，栖霞区对燕子矶街道、迈皋桥街道、尧化街道、龙潭街道的4个助餐点进行提档升级，将其改扩建为示范性助餐点，并打造了助餐服务品牌"栖彩食堂"。笔者调研了爱德仁谷承接运营的"栖彩食堂"秋韵园社区站点：首先，食堂设计以橙色、绿色为主，营造了轻松愉悦的用餐氛围；其次，食堂采用的是适老化桌椅，桌面安装呼叫按钮，降低了老年人的用餐风险；再次，食堂提供的菜品丰富，荤素搭配、色泽诱人，有不同的套餐供顾客选择，价格实惠；最后，笔者调研时间正赶上中午，除了附近老人，社区居民和推着行李的游客也在用餐。（PL120230719）

爱德仁谷通过搭建平台带动企业群经营社群，更好地满足老年人在物质和精神方面的需求，降低相关产品的供给成本，带动相关产业的发展，创造更多就业机会。

四 典型案例二：民和回族土族自治县孝康养老服务中心

民和回族土族自治县孝康养老服务中心（简称"孝康"）成立于2015年，秉承"专业、尊重、感恩、创新、务实"的价值观，机构致力于打造集养老服务、社会工作、医疗康复、社区发展、孝德教育、研究培训于一体的社会福利服务旗舰机构，打造县域基层治理和社会养老服务体系。机构使命是"陪伴每一位老人安心养老"。

李晶①是孝康养老服务中心的创始人，是一名生于1987年的"85后"新时代女性。自2011年来到青海省民和县开始探索养老服务事业以来，李晶用她的热心和专业，得到了老人们的喜爱和依赖。她的敬老助老精神也得到了社会各界的高度认可和表现为各种荣誉的肯定：她先后被授予"全国劳动模范""'四个100'最美志愿者""全国道德模范提名奖""全国敬老助老模范人物""全国向上向善好青年"等众多荣誉称号或奖项。

---

① 李晶的家乡在青海省湟源县，是一个农业区与牧业区、黄土高原与青藏高原、藏文化与汉文化交汇的多民族地区。由于家庭条件限制，爱读书的李晶在小学三年级时不得不面对上不起学的困境。幸而"希望工程"的帮扶让李晶能够继续学业，这也让李晶对公益事业有了初步认识和了解，为长大后深耕养老事业埋下了种子。

（一）养老服务机构的集团化发展

孝康养老服务中心主任李晶于2010年开始关注养老公益事业。

2010年，李晶参与玉树灾后重建，其间遇到了许多因灾致残、致贫、致孤的老人。其中，一位年过九旬的藏族老阿妈深深触动了她，尽管双目失明，老阿妈却依旧开朗乐观。从那时起，她立下了改善老人生活的志向，并投身公益事业，开启了她为弱势群体服务的创业历程。

2013年，李晶筹措资金11万元开办了民和县永平老年公寓，这家公寓先后收住了40余名孤寡老人，并免费收住了9名贫困孤残和无家可归的老人。它是孝康养老服务中心的前身，也是民和县第一家民办养老机构。

2015年，孝康养老服务中心成立，承接民和县7个乡镇的政府购买居家养老服务项目，并于2018年注册成立了智善源社会工作服务中心，开展社会救助服务。截至笔者2023年调研时，孝康养老服务中心共运营包括幸福互助院和社区日间照料中心在内的14个养老服务站以及23个社工服务站。

孝康于每个站点设立站长职位，并在各乡镇招聘当地养老护理员，由站长对护理员进行管理。护理员主要是村里的留守妇女，在经过专业养老职业培训后，上门为有养老困难的老年人提供居家养老服务。同时，机构会依托站点开展多种文娱活动。

孝康还承接了"民和县孝康养老服务中心'陪您一起晒太阳'民和偏远少数民族山区困境老人援助示范项目""'同行圆'民和县满坪镇山庄村困境老人社会融入服务项目""'夕阳下的甜蜜'老人养殖青海东方蜜蜂实现居家养老项目""'小红花'健康守护计划""'居家防跌倒安全包'项目"等多个社会服务项目。同时，其注册农业企业、开辟承包农场等。

孝康艺术团由一群热爱艺术、热爱曲艺的老人因共同的爱好和目标走到一起后成立，孝康一直对其进行孵化培育并筹集资源支持艺术团的成长，带领艺术团在养老院、日间照料中心、互助幸福院等地方演出节目。

2020 年，民和县健康养老综合服务中心正式建成运营。该中心包括上下两层，一楼用于老年用品体验和展示，二楼为智慧养老大数据运营调度中心、老年用品使用和照护者培训中心、孵化中心、交流中心，对孝康所负责的多个组织、业务进行统筹管理，民和县康复辅助器具社区租赁试点项目依托该中心开展。

2021 年，民和县社会福利中心由青海省民政厅批准建立，孝康承接运营工作，其将古鄯镇敬老院的老年人接入民和县社会福利中心，整合了机构养老资源。除满足老年人日常生活需求的居所和食堂设施外，中心内还设有医疗室、康复医疗室、健康管理室、图书室、文化娱乐室等多个功能科室，是青海省首家开展医养融合服务的养老机构。机构设有床位 180 张，至 2023 年，入住集中供养特困人员 156 人，入住率达 87%。[①] 孝康养老机构组织发展的主要节点如图 6 - 7 所示。

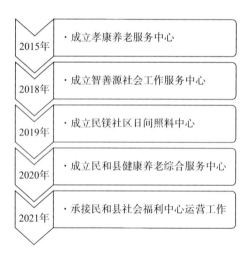

图 6 - 7　孝康养老机构组织发展的主要节点

（二）组织和服务特色分析

1. 组织特色

一是管理团队年轻化。机构负责人李晶是"85 后"，党支部书记刘克愿是"95 后"，其他核心团队成员也大多是"85 后"和"95 后"（见表 6 - 7）。总

---

① 数据来源：http://www.minhe.gov.cn/html/431/405968.html。

的来说，管理团队成员知识全面、个人能力强且务实、富有爱心，同时具有很强的危机意识和经济思维。

表 6－7 孝康核心团队成员所属出生同期群

核心团队成员	所属出生同期群
机构负责人李晶	"85 后"
党支部书记刘克愿	"95 后"
服务部部长董全生	"75 后"
护理员小陈	"95 后"
服务站站长小李	"95 后"
服务站站长小司	"85 后"

二是组织架构圈层化。孝康主要下设服务部、运营部、社会救助部和项目部四大部门。以笔者调研的社会救助部和服务部为例。社会救助部管理人员有 3 人，兼理辅助器具业务，社会救助部对社工每月培训一次，每季度、每年有考核考试并进行排名。服务部管理人员 9 人，包括部长董全生以及 8 名站长，主要负责居家养老服务项目和互助幸福院运营。每名站长负责 1～2 个乡镇，站长负责管理护理员的工作。

三是板块项目互补化。例如，孝康注册了孝康养老服务中心和民和县智善源社会工作服务中心 2 家社会组织，一方面，承接民和县 7 个乡镇的政府购买居家养老服务项目，运营包括互助幸福院和社区日间照料中心在内的 14 个养老服务站；另一方面，派遣社会救助经办人员，对社工进行培训，帮助他们考取社工证，将社会工作者配套至民和县 22 个乡镇，并进一步建立了 23 个社工服务站。基层治理与社会养老相互促进、互补共荣。又如，在养老服务方面，孝康运营社会福利中心，辐射带动居家养老服务的开展，在此之外，还成立了评估中心、健康培训中心等，能够在完成居家养老服务的同时进行评估、健康培训等工作，其服务的老年人群体也是适老化改造等项目的服务对象。孝康的护理员除提供居家养老服务以外，也在互助幸福院充当志愿者，为老年人活动提供餐饮、打扫等服务。

落实到社区中，孝康将社区养老与治理相结合，提出了以社区日间照料中心为平台、社工为支撑、社区社会组织为载体、社区志愿者为依托、公益慈善资源为助推的"五社联动"机制，逐步形成多元合作互助的养老服务新模式。

在 2023 年端午节期间，孝康组织老人们在民镁日间照料中心开展了庆祝端午节的活动。在距离端午还有半个月时，社工们就引导手工小组的奶奶们开始筹备端午节香草展示活动，每日午餐后奶奶们就开始做香包，一起完成了 29 个作品。社工还带领老人们一起包粽子，500 多个香粽分配给了日间照料中心和互助幸福院的老人们。除此之外，老人们还自编自演了各类文艺节目，同时组建了孝康文艺二团。

2. 服务特色

下面以居家养老服务项目为例分析机构服务特色。

一是服务流程标准化。孝康明确了护理服务清单，包括个人护理服务、居住环境服务、生活照料服务、康复理疗服务和其他服务（见图 6-8）。护理员进入老人家里后至少完成 4 项服务，并在工作微信群和孝康智慧养老 App 上进行打卡。护理员提供服务需保持间隔，每月 1~5 日需要有 1 次服务，25~30 日还要有一次服务，中间服务间隔在 3~5 天。

根据孝康工作人员的介绍，护理员的工作主要通过以下流程完成质量监管："护理员上门服务时，需要在系统内自己选择老人下单。到老人家中先签到，机构就知道是去了哪个老人的家里。到老人家中，先询问老人需要什么服务，比方说测血压、做室内清扫、做饭等活动。每次服务之后，机构智慧平台系统大屏幕可以看到，服务人员自己也可以看到，比如老人选择了什么服务等。服务过程中需要拍照上传，根据上传照片，等服务结束后可以签退。"（HW20230703）

除护理员打卡外，接受服务老人家里也有服务记录工单，每月底护理员将底联拿出来交给站长。站长和老人之间实现了管理和监督的互补，提高了服务效率，也提升了老人服务满意度。

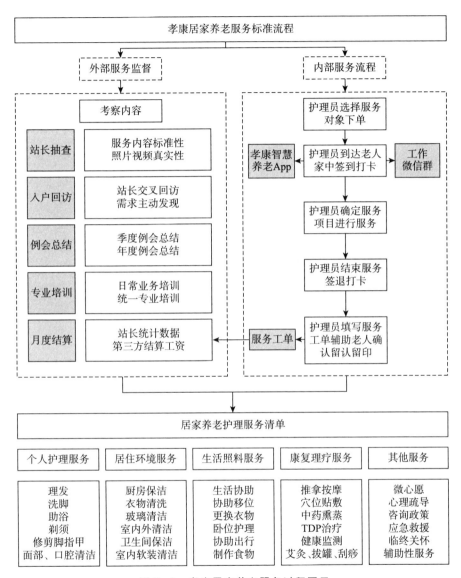

图6-8 孝康居家养老服务过程图示

我们每一个服务系统下设服务部，站长就是每一个服务部的负责人。一共有七个站长，其中三个乡镇一个站长，每个人手机上都会有一个社区管家，每个服务人员手机上都有一个App，每个乡镇的服务人员也都在一个微信群里……除了服务的整个流程都会在机构上显示

以外，老人也有一个记录本，会记录服务人员进去做了哪些事情，站长都可以看到。（PL20230702）

二是服务管理严格化。（1）开展护理员培训。站长负责对护理员的日常培训，同时定期开展系统培训，将护理员集中在服务中心学习专业知识。（2）定期例会总结。每周召开例会，在负责人或站长的带领下总结本阶段出现的问题，并讨论解决方案，同时对下一阶段的工作进行规划，强调工作的及时总结完善。（3）月底服务结算。护理员服务完成后，站长需统计自己负责乡镇的所有服务对象的服务内容，在服务系统中进行汇总留存，最后根据系统数据和工单留存去第三方结算，结算后发放护理员工资。（4）建立站长回访制度。护理员服务次数、内容、质量都可以在系统中进行查询，针对服务内容是否标准、打卡照片是否真实，站长100%进行督查回访。每月每乡镇有一个入户指标，服务站站长或服务部其他成员实行交叉回访。通过入户回访的形式，调查了解老人需求，实现老人需求主动发现。

三是服务平台智慧化。孝康智慧养老服务平台是构建居家养老服务体系的重要支撑载体。通过应用各种先进的信息技术（物联网、互联网、智能呼叫、云技术、移动互联网技术、GPS定位技术等），创建"系统+服务+老人+终端"的孝康智慧养老服务模式。通过搭建系统平台，使老年人运用一系列的智能设备实现与子女、服务中心、医护人员的信息交互。同时，老人不必住在养老院中被动接受服务，在家就可以挑选、享受专业化的养老服务，包括生活帮助、康复护理、紧急救助、日间照料、人文关怀、精神慰藉、娱乐活动、法律援助等医养结合的服务项目。

护理员在提供服务时可通过孝康智慧养老App进行打卡和电子工单留存，同时平台还链接了政府监督子系统，政府可通过政府监管系统，查看老人、服务商、护理员、工单等统计数据和具体情况。

四是服务人员职业化。孝康注重对服务人员的挑选和职业培训，提升服务人员的技能水平；同时通过多种激励表彰制度，增强其职业认同感。（1）在人员招聘方面，机构选择在长期生活在当地的妇女中招聘护理员，在满足基本养老护理服务需求的同时考虑到了护理员在当地的社会网络的因素，有利于护理员对老年人开展护理服务。（2）在职业培训方面，机构会定期举办居家和社区养老护理人员康复护理技能培训实操考核，强化技能学习，提高服务质量，推行"康养＋养老"的服务模式，选优配强康复保健人才队伍。除专业技能的培训外，孝康也为护理员组织职业道德培训。

养老护理员经常遭遇自我认同感低下、社会地位低、工作难度大的问题，但职业道德培训使情况有所改变："通过他们（孝康）的一些职业道德培训，我们自身也有一种荣誉感……70年代的人对这个还是有点保守，其实心里也还是有一定的抗拒。但随着这个单位的职业培训，不断的职业培训强化，慢慢地到现在我觉得我就是靠这个吃饭的，没有什么。这是一个职业，我认为它是一个职业，我好好干就可以了。"（HL20230703）

护理员和老年人之间的关系也随着服务进行而有所改善："以前老年人总觉得，'是不是给我收费了？'或者是你这个人到我们家里来了，是不是有目的，有可能就把家里的东西拿走了，非常不放心。你看像我现在在这个房间，我可以自己跑到那个房间里。但是以前不一样，以前你要是从这个房间走到那个房间，老奶奶跟着你从这个房间走到那个房间。"（HL20230703）

（3）在激励表彰方面，机构的措施主要体现在绩效考核表彰和护理员奖牌评级上。孝康养老服务中心每年度会按照《民和县孝康养老服务中心护理人员绩效考核办法》，在服务对象满意度评价、各服务站评选推荐基础上，表彰该年度优秀护理员。同时，在护理员绩效考核中，通过站长打分，机构服务部推选出表现优秀的护理员，机构管理层内部进一步开会评定护理员的综合能力，确定要表彰的金、银、铜牌护理员。

小　结

互助养老组织服务体系是互助养老和基层治理的组织核心，也是未来的老年人互助合作的互助型社会养老体系的组织基础，其主要由互有交叉且紧密合作的互助组织体系和专业社会组织体系（包括社会企业体系）构成，将与企业体系合作制约、协同发展。根据本章分析，可以总结出互助养老组织服务体系的几个特点。

一是党的领导发挥领航和主线作用。在党建引领、城乡社区主导下，通过老年协会等基层组织规范化管理（社会互助），协同各级部门、专业社会组织、企业等赋能服务（多元共治）是基层互助养老组织服务体系的理想样式。在此过程中，各级党组织需要通过价值统合、任务统合、资源统合等政治统合方式，出台政策、建设平台、解决难题，以推动多元共治。江西新余党委组织部牵头、城乡社区"两委"主导推动颐养之家建设就是生动案例，在调研中可以看到，老年人衷心感谢党为他们建立了组织、提供了温暖的"家"、解决了他们的吃饭问题。

二是政府发挥政策资金导向作用。在理论上，政府与互助养老组织服务体系是交叉并列的合作关系，理想的老龄党建协调委员会成员中包括政府相关部门。在目前的发展过程中，社会互助成长尤其是互助组织发展需要政府的政策资金支持，一方面，政府需要出台相关法规政策推动互助养老服务、互助养老组织（老年人互助组织）的规范化、标准化管理建设，并以政府购买服务、常态化组织经费等方式给予资金支持；另一方面，政府需要逐步明确民办非企业单位的发展方向——或者向社工机构转型，提升专业化程度，或者向社会企业方向转型，进行市场化拓展，并出台相关法规政策明确社会组织、互助组织、合作社、慈善组织、社工机构、社会企业的定位、发展目标、发展方向和支持保障等。

三是互助组织亟待圈层规范管理和自我造血能力提升。互助养老组织服务体系的功能不仅限于资金共兑、精神慰藉、文化娱乐、生活照料等，其可以调解家庭矛盾、参与乡村服务、提供医疗照护、开展临终关怀等，未来的发展方向是圈层化的，在城乡社区圈中，向城乡社区参与或主导、企业联合运营的养老服务联合体、城乡社区经济综合体方向发展；在层级上，逐步提高统筹层次和经济整合能力，向老年人合作社方向发展。其需要寓于党委领导、政府负责的城乡社区治理组织体系、城乡社区综合服务组织体系、城乡社区经济组织体系框架中进行发展。专业社会组织具备专业技能，可以帮助互助组织规范化发展，提高其组织能力、资源动员能力、专业服务能力，尤其是社会工作的理念、方法可以通过互助组织应用推广。互助组织有在地的会员群体，存在内生的群体团结，也可以成立专业社会组织。基层老年协会是互助养老组织服务体系建设的重要抓手和核心组织，笔者认为未来应推动其专业化、综合化发展，强化组织服务功能、拓展经济功能，依托其实现"基层老龄工作有人抓、老年人事情有人管、老年人困难有人帮"的重要目标。老年协会的地位和作用在我国进入超老龄社会后将更加显现。

四是专业社会组织是互助养老组织服务体系建设的重要赋能枢纽。面对城乡社区"两委"主要关注经济发展、其他基层互助组织能力不足的发展困境，专业社会组织是现阶段推动互助组织服务体系建设的重要组织力量。一方面，其需要与互助组织实现优势互补，利用自身专业优势，输出理念和技术，充分扎根于城乡社区，帮助互助组织规范化、制度化发展，服务于社区居民，在此基础上谋求本组织的规模扩大和业务扩展；另一方面，其需要探索创新混合型和集团化的社会企业发展路径，针对社会组织自我造血能力不足、资金依赖性强的问题，探索与企业合作或市场化运营等方式。另外，专业社会组织与互助组织都是社会成长的组织形式，是双向吸纳、协商共进的关系，要确定究竟如何借助二者合力共建互助养老组织服务体系，需要根据不同地区的地域特色进行有规划的顶层设计和发展，总归是要推动社会互助成长起来，不能让双方变成抢夺党政资源的竞争对手，相互压制、两败俱伤。

第七章 "社会互助+企业经营"：
养老服务联合体

近年来，各地开始推动建立养老服务联合体、养老服务综合体等（这些概念含义基本类似）。例如，2022 年 4 月，中共北京市委办公厅、北京市人民政府办公厅印发《关于推进街道乡镇养老服务联合体建设的指导意见》，对街道乡镇养老服务联合体进行了界定：在街道党工委（乡镇党委）的领导下，聚焦辖区内老年人服务需求，建立健全议事协商、涉老信息整合等机制，统筹辖区内养老服务机构、社区卫生服务中心（站）及各类服务商等资源，为辖区内全体老年人提供就近精准养老服务的区域养老模式。根据这个概念界定，养老服务联合体的特点主要包括：一是在党的领导下，二是有资源整合平台，三是将辖区内的相关企事业单位、商户、社会组织等整合起来。本章的养老服务联合体模式即受这一概念术语启发，主要从服务供给角度分析养老服务联合体模式中的社会互助（社会）与企业经营（市场）的互动。与此同时，本章与第六章存在递进的关系，在建立强调互助逻辑的基础性的互助养老组织服务体系（整合功能）的基础上，需要创新引入企业、个体商户等市场主体和市场规则（适应功能），充分利用市场工具对经济环境和经济需求反应敏捷的特点，推动企业经营社群、经营平台，并形成与互助养老组织服务体系的良性互动，与社会组织联合满足老年人的多元养老需求，让整个社会养老体系可持续运转下去。实际上第六章已经提及专业社会组织进行的诸多市场化的混合探索，本章将从企业角度进一步展开分析。

第一节　企业经营社群

企业经营社群是从企业角度出发的经营理念和经营模式，也是"社会互助＋企业经营"的初级形式。其主要指企业根据客户需要，将社群培育的社会目标纳入企业经营范畴之中，既帮助社会成长，也实现企业自身更好营利和可持续发展目的。企业经营社群改变过去纯粹的政府和市场路径依赖，转而关注老年人实际需求和政府、社会、市场联合供给之间平衡的关键——"社会"作用的发挥，这是企业与客户关系的适应性变化，也是克服政府、社会、市场失灵的三赢选择。[①]

一　调研案例

本章涉及的企业调研案例主要包括四川省三哺智慧养老服务有限公司、北京瀚丰养老服务集团有限公司、南京银杏树养老服务有限公司、第一养老护理服务（深圳）有限公司、爱行礼运（山东）信息技术有限公司、单县禾农农产品种植专业合作联合社6家，如表7-1所示。

调研企业的主营业务包括运营养老服务机构、提供居家养老服务、提供助餐服务、开展日间照料、养老产品租赁、机构养老、智慧养老等。北京瀚丰养老服务集团有限公司、爱行礼运（山东）信息技术有限公司等5家企业提供健康管理和科技相关服务，而单县禾农农产品种植专业合作联合社则专注于农业领域。这些企业面向城市的服务内容主要为居家照护服务、运营（社区）日间照料中心、机构养老等，面向县乡的服务内容主要为运营助餐点、居家照护服务、发展合作社经济等。

6家企业都向着综合化、全面化、集团化的方向发展。一是通过建立子公司拓展其覆盖区域和业务范围；二是注册社会组织，用以承接政府购买社会组织专业养老服务，为企业招募培训专业社工；三是建立企业/组

---

① 在社会养老服务体系的构建中，以互助为本的社会部门与以竞争为目的的市场部门是相辅相成的，互助－信任的社会部门重建是前提，没有社会部门互助－信任网络关系的重建，市场部门也很难发展。

织联盟，通过联合其他企业和组织拓宽业务范围、丰富业务种类。

表 7 - 1　企业调研案例

企业	所属地区	成立时间	混合发展	企业特色/文化/价值使命
单县禾农农产品种植专业合作联合社	山东省菏泽市	2014 年	是	资金互助 + 养老 + 综合
南京银杏树养老服务有限公司	江苏省南京市	2015 年	是	使命：提升老人的生活品质，为心中有爱的人创建释放爱的平台 发心：公益服务 规划：产业发展 运营模式：以机构养老为依托，辐射社区居家养老
第一养老护理服务（深圳）有限公司	广东省深圳市	2015 年	是	核心价值观：以长者为尊，以服务为荣 目标：接收一位老人，解放一个家庭
爱行礼运（山东）信息技术有限公司	山东省烟台市	2016 年	否	宗旨：让老人身边有亲情，让晚年生活有温度 目标：为老人、残疾人集聚免费人力，提供便捷服务和保障安全消费，为互助志愿者募集养老储备金
四川省三晡智慧养老服务有限公司	四川省成都市	2019 年	是	视老人为亲人，让关爱的阳光照亮每一个人的心灵
北京瀚丰养老服务集团有限公司	北京市通州区	2021 年	是	以老助老夕阳红，创新创业带小微 一个良性循环的、充满爱的产业模式，是最好的公益组织运行模式。因为产业链上的每个环节，都能得到长久有效的服务
新余市陈香医养健康服务有限公司	江西省新余市	2017 年	是	以"智慧养老"为核心，以传统养生为依托，为每一个会员长者定制个性化健康生活方式及解决方案
泉州弘善老人养护服务有限公司	福建省泉州市	2018 年	否	为老人提供机构养老、日间照料、居家养老三合一的养老服务

二　特点分析

企业经营社群的主要特点包括以下四个方面。

（一）遵循市场规则，以营利为目的

企业的核心动力在于利润，所以其仍然遵循市场制度逻辑和市场规

则，以营利为目的，追求利润最大化并进行成本收益的严格算计。企业经营社群能够帮助实现社会目标，但归根结底企业还是以利润为驱动的。故企业经营社群的主要目的在于培养潜在客户，如虽然目前的社区养老驿站运营、居家照护、上门探访、老年食堂的利润很低，但企业更看重政府关系、市场占领和客户黏性，尤其是为盈利产业进行客户引流输送的可能性。

（二）多采取混合化经营方式

企业经营社群代表了一种市场与社会的互动，市场占主导地位，其在经营发展培育社群的同时也起到帮助社会成长的作用。目前从事养老服务行业的企业绝大多数承接政府购买服务项目，需要专业社会组织资质，故要么是其本身是专业社会组织，后在发展过程中逐步注册企业，要么是企业注册专业社会组织，采取混合化经营方式，这类企业往往也是养老服务联合体中的核心企业/平台企业。

（三）企业有盈利项目作为支撑

从笔者调研的案例来看，企业一般有如机构养老、家政服务、食品生产销售、养老辅具、科技助老平台产品、农民合作社、资金互助社等盈利项目作为支撑。

例如，在社区居家养老服务企业中，北京瀚丰养老服务集团有限公司的盈利项目主要以"提供场地+提成"的方式，让专业技术团队加入，进行小微"嵌入式"的合作，以"驿站+多种服务项目"满足老年人需求，这类项目包括社区学堂、托老服务、医疗保健、养老评估、营养餐饮、药浴调理、超市、旅游等。四川省仪陇县馨挽秋贴身老年服务中心是民政局指定的居家养老服务机构，馨挽秋面向高龄老人提供文化娱乐、供餐和送餐、家务劳动、个人清洁护理等方面的服务，并有科技板块（子公司）提供运营支撑。

在机构养老服务企业中，第一养老护理服务（深圳）有限公司向失能、半失能老年人提供机构护理服务，截至笔者 2023 年 8 月调研时，第一养老集团旗下有 200 余家养老机构，改造后床位数超 2 万张，为 8 个省的 36 个区县的 2 万多名特困供养对象提供护理保障服务。南京银杏树养老服务有限公司同样提供机构护理服务，截至 2023 年 12 月，其拥有 300 多名专兼职员工、20 余家养老机构、10 多个居家养老服务中心、3 个残疾人之家、1个养老评估机构和1个家政服务公司，有养老机构床位近2000张，业务从江苏南京辐射到江苏泰州、重庆万州。

在农民合作社企业中，在笔者2020年调研时，单县禾农农产品种植专业合作联合社有7家资金互助社，可以作为可靠、稳定的利润来源。

（四）带动企业群共同经营社群

养老服务联合体一般由一组优势互补的企业/商户群共同经营社群等非正式社会组织。如前文所述，这些企业中一般有一家核心企业，经营包括社会组织、个体商户、小微企业等在内的组织平台。

例如，南京银杏树养老服务有限公司牵头成立五福康养联盟，这一企业联盟成员涉及医疗、互联网、农村养老、军资、社区工作等诸多方面；瀚丰养老驿站打造"以老助老夕阳红、创新创业带小微"的养老服务联合体，通过在站点引入商户、项目和服务形成"一家站点带动一群企业"的局面，优化养老服务供给；等等。

三 "窝窝计划"：企业经营社群的典型模式

基于老年人的五种养老服务需求——三餐有人料理、情感有人关怀、安全有人保障、生活有人照料、医疗有人对接，成都高新区秋语秋韵养老服务中心创新探索实施了"窝窝计划"这一老年人互助计划，这也是该机构进行的城市街道级社区嵌入式养老服务体系建设的组成部分。"窝窝计划"主要指由养老机构帮助有养老服务刚性需求的老年人——一般是高龄、独居（空巢）、失能半失能老年人——组成互助小组，在老年人互帮互助的同时，由机构提供文化娱乐、供餐和送餐、家务劳动、个人清洁护理等专业服务，以及链接其他机构提供医疗保健、金融理财、适老化产品、旅居康养、丧葬礼俗等方面的增值服务。

成都高新区秋语秋韵养老服务中心是四川省三哺养老服务有限公司于2018年注册成立的专业社会组织，该企业还于2014年成立了仪陇县馨挽秋贴身老年服务中心。截至2023年9月笔者调研时，成都高新区秋语秋韵养老服务中心在成都高新区运营1家社区养老院、1家社区综合体、1个社区护理站、16个社区日间照料中心、10个院落窝窝、10个老年人助餐点。根据机构负责人介绍，该机构不断探索如何精细精准满足老年人养老服务需求，承接了居家养老服务、家庭适老化改造、家庭照护床位后续服务等政府购买服务项目，与这些项目相结合，机构进一步运营"院落窝窝助老点"、"养老服务综合体"（社区养老院+社区日间照料中心+长者食堂）、街道敬老院等设施，打造街道级社区嵌入式养老服务体系（I–CCRC模式）。（PY120230828）

（一）"窝窝计划"的缘起与设计

自2016年起，机构陆续承接了成都高新区多家社区日间照料中心的运营工作，在其中开展文化娱乐、老年助餐、定期义诊等活动、服务，得到了街道、社区和居民较高程度的认可。

但是，在探索过程中，机构负责人发现：一是这些来参与文化娱乐活动、吃饭的老年人多数是因为有政府补贴、便宜才来，2018年政府不再补贴之后，过来就餐人数立刻减少，导致中心收入和人气都急剧下降；[1] 二是能来社区活动中心的多为身体健康的老人，而社区中真正需要照护帮助的失能、半失能老人并没有得到照顾，这部分人有养老服务刚需，即使政府不补贴，如果服务到位，他们也会愿意出钱购买服务。

因此，自2019年开始，机构将社区养老服务的主要目标人群锁定为高龄空巢老人、行动困难老人、对专业居家照护有需求的老人，提出了解决家庭到社区的一公里范围内的养老问题的院落窝窝[2]计划，力求增进真正有养老服务需求的老年人的养老福祉，同时实现企业的内部可持续发展，降低对政府的依赖性。

如图7–1所示，最中心的"机构窝窝"是专业护理性机构，主要针对高龄、失能和有机构照护需求的老人开设，费用相对较高。[3]

---

① 从另一个角度来看，之前过来吃饭的很多老人都不是有养老服务刚需的老年人群体。
② 第一家院落窝窝于2019年2月19日（元宵节）正式开业。
③ 身体健康的老人在社区活动中心，不健康或半失能老人到院落窝窝去，对于失能或有机构照顾需求的老人可以直接送到机构窝窝这一养老机构，老人身体康复或者想回家时又可以把他们送到院落窝窝、社区活动中心、家庭，由此形成一个闭环体系，解决目前机构、社区、家庭链接不足的问题。

"窝窝计划"虽然看似简单，但实际是一个系统工程。

从内往外第一个圆圈上的"社区活动中心"用于开展专业化的具有共享特色的老年文娱活动，如餐桌活动、按摩理疗、康复训练、常见疾病诊疗、老年大学课程等。项目偏公共资源性质，场地由街道提供。

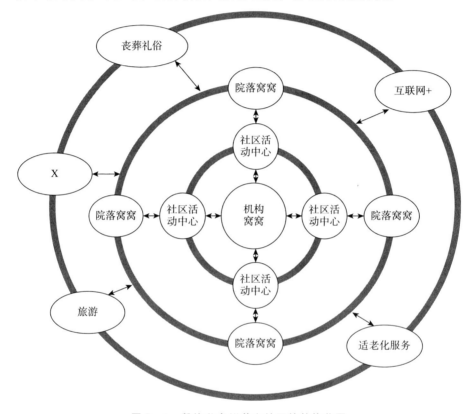

图 7 - 1　馨挽秋虚拟养老社区的整体蓝图

从内往外第二个圆圈上的"院落窝窝"是在社区活动中心的基础上继续延伸形成的。机构在选定的社区中寻找合适的房子建立窝窝，让老人在社区内享受"专业、便利、个性化"的生活照护服务。内设具有社会工作专业背景的窝窝管家 1 人，窝窝保姆 1 人，24 小时为老人提供助洁、助餐①、

---

① 可以接受提前点餐，午餐 460 元/月，标配两荤一素一汤；晚餐 400 元/月，标配两素一荤一汤。如果老人有事缺席，可以提前请假减免一定伙食费。

助浴、助行、助医、助急等服务，低龄志愿者①提供看护、送餐等服务，负责人适时巡逻关怀。窝窝内部棋牌、家电一应俱全，可满足 20 名以内的老年人的日常娱乐休闲活动。

最外侧圆圈上的"互联网+""旅游""适老化服务""丧葬礼俗"等项目是增值服务，努力满足老人及其家属的个性化需求。

以上四类项目既可以独立存活，也可以相辅相成。

（二）"窝窝计划"相关项目的运行情况

笔者分别于 2018 年 12 月、2019 年 7 月、2021 年 7 月追踪调研了成都芳草街街道元通社区日间照料中心和其拓展的窝窝站点。2019 年 7 月去调研时，"窝窝计划"相关项目已经开始试运行，但仍处于初始阶段，2021 年调研时正值疫情期间，仅进行了社区站点的调研和座谈。2023 年 9 月，笔者团队对机构负责人 Y 进行了线上访谈。据机构负责人介绍，截至 2023 年 9 月，开发完成的具体服务项目如表 7-2 所示。

表 7-2 具体服务项目汇总

项目	服务内容
机构窝窝	馨挽秋和品牌企业合力打造的护理机构，可以提供 24 小时全天医养照护
窝窝平台	保证家属通过网络平台能实时了解窝窝老人的动向
院落窝窝	小区（院落）内建点，就近提供"专业、便利、个性化"的适老化服务
	包括窝窝点位的日间照料、个人照护、膳食供应、精神文化、按摩理疗、康复训练、教育咨询、心理安慰、文体休闲、家具适老化改造等服务
	保证三餐有人料理、日常有人关怀、健康有人关心、安全有人保障、医疗有人对接
窝窝服务	窝窝生日：窝窝老人互相庆祝生日、举办活动
	窝窝比赛：定期举办窝窝棋牌赛，丰富老人的生活
	窝窝旅游：采取自愿、自费模式组织老人出门旅游，给老人拍照留下美好回忆
	窝窝家长：在每个院落窝窝中挑选出最积极有责任心的老人担任，负责统筹、汇总窝窝老人的意见

---

① 窝窝社区志愿者的招募原则和报酬机制如下。招募原则：志愿者必须熟悉本社区的基本情况，了解社区居民的需求和特点，一般是热心的社区居民。报酬机制：采用计件提成的方式支付报酬，志愿者的总报酬取决于他们的劳动量和工作完成情况。机构统一为志愿者购买人身意外险。此外，还有其他激励机制：机构发放的秋果币是一种虚拟货币，用于鼓励志愿者积极参与社区服务。

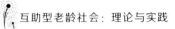

项目	服务内容
窝窝服务	窝窝志愿者：由社区中低龄健康老人组成，低偿帮助腿脚不便的窝窝老人上门送饭、帮忙照看窝窝老人，做一些辅助性的工作
	窝窝伙伴：品牌企业陪伴，满足老人居家养老、机构入住、临终关怀与礼赞人生等服务需求。目前合作伙伴包括：成都高新区秋语秋韵养老服务中心、阆中市知秋居家养老服务中心、成都市青羊区安康年养老服务中心、仪陇县馨挽秋贴身老年服务中心、北京同泰投资管理有限公司爱佑汇平台（礼赞人生）、成都市福泰年企业管理有限公司、成都高新博力医院等
	窝窝巡访关爱：协助政府进行普遍巡访、重点监护、个案保障。为老人提供居家智能监护设备，比如烟感报警、气感报警、体态捕捉、一键报警、语音呼救设备等
	窝窝应急救援：针对重点监护型和个案保障型老人，馨挽秋为老人配了应急呼叫器和小度语音呼救器（百度公司旗下智能语音交互产品），如果老人出现身体不适的情况，可以快速寻求帮助

1. 1.0 版本：从社区延伸向小区

2018 年，机构开始探索在日间照料中心的基础上，将服务延伸到小区，组织小区老年人建立窝窝，让老人在小区内享受"专业、便利、个性化"生活照护服务。窝窝据点为一套 70～90 平方米的民房，窝窝内部棋牌、家电一应俱全，窝窝成员在窝窝内可以一起看电视、打牌、看书、聊天、就餐，回家也可以享受窝窝提供的助洁、助餐、助浴、助行、助医、助急等服务。

以笔者 2019 年调研的元通社区"01 窝窝"为例。该窝窝所选的小区是单位小区，老人基本是曾经的同事，存在内生的组织和信任网络。同时，院落窝窝较社区活动中心而言距离更近，较居家保姆距离稍远，处于既方便老人随时接受服务又能有效避免老人与老人、老人与保姆之间因接触过密产生摩擦的舒适距离。

在笔者调研时，窝窝里有 16 位老人常驻，1 名窝窝管家负责窝窝的整体运营，1 名窝窝保姆（厨师，家住小区里，与老人是邻居且熟识）为老人提供个性化点菜和照顾服务，2 名低龄互助服务员帮忙看护、送餐。窝窝老人一般上午过来，根据需要打牌、聊天、看电视，窝窝保姆会出门到附近的菜市场采购新鲜的食材，然后回来做饭。到中午，一些在这里包餐的老人陆续来到站点领取饭菜，腿脚不便的老人的饭菜由互助服务员负责派送。午饭后，窝窝站点设有少量床位供老人休息，老人可以选择在站点休息或者回家稍做休息后再回站点活动。晚饭过后，老人陆续离开站点回家休息，如果有情况需要帮助，可以24小时联系窝窝管家。同时，站点定期会举办手工、棋牌等活动，或者带老人们去公园旅游、给窝窝老人庆生，均采取AA制的形式。

特色服务包括：窝窝管家会将老人的一些生活照片上传到网络平台与老人子女共享；窝窝站点设有针对阿尔茨海默病老人的专门训练空间，老人可以在家属或者站点工作人员的陪同下进行康复训练；一旦窝窝管家发现老人的身体情况已经不适于接受窝窝站点简单的日间照护，就会及时与老人家属沟通，将其送入专业机构接受专业护理。身体好转后，老人可回到窝窝继续享受服务。（PY120230828）

2. 2.0版本：打造街道级社区嵌入式养老服务体系

2023年8月，机构进一步承接高新区芳草街街道敬老院（后更名为芳草养老院），完善了其一直探索建立的街道级社区嵌入式养老服务体系（I-CCRC模式）。

在机构负责人看来，院落窝窝对于老人来说不只是一个机构，更是一种组织的陪伴，包括老年人之间的陪伴，也包括机构对老年人的陪伴。窝窝不断地根据老人需求调整服务供给，不断地升级改造，这种陪伴获得了老人信任，老人也满意于街道有可及性高的资源。在街道养老院开业后，老人入住率达100%，并且是瞬间住满。（PY120230828）

一是搭建组织体系。体系包括前端、中端、终端三个层次。前端的院落窝窝建在小区，发挥信息采集、需求引流、服务供给作用；中端载体建在社区，通过日间照料中心、护理驿站、老年助餐等提供15分钟养老圈服务，并将需求对接到终端；终端载体建在街道，以中小型的嵌入式养老机构为主。

二是搭建服务体系。在原来院落窝窝的基础上，提供机构、社区、院落、居家一体化的养老服务，依托老年人对"窝窝计划"的品牌信任，吸引老年人参与"大窝窝"，即街道级社区嵌入式养老服务体系。另外，2.0版本的院落窝窝增加了两个服务项目。（1）巡访关爱服务。窝窝团队扩大了志愿者队伍规模，志愿者主要进行入户巡访，了解老年人情况，搜集个案数据并与窝窝管家交流讨论。① （2）应急救援支持服务。针对窝窝计划服务的高危人群，充分利用政府购买服务项目，由机构因人而异地具体进行居家智能监护设备配备，如烟感报警、气感报警、体态捕捉、一键报警、语音呼救等设备。针对重点监护型和个案保障型老人，馨挽秋为老人配备了应急呼叫器和小度语音呼救器，② 如果老人出现身体不适的情况，可以快速寻求帮助。据统计，依靠这一套应急管理体系，馨挽秋的5个窝窝团队成员救下了11位在夜间急性疾病发作时紧急呼救的独居老人的生命。③

> 机构负责人举例说，夜间心梗发作时，老人可能会出现手抖心慌眼花的状况，无法操作手机呼救，这时他们就可以使用应急呼叫器。而对于那些摔倒无法返回卧室按下应急呼叫器的老人，可使用小度语音呼救系统，如高喊"小度救命"便可发送出求救信息。（PY120230828）

四 养老联合体：企业群经营社群的典型模式

2022年8月，南京银杏树养老服务有限公司、南京吐纳健康科技有限公司、南京江宁好儿女护理服务有限公司发起成立南京五福养老服务中心（五福康养联盟），共同应对养老行业痛难点堆积、信息交流不足、资源单一的问题。笔者认为，这是正式化、组织化的养老联合体形式：企业群以

① 志愿者工资按照其服务人次、内容进行结算。
② 应急呼叫器一般安装在老人床头，可以满足不紧急的需求。而小度语音呼救器则可以在半径5米范围内识别到老人的求救声（能够识别普通话与方言）。
③ 成都市高新区通过普遍摸底，将区内常住老人按风险程度分为三级，分别是高危人群、中风险人群、低风险人群（其中高危人群指高龄独居、患病老人）。中、低风险人群交给社区或者网格员进行敲门服务，高危人群则由政府购买服务交给第三方专业机构。其中发现的个别特殊老人，高新区则会结合民政政策，对接养老机构、慈善机构，申请民政局补助做个案保护。

联盟体（企业互助）的方式联合共生、优势互补、互利共赢，共同经营老年人社群，满足老年人的各类养老需求，整体向着集团化、联合化方向前进。

（一）五福康养联盟：企业组团成长历程

五福康养联盟成员包括医疗、互联网、农村养老、军资、社区工作等多个领域的企业和社会组织，探索通过不同专业领域的思维碰撞、合作，共同组团成长。其业务范围如下：一是为康养行业成员提供相关信息咨询服务；二是促进康养领域的技术研发及成果转化；三是组织联盟成员单位及行业成员接受技术及业务培训；四是组织联盟成员单位及行业成员开展康养领域论坛、沙龙、研讨会等各类会议及活动，加强行业交流沟通，解决行业痛点难点问题。其十年愿景为：联合百家连锁机构、打造千个特色项目、培养百万全能人才、造福千万幸福老人。

我们希望能吸纳多样化的企业加入联盟，共同经营客户群体，要求是该企业让渡一部分销售自身产品的利益，通过在联盟负责运营的社区服务站点出售价格低于市场价的产品，来获得稳定的客户群体，同时联盟运营的站点下社区居民也可以享受到物美价廉的生活必需品。（PZ120230717）

虽然联盟在 2022 年才正式成立，但在 2019 年时，已经开始举办活动，活动形式包括核心成员交流会、沙龙研讨、种子培训（人才培训）、调研参访等。根据"南京五福养老"公众号的统计数据，其在 2019～2020 年共开展了 40 期线上直播，累计总浏览量 431.6 万次，观看人数接近 13 万人，累计获赞 75.2 万次；开展了 13 次乐享沙龙，272 人次参与。2021～2022 年，开展 10 期线上直播，7 次线下活动。活动主题包括养老机构运营、养老机构服务安全基本规范、时间银行介绍、农村养老拓展、为老助餐服务、居家养老管理与服务、居家上门康复、家庭养老床位、农村敬老院公建民营、社区嵌入式养老体系、"80 后"与"90 后"养老人才培养、公益创投项目、居家养老绩效目标任务分解与执行、家政服务研讨、互助养老研讨等，活动主题的词频分析结果见图 7－2。

图 7-2 活动主题的词频分析结果

（二）核心企业介绍：南京银杏树养老服务有限公司

南京银杏树养老服务有限公司（以下简称"银杏树"）成立于 2015 年，由吴友凤创办，经过多年的发展，逐步成长为集机构养老、社区居家养老、虚拟养老、残疾人托养于一体的综合性连锁机构。截至 2023 年 12 月，银杏树拥有 300 余名专职员工、20 余家养老机构、10 余个居家养老服务中心、3 个残疾人之家、1 个养老评估机构和 1 个家政服务公司，养老机构床位近 2000 张，业务从江苏南京辐射到江苏秦州、重庆万州。机构特色为：以"提升老人的生活品质，为心中有爱的人创建释放爱的平台"为使命，以"公益服务"为发心，以"产业发展"为规划，复制"以机构养老为依托，辐射社区居家养老"的运营模式，实现品牌化、连锁化、产业化发展。

下面以笔者调研的腾飞园社区居家养老服务中心为例介绍其社区居家养老服务模式。腾飞园社区居家养老服务中心（腾飞园社区睦邻中心）位于南京市鼓楼区腾飞园 5～6 号，2018 年交由银杏树运营，中心包括上下两层，一层为居民休闲娱乐及工作人员办公区，提供桌游等老人休闲器具、居民日常交流及社区助医等服务，二层为办公会议及大型活动举办区，提供五福康养联盟成员日常会议召开、社区大型活动举办等服务。

该服务中心的主要服务项目包括好邻居敲敲门项目、医养结合项目及老年食堂服务项目等。其服务特色为专业为主、志愿为辅。一方面，银杏树注重培育自身的护理专业特色。在鼓楼区腾飞园站点，日常均由两位经过专业培训的护理员带领志愿者完成上门探望、测量血压、测量血糖、陪护看病等一系列服务。

　　站点护理员皆为银杏树下派到腾飞园社区的全职工作人员，按照规定考取了相应的社工证，日常医疗工作都由她们主导完成。（VH120230717）

另一方面，志愿者是企业与社区居民的联结者，发挥辅助活动完成的作用。

　　志愿者在居家养老服务中心工作人员上门为老人提供服务时主要扮演企业与社区居民之间的中介角色，帮助工作人员准备器材、减轻社区老人不信任感，推动上门服务顺利完成。（VH220230718）

第二节　企业经营平台

企业经营平台包括两种类型：一是企业经营养老服务联合体平台，这也是企业群经营社群的方式；二是企业经营线上平台，形成线上的养老服务联合体网络。本节就以爱行礼运互助社区这一平台为例进行介绍。

一　爱行礼运互助社区

爱行礼运互助社区由爱行礼运（山东）信息技术有限公司运营，探索圈层化、产业化、智慧化的企业经营平台模式，提出建设邻里互助养老大家庭理念，利用互联网技术把居民志愿服务[①]、平台核心资产（店铺产权）、医康养商机构服务三要素有机结合，形成"时间股份制"互助养老产业业态。[②] 平台的宗旨是让老人身边有亲情，让晚年生活有温度。平台的目标是为老人、残疾人集聚免费人力以为其提供便捷服务和保障其安全消费，为互助伙伴募集养老储备金。

平台的用户构成包括社群和企业群两个层面，在社群层面，每个爱行礼运互助社区都有一个互助社群（邻里互助圈），由管理员负责管理，进行线下活动、服务，也进行线上注册、记录志愿时长等；在企业群层面，平台会引进专业的医康养商机构入驻，使其共同为社群提供各类服务。平台会对引进企业的行为进行监督，要求其提供质优价廉的产品和服务。

平台核心运作方式在于：将志愿服务与平台核心资产挂钩，邻里互助圈志愿者提供互助养老服务，医康养商机构入驻平台提供专业服务，通过志愿服务时长兑换平台商铺资产形成"养老储备金"，实现志愿服务保值增值。就志愿者而言，可以获得志愿积分排行的荣誉激励，以及平台商家质优价廉的商品和服务，同时享受由店铺资产增值带来的物质激励；就老年人而言，可以获取志愿者提供的互助养老服务以及平台专业服务；就平台商家而言，可以形成长期稳定的用户群体。

自 2016 年开发至今，平台开发了 PC 端、手机 App、微信公众号、微信小程序 4 个类别 6 个版本的平台软件系统，每年迭代一次，目前运行的是第 6 个版本，2023 年 3 月 10 日上线运行。

二 特点分析

据该平台统计，截至 2023 年 5 月，山东省的 82 个村庄社区已经组建

---

① 笔者认为，该平台实际混淆使用了志愿者与互助服务员、志愿服务与互助服务的概念，但为保持与访谈内容与获取材料的一致性，笔者仍沿用他们的说法。

② 企业将爱行礼运互助社区界定为：以爱行礼运平台为载体、网格邻里互助圈为基础、呼助中心/康养生活馆为导流途径、医养康商机构为支持的邻里互助智慧健康养老模式。该模式主张在社区以网格为单元发动居民组建"邻里互助圈大家庭"，开展以探访问安、陪伴聊天、随手家务、应急帮扶为内容的邻里互助养老，并借助爱行礼运互助社区对接导流专业医康养商机构业务，服务居家老人和残疾人，有效解决了高龄老人和残疾人生活困难和医疗难题。

了249个"邻里互助圈大家庭"，入圈志愿者有3000多人（注册志愿者总数为1.8万人）[①]，入圈受助老人和残疾人约有500人。[①] 该模式为居家老人提供的邻里互助"五有养老"[②] 服务取得较好效果。笔者总结其特点主要包括以下五个方面。

（一）纳入党建引领社区网格化治理体系

"党建引领网格邻里互助圈"模式是烟台市邻里互助智慧健康养老模式的特色结构。如图7-3所示，一方面，各城乡社区以网格为单元建立邻里互助圈，积极动员社区"两委"、党员担任圈主，对社区网格员担任圈主的邻里互助圈和居民担任圈主的邻里互助圈进行合理配置，网格员有了可以支配的邻里互助圈志愿者团队，网格化管理有了行动的组织基础；另一方面，城乡社区通过在邻里互助圈成立临时党支部和党小组来加强对邻里互助圈的引导、规范和监督。

　　以山东省莱州市沙河镇路旺原家村的邻里互助圈建设为例，该村围绕被帮扶老人组建邻里互助圈，按照5∶1比例配备帮扶志愿者和被帮扶对象。2019年，该村发展21个邻里互助圈，拥有356名志愿者和50多位被帮扶老人。[③] 2022年，村党支部以网格化的方式将邻里互助圈整合起来，均匀分布在村内的5个网格互助圈里（见图7-3），并在每个片区内配备约15名党员、3~4个邻里互助圈，选拔党员和年轻人担任邻里互助圈圈主兼网格员，并在超过3名党员的圈内建立了党小组。（PY120230429）

（二）家庭再造工程开展"邻里互助圈大家庭"式养老

爱行礼运互助社区动员圈内居民运用闲暇时间参与互助养老服务体系，通过以居住的社区为单位组建互助圈的方式激活可调动的社群力量，为需要帮助的老人提供及时的帮助。具体包括两个方面。一是多个空巢小

---

① 资料来源：《烟台市邻里互助智慧养老运行情况》，内部材料。
② "五有养老"指的是"邻里互助圈大家庭"五个养老功能的组合，包括"有人"养老、"有乐"养老、"有医"养老、"有安"养老、"有钱"养老。
③ 资料来源：《路旺原家村邻里互助养老情况介绍》，内部材料。

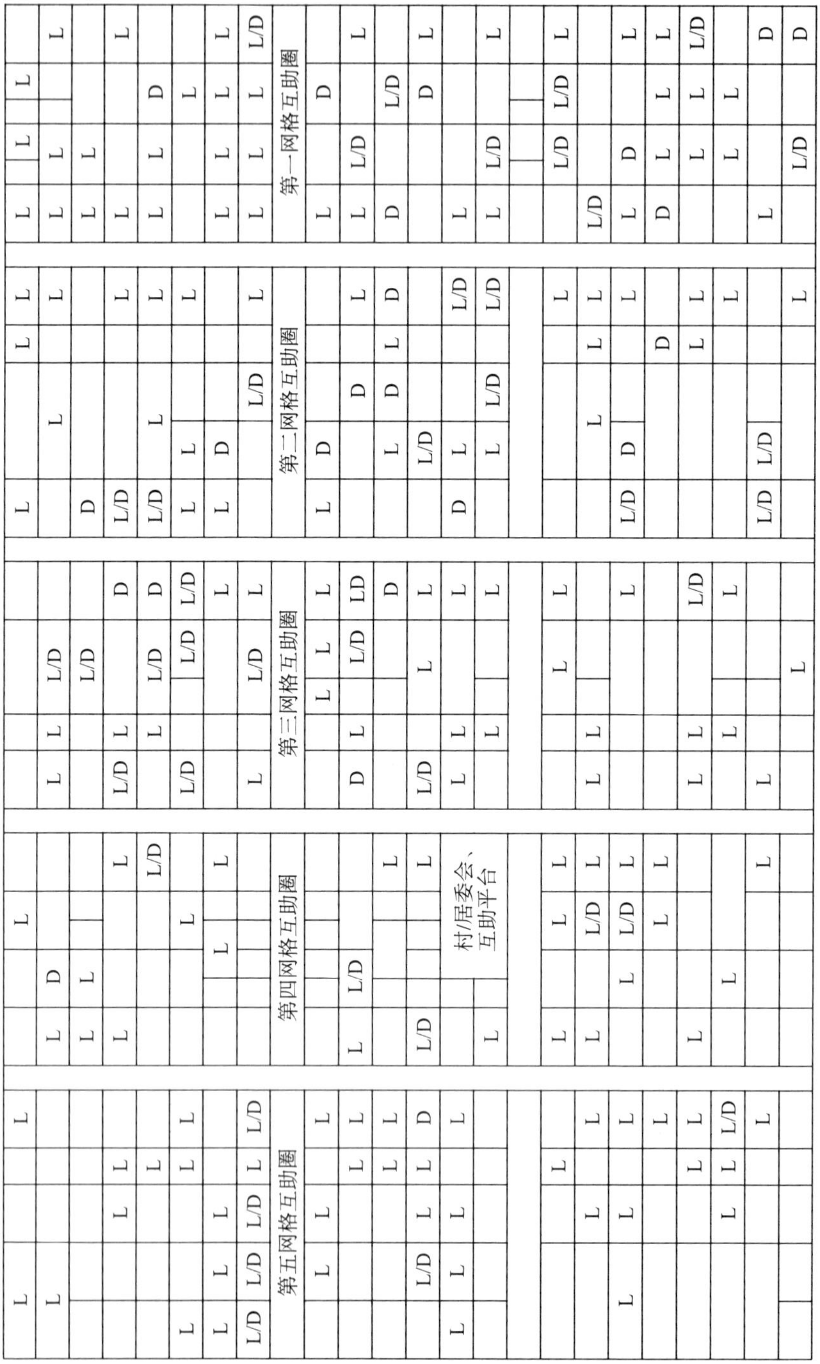

第一网格互助圈

第二网格互助圈

第三网格互助圈

第四网格互助圈

第五网格互助圈

村/居委会、互助平台

图7-3 2022年路旺原家村网格互助圈、邻里互助圈示意

说明：L是互助圈会员，包括志愿者和被服务对象，D是党员，空格是网格所划分的片区。部分党员在村里没有住宅，没有标记。

家庭联合。在"邻里互助圈大家庭"内部进行包括探访问安、陪伴聊天、随手家务、应急帮扶的邻里互助养老，即在"邻里互助圈大家庭"内实现"有人"养老。

> 例如，在山东省莱州市沙河镇路旺原家村，有一位88岁高龄孤寡老人曾是邻里互助圈的帮扶对象，村内两名志愿者每天都去探望老人、陪老人聊天、查看老人身体健康状况和生活需求。志愿者为老人打扫卫生、帮厨送餐，使老人的生活品质大大提高，老人的身体状况和精神状态都很好。就在老人去世的前一天，志愿者还来看望老人。该村爱行礼运－呼助宝平台有老人临终关怀制度，包括临终照料、事后送行等，也均是由村内志愿者完成的。（PY120230429）

二是互助养老群体与社区组织和医康养商机构联合。"邻里互助圈大家庭"与社区组织和医康养商机构互动互利，从而实现"有乐"养老、"有医"养老、"有安"养老、"有钱"养老的社会互助养老目标（见图7－4）。

> 爱行礼运互助社区创始人介绍道："在对商家监管过程中有五道关卡。第一道关卡是邻里互助圈的志愿者，在选择采购对象时志愿者往往会选择熟悉的商家，这些商家往往已经积累了一定的信誉。第二道关卡是平台运营机构审核商家资质。第三道关卡是邻里互助圈集团采购，借助集团采购往往能够在与商家议价时取得优势地位。第四道关卡是县区理赔，县区理赔是指与平台合作，取得爱行礼运后台运营资质的县区对确认被骗的消费者进行赔付。第五道关卡是平台的呼助宝安全消费保障基金为消费者提供的兜底赔付。"（PL120230430）

（三）建立志愿者服务积分评价系统

根据爱行礼运互助社区的规定，邻里互助的公益与收益基本关系基于如下三条准则：一是志愿服务不求回报；二是时间入"股"不退"股"；三是自建平台自担风险。公益时间的相关操作具体分为以下步骤：

第一，分组邻里互助，在社区的网格中组建若干"邻里互助圈大家

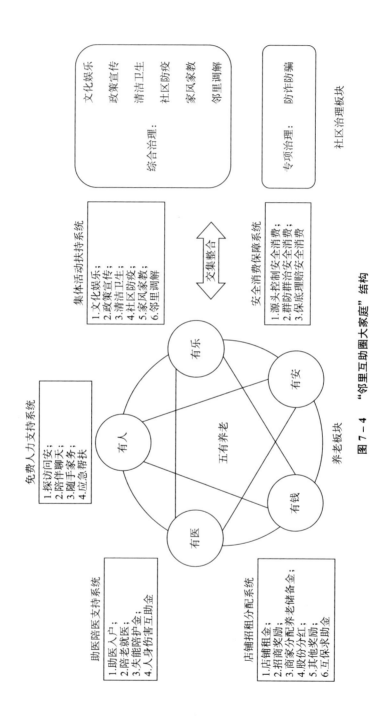

图7-4 "邻里互助圈大家庭"结构

庭"并设立一名主管作为信息联络人和时间记录人；

第二，记录公益时间，互助圈主管记录志愿者公益时间纸质台账，社区主管将志愿者公益时间上传到平台系统的个人资产账户；

第三，分配平台资产，平台系统按公益时间多少自动为志愿者分配平台店铺产权，每1万分钟（167小时）对应一个店铺货架；

第四，加入保障体系，获得质优价廉的生活消费品和医康服务以及意外伤害、重大困境互助金救助；

第五，储备养老资源，志愿者为自己储存义工帮扶时间，系统自动为志愿者分配养老储备金、失能陪护金，为社区呼助中心分配邻里互助日常活动经费。

公益时间通过兑换平台上的公益银宝进行计算，[①] 根据入股到资产账户的公益银宝（帮扶老人和社区公益活动时间兑换的银宝）数量，互助志愿者自动获得不同的公益银宝等级。1万个公益银宝对应一级银宝等级，2万个公益银宝对应二级银宝等级，以此类推，等级不设上限，可持续升级。一级银宝等级对应平台采购商铺产权的一个货架。银宝等级越高，得到的养老帮扶免费人力储备越多、养老储备金越多。

（四）企业群提供多元化养老服务

医康养商机构体系[②]和战略合作配套体系形成的企业群为邻里互助圈体系提供健康管理、食品采购、家政服务、休闲娱乐、技能学习等多元化的优质养老服务。该体系的店铺联盟供应商库可以保障邻里互助圈集团采购养老服务时有更多的筛选机会和服务的质优价廉，同时可以增加志愿者店铺收益，积累养老储备金和平台运维资金。

我们有家庭医护定位系统，可以方便邻里互助圈寻求服务，志愿

[①] "邻里互助圈大家庭"日常集体活动，如健身、舞蹈、音乐、美术、娱乐、健康培训、政策宣传、家风家教等，每分钟兑换1个公益银宝；帮扶扶助对象的探访问安、陪伴聊天、随手家务、应急帮扶、服务救援等活动，"邻里互助圈大家庭"集体活动中的教练讲授以及社区公益活动中的清洁卫生、社区防疫、邻里调解等活动，每分钟兑换1.2个银宝；等等。

[②] 根据平台的设计，医康养商机构体系是指医药、健康、养老、家政、商业等专业服务机构与志愿者平台店铺形成店铺联盟，入驻平台店铺联盟的广告栏目免费打广告，从而形成的邻里互助圈集团采购的供应商库。

者可以帮助帮扶老人查看附近的机构信息，提前进行预约，陪伴老人去意愿诊所治疗，或者联系机构入户服务老人。不仅如此，医护机构也可以向邻里互助圈寻求帮助，平台向医护机构开放志愿服务通道，医护机构可直联邻里互助圈获得志愿者辅助开展入户业务。（PL120230429）

（五）构建新型社区合作社

爱行礼运互助社区的最大特色在于平台所赚的所有利润由成员共享，笔者认为这是一种新型社区合作社模式，也是志愿者积极参加平台活动的重要原因。

> 平台的志愿者不同于我们通常理解的志愿者概念。我们给它的定义就是抱团养老的一群人，从这个意义上出发，志愿者有持续参与的意愿就很好理解。第一，这些人本身就有养老的需求，据平台统计，我们邻里互助圈体系里的志愿者中60岁以上的人就占70%。第二，他们是生产者。平台的建立对志愿者提供互助养老服务的行为进行鼓励，包括给予一定的物质激励和精神激励。第三，他们是消费者。当志愿者集合起来之后，大家就可以借助集体的力量获取质优价廉的养老服务。第四，他们是获益者。合作企业所得的抽成盈利归平台成员所有，平台成员享受分红，也为平台上的困难老年人提供兜底保障。（PL120230430）

第三节　互助组织与企业相互合作制约

市场参与基层治理不同于纯市场经济，企业可以以营利为目标，通过耦合于政治、经济、文化、社会、生态文明等之中获取各类资源，但我们不能任由其掠夺式发展，损害居民的社会生活、发展提升、权益保护、社会福利保障机会。故而，在养老服务联合体建设中，需要社会与市场相互合作制约。这主要体现在两个方面：一是专业社会组织与企业的混合化运营、业务合作，二是互助组织与企业的相互合作制约。本节主要介绍互助组织与企业相互合作制约方式。①

一 互助组织与企业协同合作

互助组织与企业协同合作主要有两种方式。一是合作伙伴或合伙创业模式。《中华人民共和国合伙企业法》对普通合伙和有限合伙做了明确规定。合伙一般采取资源互补、利益均分的方式，如一方出资，另一方负责经营管理；出资方获得租金、分红或股权收益，经营方获得管理费用或业绩奖励。② 还有平等合伙：双方出资和出力的比例相等。在这种合伙方式中，双方共同经营管理，享有相同的权利和责任。互助组织是其中的合作伙伴之一。

比如，在新余，部分城市颐养之家交由企业或个体商户运营，实行配餐制，由社区进行监督。农村的部分颐养之家采取定点采购的方式购买米面粮油等大宗商品以降低运行成本。

> 虎山社区颐养之家采取统一配餐方式，由第三方公司统一配送到社区。（PG120230725）

> 城北街道新苑社区与个体商户合作运营社区颐养之家，商户在社区提供的场地开火做饭，每日供应午晚饭和面点，普通居民也可以来就餐，老年人就餐有相应补贴（优惠），社区"两委"则负责监督卫生安全，据笔者调研时了解，每天用餐达到200余人次。（PY120230725）

又如，笔者调研的晋江市社区邻里中心均由社区建设规划，服务项目就交由第三方机构运营，社区与机构共享利润。

---

① 笔者认为，互助组织与企业相互合作制约的方式是养老服务联合体的理想形式/高级形式，体现了以互助组织为本（基础），实现了互助组织成员的利益相关（参与），其如果与面向不同人群的多元化的服务相结合，就发展为城乡社区经济综合体模式。

② 在这种合伙方式中，出资方通常不会直接参与经营管理，而是通过监督经营方的表现来保护自己的利益。

儿童教育我们已经交给一家机构运营，三楼还在装修的康养护理也会引进第三方来运营，但是中心的整体规划监督运营由社区负责，我们与机构可以进行多种方式的合作，共同营利。（MZ120230731）

在晋江农村，笔者调研的瑶琼村和磁灶社区村级敬老院由老年协会负责建设、监督，同时引入专业的第三方管理机构——泉州弘善老人养护服务有限公司负责日常运营，二者形成良好的合作伙伴关系。一方面，敬老院的场地布置和绿化工作由村委和老年协会承担，养老企业既不需要承担前期的投入成本和承包费，又可以获得运营收入；另一方面，村"两委"和老年协会要求养老企业给予本村老年人入住优惠，保留了敬老院的福利性。

我们本社区的 70 岁以上的自理老人，由社区每月补贴 200 元，就可以实现免费入住。如果是有护理需求的失能、半失能老人，可以享受八折价格优惠以及社区每月 500 元的补贴。（PH120230801）

二是合作网络/联盟模式。城乡社区/老年协会等互助组织与企业进行协商合作，既对老年人形成保护，使其权益免受市场侵害，为其争取物美价廉商品服务，也帮助企业有序对接客户资源。如从 2010 年开始，延边州就与中国人寿保险股份有限公司延边分公司合作开展了老年人意外伤害保险业务，为全州贫困低保老年人购买意外伤害保险；广西河池市宜州区安马乡白屯村组织低龄老人去井冈山和韶山等地参加红色教育旅游，费用用老年人交纳的会费给付；等等。

二　互助组织经营企业

互助组织经营企业是向老年人合作社发展的一个方向，它能够通过经济上的自我造血推动互助组织更好地服务组织成员。除农村集体经济组织/合作社经营企业以外，笔者调研的延边州老年协会和福建晋江的基层老年协会都在经营企业并拓展养老服务联合体。

例如，从 2006 年开始，延边州老年协会建立了老年人医院（延边福祉医院），创办周报《老友报》（朝汉文版）、月刊《老年世界》（朝文版），年发行量分别达到 1.2 万份、1.6 万份。同时，老年协会还有自己的老年大学、文艺演出队伍等。

> 延边福祉医院目前为州直医保和市直医保定点单位，60 岁及以上老人凭身份证即可享受"一免五惠"六项优惠措施。"一免"是免挂号费，"五惠"为：（1）可享受中药 10% 的药费减免；（2）可享受西药 5% 的优惠减免；（3）疾病检查可享受 30% 的减免；（4）健康检查体检可享受 50% 的优惠；（5）军烈属凭证可减免所有检查费，有基层老年协会证明的特困户患者予以全免。①
>
> 延边阿里郎艺术团，是延边州老年协会主管的由延边歌舞团等专业艺术表演团体退休人员和社会各界文艺爱好者组成的老年艺术表演团体，2003 年建团以来，自主创业、开拓市场，先后在延边地区及北京、天津、广东、香港、东北三省其他地区和其他沿海城市演出 300 多场。②

又如，福建晋江塘东村在 1973 年就成立了老友会，经过政府规范之后改名为老年协会。塘东村老年协会主要通过管理村菜市场和停车场进行自我创收。围头村则建立了福建省第一个村级敬老院，由老年协会运营。

> 围头村老年协会会长介绍说："除了收纳老年人入住以外，我们也提供普通老人就餐、空巢老人送餐上门服务，后面要建设集老年人服务站、老年人活动中心、敬老院于一体的综合敬老院。"（PH120201110）

---

① 内部资料。

② 内部资料。

小　结

市场是基层治理的重要驱动力和组成部分，既能以企业、个体工商户的主体身份参与基层治理，也能变形为市场规则嵌入社会组织之中，满足个体的复杂多元需求，激活个体和集体对于自身利益的追求，有效推动社会参与以及权力分散格局的形成。[①] 笔者认为，现代基层治理需要创新市场参与方式，让社会与市场联动起来，充分利用约束性市场工具，发展新型市场经济，推动社会与市场相互吸纳、彼此合作制约、协同并进，根本上还是要推动社会（互助）成长。

笔者在前文理论部分提出市场经营社会概念，本章则具体分析了"社会互助＋企业经营"的养老服务联合体模式，企业从经营个人到经营社群就是一种理念和实践的创新和转型，企业经营平台为党政领导的互助组织、专业社会组织、企业提供了相互合作制约的平台，企业经营社群、平台都为社会成长提供了空间，逐步推动了社会与市场的均衡发展。就目前而言，这种模式还处于起步阶段，面临的问题如下。一是市场持续性不足：这种模式往往利润低，需要以增量获得收入，但多数对政府购买服务有较强依赖，资金量少难以扩张，即便少数有能力扩张也面临缺乏党政背书的瓶颈。二是制度化程度较低：现有制度和政策对社区、社会组织与市场合作缺乏规范和监管，社会被市场所裹挟，如果出现问题，可能引发群体性事件。三是社会性较弱：居民没有真正有效参与到与其利益相关的互助合作之中，其与市场没有对彼此形成有效制约。故面向未来，一方面，应当引入市场经营社会、企业经营社群、企业经营平台、互助组织与企业相互合作制约等思维和模式，推动社会与市场的联动；另一方面，需要建立党委领导、政府推动的系统协同的资源依赖体系，政府给予政策、资金支持和监管，帮助养老服务联合体模式复制扩张，并向党建引领乃至党领导的社区治理共同体、社区经济综合体、社会互助平台方向发展。

---

① 沈冠辰、朱显平：《日本社区经济发展探析》，《现代日本经济》2017年第3期。

第八章 "社会互助＋基层治理"：城乡社区治理共同体与城乡社区经济综合体

　　可建设党领导的城乡社区治理共同体和城乡社区经济综合体承担现代互助社会（互助型老龄社会）的目标实现功能。与第七章的党委政府在养老服务联合体中主要发挥支持和监管的辅助作用不同，城乡社区治理共同体和城乡社区经济综合体依托枢纽型社会组织、社区、社会企业，与党委、政府形成了紧密资源依赖关系，这一平台在党的统合领导下，综合了互助组织经营企业、企业与互助组织相互合作制约以及企业经营社群、企业经营平台等的特点，而非仅是社群培育、服务或社群经济。笔者认为，互助型社会养老需要寓于城乡社区治理共同体和城乡社区经济综合体之中才能广泛发展起来。而伴随中国越来越多的地区急速进入超老龄社会，互助型社会养老也必将作为党领导的城乡社区治理共同体和城乡社区经济综合体的重要组成部分而得到有力维护和发展。严格来讲，城乡社区治理共同体和城乡社区经济综合体都属于城乡社区治理，只是两个概念界定的出发点和角度不同，城乡社区治理共同体偏向城乡社区治理机制运转，强调多元主体管理共同事务、调和各种社会冲突和利益矛盾时的联合行动和过程；城乡社区经济综合体偏向城乡社区经济和服务保障，强调城乡社区参与线上线下平台建设和运营管理，党建引领多元组织和城乡社区居民共同参与城乡社区经济活动。本章将着重从城乡社区经济综合体角度展开分析，探讨互助合作制城乡社区、线上城乡社区治理平台、城乡社区经济综合体三类模式特点及典型案例。

第一节 互助合作制城乡社区

互助合作制城乡社区主要指有较为发达的集体经济组织的城乡社区，在城市社区中，一般为村改居社区，它以党建引领为统领，以集体经济为基础，以城乡社区居民共同富裕为目标，推动城乡社区治理共同体和城乡社区经济综合体建设。本节将把城乡社区治理共同体和城乡社区经济综合体结合起来进行分析。

一 调研案例

受中国传统的乡土社会文化影响，中国农村天然形成了具有较强凝聚力的共同体精神，以宗亲关系维系着乡村互助关系。改革开放以来，中国农村建立了以家庭承包经营为基础、结合双层经营体制、土地归集体所有、所有权由村代表成员统一行使的农村集体经济组织。根据笔者的调研，在一些集体经济较为发达的城乡社区中，其传统的互助体系仍然保留，并依靠集体经济以及现代治理方式，实现向现代互助合作制城乡社区的转变。本节所涉及的互助合作制城乡社区调研案例主要包括3个村改居社区和4个农村，如表8-1所示。

表8-1 互助合作制城乡社区调研案例

城乡社区	所属地区	城乡社区类型
霍家营社区	北京市昌平区	村改居社区
回龙观新村社区	北京市昌平区	村改居社区
王厝社区	福建省晋江市	村改居社区
瑶琼村	福建省晋江市	农村
双一村	浙江省安吉县	农村
珍田村	江西省新余市渝水区	农村
桐林村	江西省新余市渝水区	农村

对于集体经济形式仍在产生正向积极作用的城乡社区而言，其相较于一般城乡社区在党建引领方面具有更强的组织统筹优势，党组织能够通过

高位的宏观领导使集体经济发挥聚合效应。党组织对于城乡社区基层治理、城乡社区集体经济的发展有着极大的参与权，能创造性地实现集体经济的再积累，以集体经济作为城乡社区多元服务提供的主要支撑基础。这极大增强了城乡社区居民的参与感，城乡社区居民互助程度、意识、意愿普遍较高。

二 特点分析

根据笔者调研结果，互助合作制城乡社区的主要特点包括以下四个方面：基层党组织是党的坚强战斗堡垒、党建引领网格化治理、党建引领多元社会服务供给、党建引领集体经济支撑。互助合作制城乡社区建设是一个系统工程，四个方面相辅相成。其中，前三个方面的特点是现代城乡社区的普遍特点，第四个方面的特点则是互助合作制城乡社区的独有特色。

（一）基层党组织是党的坚强战斗堡垒

党的建设是党领导一切（党建引领）的前提。基层党组织是党的基层组织，也是党在基层的战斗堡垒，是党的全部工作和战斗力的基础，在互助合作制城乡社区中尤其如此。

一是党组织书记及其团队是核心。作为组织系统中最活跃的要素，培养选拔德才兼备、忠诚干净担当的高素质专业化干部是提升城乡社区治理水平的重中之重。

二是各级党组织是中国共产党深入城乡社区实现领导功能的堡垒和抓手。其吸纳各类青年人才、社会组织、经济组织成员加入基层党组织或兼任基层党组织职务，又将党组织嵌入基层城乡社区、社会组织、经济组织之中，[①] 实现对三类组织的统合领导。

三是党员和党组织向城乡社区更小单元延伸和扎根。通过这种方式，能够更好了解城乡社区居民诉求、培育城乡社区居民组织、整合城乡社区居民利益、解决城乡社区居民问题，带领城乡社区居民参与到城乡社区经济、政治、文化、社会、生态建设中来，共同参与治理、共同增收致富。

---

① 刘安：《吸纳与嵌入：社区党建背景下中国党社关系的调适策略——以江苏省 N 市 C 区为例》，《黑龙江社会科学》2015 年第 5 期。

（二）党建引领网格化治理

网格化治理是城乡社区治理的重要方式。在党建引领下，它能够将组织资源网格化、下沉到单元格中，同时动员居民参与到"格"与"网"中，培育各类网格内的基层组织。城乡社区居民互助合作需要从"格"到"网"、从"网"到"格"双向推动。城乡社区居民生活工作在"格"里，开展互助合作、文娱志愿等活动，完成通知传达、社区服务、矛盾化解等工作，建立"格"中的共同体秩序，一些社会组织、商户、企业也从这里产生。

一是党员和党组织深入各级网格之中服务、组织、带动居民。一方面，城乡社区"两委"、城乡社区党员、在职党员等基层党员在各级网格中担任网格长；另一方面，把党小组建在网格里，压实责任、落实到人。

二是党建引领资源下沉服务网格。城乡社区党组织负责将城乡社区内的村/居委会、业委会、物业公司、社会组织、驻区单位等多方资源统筹联动起来，按照基层社区的事务形成不同的集束，将各主体所携带的资源有效整合并下沉至格内，推动资源和服务有序流向居民。

回龙观新村拥有近1万人的人口总数，但基于对社区治理经验的不断总结，其在实践中创新建立了基层红色网格治理体系，即以红色网格为主线、服务网格为重点、信息网格为支撑、多元参与网格为补充的串联互通的特色网格化运作模式。具体表现为建立以社区"两委"、党员为主要组成人员的四级网格体系，实行楼门"一长四员"制，打造信息网格平台，充分利用合创家小程序、社区微信群与社区12345热线电话等信息技术手段，拓宽居民与社区之间的沟通渠道，织密社区治理网络。

比较有特色的如回龙观新村社区将32家中介公司纳入网格化治理之中，社区建立街道、社区、物业和中介公司微信群，相关社区事务由中介公司和直接出租房屋的村民负责通知到租户。疫情期间有租户隔离的，均由中介公司或直接出租房子的村民负责给他们递送生活物资。①

---

① 参见刘妮娜《城市基层社会治理体系的"回天"样本：建构与实践》，光明日报出版社，2023。

三是党建引领城乡社区居民参与互动。通过党员和党组织深入网格发挥先锋模范、凝心聚力和带头作用，网格中的热心城乡社区居民、志愿者也被调动起来，积极参与小"格"大"网"的互助合作、协商议事等工作，协助社区"两委"、网格长、村民组长等服务居民。尤其是不少网格都建立了相关微信群，"格"里的人们之间的畅通交流也加强了互通互知互信互识。

四是党建引领基层组织培育。党建引领基层组织培育不仅体现在各类队伍的培育上，更体现在无论是在"网"里还是"格"中，党组织都明确与城乡社区居民和基层组织站在一起，通过社区微信群平台、吹哨报到机制等让城乡社区居民所形成的群体/组织与政府和市场对彼此形成制约，由此进一步增强和促进城乡社区居民信任和参与，扩大个体自由自主的自治空间，城乡社区居民在获得一定的主体地位和话语权的同时，也更愿意参与到网格建设之中。

（三）党建引领多元社会服务供给

在党建引领下，社区通过发动邻里、互助服务员志愿者等社区互助资源，联动个体商户、中小企业等社区服务主体，提供多元的社会服务。具体包括以下几方面。

一是衣食住行等便民服务。如回龙观新村和霍家营社区皆引入了蔬菜零售网点、便民早餐店、便利超市等，居民在家门口就能将生活用品、食材一站购齐，大大节省了时间，且商品价格便宜、质量有保证。

二是养老、托幼、医疗等福利服务。通过老年驿站、托幼机构、社区卫生服务站等实现老有所依、幼有所育、病有所医。例如，王厝社区依托附近青少年宫和未成年人保护站，有效填补社区教育体系的缺漏；瑶琼村则建立社区幼儿园，满足社区低龄儿童的入学需求。

三是环境整治、物业管理等管理服务。如北京环卫集团整体接管北京市回天地区环境卫生服务工作，各街镇成立物业管理创新联盟、物业企业联合会、商户自治协会等推动企业联合、多方合作共赢，村/居委会联合物业公司开展垃圾分类，将中介公司纳入网格化管理，社区积极联络企业助力社区建设。

四是文化娱乐、公益活动等志愿服务。一方面，在城乡社区"两委"支

持下成立大大小小的志愿服务队伍，参与到治安巡逻、垃圾分类、疫情值守、养老服务以及其他各类社区服务中。另一方面，社区里不断开展唱歌、舞蹈、书法、绘画、跑步、篮球、足球、乒乓球等多种类型的文化娱乐活动。

（四）党建引领集体经济支撑

集体经济组织是共有集体土地和其他财产，并对这些土地和财产享有占有、使用、收益、处分等权利的城乡社区居民结成的组织。[①] 集体经济是互助合作制城乡社区的核心特征，为城乡社区治理夯实了经济基础，可以产生强化社区认同、推动社区参与、解决公共问题的连带效应，城乡社区居民在此基础上形成较强的城乡社区归属感和邻里情感纽带。具体来说，主要有以下两个表现。一是获得合作社经济收入。收入来源包括土地出租、农业合作社、经营物业、商贸企业等。如北京市昌平区霍家营社区和回龙观新村社区的物业均为集体经济合作社的下属企业。

> 在回龙观新村社区，为解决转制以后农民就业问题，村集体经济合作社成立物业企业——北京回龙观融和物业管理服务中心，负责本社区的物业管理服务工作。其也为回龙观新村的生活贫困人员、社会帮教人员、优抚对象、退休老人等劳动能力较弱的人群提供一定数量的工作岗位。（PZ120200810）

二是承担福利服务保障功能，包括保障合作社社员及城乡社区居民的基本生存、基本生活、就业、基本医疗、基本养老等。如江西新余市珍田村在2017年进行拆"三房"工作，基于此政策，村内拥有了多余的可支配土地，通过党组织的前期摸底，征求民众意见，最终决定建设为吃住一体的颐养之家。福建晋江市瑶琼村为满足村内低龄儿童对于幼儿园的需求，利用村集体财政，建立幼儿园，在价格收费上与公立幼儿园相同。浙江安吉县双一村2014年开始筹建老年食堂，采用根据年龄梯度收费、村集体经济给予部分补贴的形式为村中老人提供餐食。

[①] 仝志辉：《村委会和村集体经济组织应否分设——基于健全乡村治理体系的分析》，《华南师范大学学报》（社会科学版）2018年第6期。

三　典型案例：北京市昌平区霍家营社区

霍家营社区是典型的互助合作制社区，其在党建引领、集体经济保障的基础上，走出了一条章程清晰、邻里和睦、协商有序、志愿氛围浓厚的建设"有人情味儿的社区"之路。其特色在于：一是党的坚强战斗堡垒推动党建引领社区价值统合、任务统合、资源统合；二是集体经济合作社为社区居民互助合作提供了组织载体；三是社区居民积极参与社区公共事务，开展各类志愿服务。

（一）党建引领贯穿社区建设始终

霍家营社区各项工作的顺利开展，离不开党员干部的先锋模范作用以及党组织引领驻区企事业单位和社会组织等各类组织共同经营、带领社区居民共同参与。党建引领的作用具体体现在以下几方面。

一是选优配强社区"两委"，发动党员率先行动、做出表率。一方面，社区党支部书记尽心尽力为村集体发展和社区建设谋篇布局，在垃圾分类等活动中都是亲自上阵，为"两委"班子、党员、居民做出表率。同时，社区工作人员学历高、业务能力强，敢于创新、勇于拼搏、善于钻研，"两委"班子中有6名30岁以下重点大学本科生及1名研究生。另一方面，要求党员必须做出表率，压实责任、落实到人。第一，开展党员先锋岗创建活动，落实"首问负责制"，从2017年开始探索把党小组、党员建在网格上，落实党员网格责任制。第二，要求党员在社区志愿服务中发挥先锋模范作用。从2017年9月25日开始，每月25日是社区党员服务日，全体党员开展"我的社区我打扫""我的家园我打扫"活动。

> 霍家营社区成立老党员先锋队，打造了志愿服务标杆。2020年8月，社区党委发出"垃圾分类我参与"号召后，就有21名老党员率先参与垃圾分类桶前值守活动。疫情防控时期，也是社区全体党员、社区工作人员、物业工作人员轮流上阵，在排查登记点实行查证、验码、测温、登记等措施。（PL120210405）

二是坚持培养居民爱国爱党爱社区精神。有爱国家这个大家的意识才

有爱社区这个小家的动力，霍家营社区非常重视将爱国爱党爱社区的文化输出给居民，对居民产生耳濡目染之效果。在社区党员会议、居民代表大会、村集体股东代表大会、村民会议等不同场合，社区党委书记都会向大家宣传爱国主义和爱党思想、打造共产主义理想社区的理念，潜移默化地影响居民。

霍家营社区从 2017 年 9 月开始把每月 25 日定为党员学习日，当天社区书记给全体党员上党课。对于社区书记讲党课这项工作，李书记深有感触，他说道："坚持了三年多，才有今天党员们的思想统一局面，现在每次开会有 60%～70% 的党员拿着笔记本记录。"（PL120210405）

三是党建引领多方组织参与社区治理。在社区党组织的引领带动下，以社区党建工作协调会为平台，霍家营社区吸纳了社区党委（支部）、居委会、业委会、物业公司、社会组织或驻社区党政机关、企事业单位等各类单位、组织共同参与社区建设，促进社区各类单位和组织优势互补、资源共享、共建共治。一方面，社区物业为村集体合作社下属企业，社区党委、居委会、股份经济合作社负责人和安裕物业公司负责人交叉任职，成立物业党支部，有效避免了居委会和物业之间的相互推诿，同时物业每月向全体居民公开收支、工作计划，并通过"双服务四签到"模式，接受业主监督。另一方面，每月召开一次党建协调会，发动社会组织、企事业单位等主体与社区党支部共同开展活动、解决社区难题。

四是设立社区"12345"电话服务热线。为进一步做好"12345"热线群众诉求处理工作、降低市区"12345"热线拨打频率、缩短案件办结流程、提升辖区精细化治理能力和水平，霍家营社区开通了社区"12345"热线，在每个单元楼内张贴联系方式，同时在社区微信群里发布通知，广泛告知居民有任何问题都可以拨打该电话反映自身诉求，让社区自己的热线承担部分市政热线的功能，解决居民问题。

社区"12345"热线由中控室工作人员负责接听，7×24 小时值守，接线员秉承"接诉即办"的工作宗旨，5 分钟内根据居民需求进行派单，15 分钟内到达现场，24 小时内解决问题，如遇短期内无法解决的疑难问题则 5 日内反馈进度。问题解决后，有专人负责回访，进行满意度调查，便于居民进行监督，力求将居民反映的问题在社区范围内解决，做到"小事不出网格，大事不出社区"。（PL120210405）

五是强化党员、居民政治参与和民主监督。2017～2021 年，社区共召开居民代表大会、股东代表大会、党员大会等多种形式的民主协商议事会80 余次，严格按照"十步法"流程，让居民、党员等各个群体参与到社区重大事项决策中，充分保证辖区居民的民主权利，充分发挥民主决策优势，让社区治理更加公开、透明。社区从 2017 年开始开发霍家营智慧社区服务平台，2019 年投入使用，在社区 App、公众号等平台公开公示社区党务、政务、村集体收支情况，并开通建言建议板块，以便接受居民政治监督和保障居民政治参与。

（二）社区合作社经济筑牢社区经济基础

合作社经济是霍家营社区实现良性运作的经济基础，社区通过利益联结提升和增强社区成员之间的关联度和归属感，并且社区公共服务更多的是"自给"，自治色彩浓厚。这主要体现在三个方面。

一是霍家营社区仍然保留村集体股份经济合作社。社区原村民是村集体合作社的股民，分享合作社利润，处于利益共同体之中，良好的集体经济运营情况也为社区发展提供了经济保障。

2009 年 4 月 25 日，霍家营村进行了产权制度改革，将原来的合作社改制为股份经济合作社，土地变成了村集体资产，村民代表变为股民代表，每月定期召开股东代表大会，共同决议社区事务，为社区共商共治提供了制度基础。与此同时，社区把村里的部分土地建成商业楼出租，成立物业服务企业、商贸公司等增加合作社收入。[①] 如村

① 为积极拓展项目、实现增值与创收，除了回购"腾讯众创空间"大楼外，社区还积极招商引资，推进兰各庄飞地、霍营 8 号院、霍营小区等闲置地块的开发工作，拟将这些地块用于建设集租房项目和创新创业孵化基地，盘活集体资源。

集体出租首开广场的商厦，每年去除税收约有 2200 万元的收入；2020 年，霍家营社区股份经济合作社分红预决算为 451 万元，股份分红按照股民工龄、原始股比例等标准确定，老人每年可获得 1 万多元的股份分红收入。（PL120210810）

二是在集体资产保障下将部分资金用于社区基础设施建设和居民福利服务保障。在社区基础设施建设方面，霍家营社区的社区活动室、会议室、图书馆一应俱全，供社区全体居民免费使用。如 2016 年，社区投资 200 多万元，建设了 1000 多平方米的文体活动中心，购置了跑步机、拉力器、桌球、乒乓球台等多种运动健身器材，以及卡拉 OK 设备、LED 显示屏等歌唱设备。此外，社区打造了一个约 800 平方米的文化广场，为孩子们配备了沙坑、蹦床、滑梯、秋千等儿童娱乐设施。在居民福利服务保障方面，社区会为特定群体发放春节慰问品、升学奖励费、学杂费和医药费补贴等。

三是社区作为可信任平台帮助社区居民链接质优价廉的商品和服务。霍家营社区为满足居民的各种生活需求，有针对性地链接了教育服务、医疗服务、养老服务、商业保险、生活服务等各类资源。[①] 首先，在党建引领下，社区底商由社区合作社下属企业——北京紫金安裕物业管理有限公司负责整体管理，并交由第三方企业、商户运营。其次，这些企业/商户信息被整合在社区 App 中，企业/商户可以在其中发布促销信息，社区也会进行相应信息收集，在社区 App 和公众号上定期发布。最后，社区在线下与企业进行公益性和商业性合作，[②] 促进社区服务提质增效，搭建多元

---

① 例如，牵头对接引入了人大附中昌平学校、人大附小、华龙苑南里幼儿园、芬享音乐的课程等优质教育资源；对接康养企业为居民提供免费义诊服务；建设社区老年餐桌（驿站），为 70 岁及以上的老年人提供堂食服务，其中 70～84 岁的老人可以享受分级优惠，85 岁及以上的老人可以免费就餐；与农商行接治，在小区内配备了自动柜员机；引入了华联超市、药店、理发店、宠物店等多家便民商户。

② 公益性合作主要以企业免费提供活动、资源等方式进行，如车企为居民中的车主提供汽车检测、自如为独居老人提供免费保洁服务以及协调燃气公司安装智能写卡终端、社区卫生服务中心入户接种疫苗、正德社区服务中心为高龄老人安装助浴扶手等家庭适老化设施等。商业性合作以政府购买服务和社区自发购买为主，如社区在慈爱嘉购买的为老服务项目、在芬享音乐购买的合唱课程项目等。

化活动平台。

（三）社区居民积极参与协商议事与志愿服务

霍家营社区目前的社会动员机制包括霍营管家（楼门长）制度、社区"12345"、社区志愿服务、文化娱乐队伍、线上互助平台等。

一是建立霍营管家（楼门长）制度。2020年5月，社区将霍营管家与楼门长合二为一，选出共24名楼门长（包括所有底商的楼门长1名），党员比例为63％，楼门长将本楼门的所有人口（包括以租户为代表的流动人口）全部拉入本楼门微信群，同时将个人联系方式和岗位职责公示在单元每一层的电梯口。①

二是动员居民参与社区志愿服务。社区志愿服务是霍家营社区的一大特色。为推动社区志愿服务常态化、规范化，社区不仅为志愿者配备了统一的志愿者服装，建立了社区志愿者服务站，② 而且对登记在册的志愿者进行治安巡查值守排班，制定了严格的志愿者岗位责任制度，每个班次的志愿者上岗前需要拍照上传至社区微信群内，与其他志愿者相互监督和鼓励。笔者在2021年调研时，社区登记注册的志愿者就达到约500人（除去约170名党员，有330余名居民志愿者），共有老党员先锋队、在职党员先锋队、青年志愿服务队、巾帼亲情志愿服务队、治安志愿服务队、环保公益志愿服务队等12支志愿者服务队，累计志愿服务时长为7.6万个小时（每天共约50个小时）。③

一位垃圾分类志愿者说："社区的老住户们本身就是同村人，不少还有亲属关系，大家把社区当成一个家，而且做志愿的时候也能一

---

① 楼门长的职责主要包括：第一，民情反馈，每个楼门长每月要反映两条居民意见，意见统一汇总到民情记录本上，供社区参考；第二，信息统计，楼门长需要入户走访，收集、核对、整理居民信息，以保证信息更新及时；第三，宣传党务、居务工作，包括宣传疫苗接种、垃圾分类、消防安全等。

② 后来社区志愿者服务站在工会的支持下建立了社区暖心驿站，里面配备有微波炉、饮水机、空调、桌椅、雨伞、针线包等，不仅志愿者，民警、交警、快递员、外卖员都可以在驿站里喝水、热饭。在此基础上，2021年霍家营社区又在社区东门太平庄北街、建材城东路与417乡道交界路口设置了一个新的霍家营社区志愿者服务站，其同时也是交通警务工作站，作为执勤交警平时值班过程中或值班前后临时休憩的场所。

③ 社区志愿者会在"志愿北京"上进行登记注册，并记志愿服务时长。

起聊聊天，像以前串门一样。"（VG120210415）

三是组建各类文化娱乐队伍。霍家营社区致力于打造精品文化项目，组建新干线书画社、霍家营合唱团、自由飞翔舞蹈队、老年太极队、柔力球队等15支文体队伍，定期为社区居民献上精彩的演出，打造社区自己的文化品牌。①

四是搭建邻里线上互助平台。霍家营社区提出的邻里互助理念是"我为人人，人人为我"。更广泛的居民参与，能提升居民素质，探索除市场经济以外的按需分配的社会经济。

　　方法是：一方面，将志愿服务积分管理制度加入智慧社区系统。居民参与活动获得的积分由需求发布者提供，② 完成志愿服务后将自动转化为积分存进个人账户中，这些积分可以用来兑换物品或等价换取其他人的志愿服务。另一方面，建立了积分"霍币"商城虚拟货币系统，10"霍币"＝1元，目前，每日签到、参与志愿服务、正确投放垃圾③、有效反映社区问题、提出建设性意见都可获得对应数额的积分"霍币"奖励，"霍币"能直接用于社区超市消费，年底社区统一根据积分"霍币"消费情况结算。（PL120230425）

第二节　城乡社区经济综合体

城乡社区经济综合体以商业中心、商业街区、城乡社区、街镇为工作场域，由党委、政府、城乡社区、国（央）企、枢纽型社会组织分别或联

---

① 文艺志愿者创作防疫诗歌、书画作品、快板书累计600余篇，如社区居民作《众志成城抗病毒》一诗："众志成城抗病毒，党员干部带头冲。志愿崇高齐参战，保安值守昼夜行。保洁消毒防疫情，为咱社区保康宁。居民齐心团结紧，重创美好霍家营。"
② 社区居民可以在平台上发布需求，如法律咨询、宠物寄养、跑腿代购、日常帮扶、课后辅导等，由志愿者根据情况接单；社区也会发布卡口值勤、桶前值守等志愿服务项目。
③ App上有专门的"垃圾分类"板块，居民到垃圾分类站扫码称重厨余垃圾，计重成功就可获得5"霍币"奖励。

合进行综合体平台的投资开发和整体运营，多采用"党委/政府/城乡社区/枢纽型社会组织/企业+城乡社区/企业/专业社会组织+产品服务"的平台运营形式。城乡社区经济综合体与养老服务联合体的区别在于主导组织和业务范围，城乡社区经济综合体与党政有着紧密的组织资源依赖关系，主导组织一般是党委、政府、城乡社区、国（央）企、枢纽型社会组织，城乡社区的参与意味着城乡社区居民参与共享收益。业务范围涵盖网格治理、协商议事、互助合作等社区治理事务与一老一小、残障福利服务，家政、超市、餐饮生活服务等社区服务。养老服务联合体主导组织一般是社会企业、枢纽型社会组织或混合型组织，承接政府购买服务项目，业务范围以针对如老年人等特定人群、项目的社区服务为主。养老服务联合体可以发展成为城乡社区经济综合体，城乡社区经济综合体的范围大于且可以承载养老服务联合体。

一 调研案例

如表8-2所示，本章所涉及的城乡社区经济综合体调研案例共有11个，其中有8个城市社区、2个农村社区、1个文化艺术中心。① 在开发方上，城市社区以政府和社区"两委"联合开发为主，农村社区以村"两委"开发、政府补贴为主，天通苑文化艺术中心由政府和北京昌品城市文化发展有限公司联合开发。在运营方上，绝大多数案例都采取城乡社区"两委"与企业、个体商户、社会组织联合运营的方式，城乡社区"两委"或枢纽型社会组织起主导作用。服务内容涵盖社区服务的方方面面，包括助餐配餐、社区食堂、助老服务、文化娱乐、儿童教育、儿童托管、托幼服务、医疗服务以及其他生活服务等。

---

① 需要说明的是，笔者调研的文化艺术中心并没有城乡社区参与，目前类似于社区服务联合体/综合体，其创新之处主要在于政府、社会组织、企业的共同开发运营，与此同时，其主要运营组织为昌平区社会组织发展服务中心，正在致力于搭建"区-镇街-社区"三级社会组织综合体系，具有辐射城乡社区的组织优势，可以通过与城乡社区合作的方式向城乡社区经济综合体方向拓展，笔者认为这也是推动其创新发展的重要思路。

表 8-2　城乡社区经济综合体调研案例

城乡社区经济综合体	开发方	运营方	服务内容及特点
新余市虎山社区颐养之家	政府、虎山社区"两委"	社区"两委"、企业、个体商户、社会组织	社区参与运营监督＋第三方运营 助餐配餐、志愿服务、文化娱乐、适老化改造等
新余市龙泉湾社区党建综合体	政府、龙泉湾社区"两委"	社区"两委"、企业、个体商户、社会组织	社区参与运营监督＋第三方运营 社区政务、社区食堂、医疗服务、儿童托管、文化娱乐等
新余市新苑社区党建综合体	政府、新苑社区"两委"	社区"两委"、企业、个体商户、社会组织	社区参与运营监督＋第三方运营 社区政务、社区食堂、医疗服务、儿童托管、文化娱乐等
新余市桐林村颐养之家	桐林村"两委"	村"两委"、社会组织	村"两委"建设运营为主 吃住一体点、医疗服务、文化娱乐等
晋江市梅庭社区邻里中心	政府、梅庭社区"两委"	社区"两委"、企业、个体商户、社会组织	社区参与运营监督＋第三方运营 托育、助老、医疗、政务、文体、其他生活服务等
晋江市梅青社区邻里中心	政府、梅青社区"两委"	社区"两委"、企业、个体商户、社会组织	社区参与运营监督＋第三方运营 邻里食堂、托育、助老、医疗、政务、文体、其他生活服务等
晋江市华泰社区邻里中心	政府、华泰社区"两委"	社区"两委"、企业、个体商户、社会组织	社区参与运营监督＋第三方运营 邻里食堂、托育、助老、医疗、政务、文体、其他生活服务等
晋江市王厝社区邻里中心	政府、王厝社区"两委"	社区"两委"、企业、个体商户、社会组织	社区参与运营监督＋第三方运营 托育、助老、医疗、政务、文体、其他生活服务等
晋江市磁灶社区邻里中心	磁灶社区"两委"	社区"两委"、企业、个体商户、社会组织	社区"两委"建设运营为主 机构养老、托育、医疗、政务、文体、其他生活服务等
北京市霍家营社区	霍家营社区"两委"	社区"两委"、企业、个体商户、社会组织	社区参与运营监督＋第三方运营 运动健身、文化娱乐、儿童教育、医疗服务、社区食堂、其他生活服务等
天通苑文化艺术中心	政府北京昌品城市文化发展有限公司	昌平区社会组织发展服务中心、企业、个体商户、社会组织	北京昌品城市文化发展有限公司和昌平区社会组织发展服务中心参与运营监督＋第三方运营 阅读生活、文化客厅、艺术探索、戏剧体验、MINI文创园

二 特点分析

（一）以党委/政府/城乡社区/枢纽型社会组织/国（央）企为主导

笔者调研的城乡社区经济综合体的工作场域包括商业中心、商业街区、城乡社区，由党委/政府/城乡社区/枢纽型社会组织/国（央）企联合建设运营，主要体现为：商业中心和商业街区以由政府和国（央）企投资开发、枢纽型社会组织整体运营为主，城乡社区经济综合体以由政府、国（央）企、集体企业、城乡社区投资开发，城乡社区、集体企业整体运营为主。

如北京市天通苑文化艺术中心采取"党委领导，政府负责，社会运营"建设机制，由党委统领、昌平区文化和旅游局负责、区属国企（同时是枢纽型社会组织）社会化运营。北京昌品城市文化发展有限公司通过政府购买服务承接该文化艺术中心的运营，打造了集"阅读、展览、演艺、休闲、社交"多功能于一体的大型公共文化艺术综合空间，它是"一个长在社区里的文化艺术中心"，是回天地区的重要公共配套设施和文化地标。

再如晋江市"党建＋"邻里中心由党建引领、政府支持、城乡社区主导、多方共同参与建设。首先，街道、城乡社区党组织在具备条件的邻里中心成立党支部，在邻里中心的规划、投建、管护、运行全过程中发挥领导作用；其次，政府各级部门按照原有政策渠道给予"党建＋"邻里中心资金、资源补助，在资源整合、力量配置、资金保障等方面提供政策支持；除政府补助外，邻里中心的投资开发资金来源以城乡社区集体经济和城乡社区向社会力量自筹的资金为主；同时，由市属国企设立全资子公司参与邻里中心建设运营，支持城乡社区以场地空间作价入股或合作联营。

需要说明的是，城乡社区经济综合体对参与投资运营的城乡社区和枢纽型社会组织的治理能力要求较高，同时因其以城乡社区为单位，需要有完善有效的城乡社区治理体系支撑。

（二）城乡社区/枢纽型社会组织/企业/其他社会组织共同参与经营

城乡社区/枢纽型社会组织/企业/其他社会组织参与共同经营是城乡社区经济综合体的重要特点。城乡社区和枢纽型社会组织一般承担投资开发和整体运营责任，依靠租金、分红等获得收益，企业、个体商户、其他社会组织一般承担项目运营责任，获得其中的管理经营收益。

北京市天通苑文化艺术中心采取"公益＋商业"的经营方式，在以公益为主的"公益＋"方面，该文化艺术中心 2 层的昌平区图书馆包括生活馆、南山馆、静书馆、数字馆、童书馆与读书馆六馆，在 17：00 前向公众免费开放；① 3~4 层的社区剧场、青年剧场、排练厅供公益组织免费使用；3~4 层的书画中心、舞蹈中心、声乐中心，均配备有专业的设施设备，在工作日 9：00~15：00 期间公益开放；等等。在以商业为主的"商业＋"方面，其出租部分场地供教育机构、书店、咖啡店、电影院使用，教育机构主要集中在 3 层，包括北京舞蹈学院考级院、京北围棋、圣马钛音乐艺术教育中心、超能牛儿童运动馆、溢彩美术等（见表 8 - 3）。

表 8 - 3 天通苑文化艺术中心机构（2023 年 11 月调研情况）

类型	类别	名称	类型	类别	名称
公益＋	教育类	昌平区图书馆	商业＋	艺术类	365 剧场
		社区剧场			365 艺术影院
		青年剧场		教育类	北京舞蹈学院舞蹈考级院
		排练厅			In book 新华书店
	艺术类	城市文化展厅			京北围棋
		环形美术馆			圣马钛音乐艺术教育中心
		书画中心			超能牛儿童运动馆
		表演中心			溢彩美术
		舞蹈中心		餐饮类	DA Coffee
		器乐中心		超市类	DA Life 美学生活店
		声乐中心			
		生活展廊			

晋江市"党建＋"邻里中心采取"政府购买服务、市场化运作、公益性扶持"的运营机制，引入第三方机构以"多点位打包"或全委托的模式参与邻里中心运营管理，实现"商业反哺公益"。如笔者调研的梅青社区、华泰社区、王厝社区均落地了晋江市妇联"白兰花家庭驿站"项目，梅庭社区引入聪明豆教育、地球宝宝托育中心等教育机构，梅青社区、王厝社

---

① 童书馆专门为 12 岁及以下小朋友提供适合其阅读的童书，数字馆为需要进行电子阅览、电子浏览的人群提供电脑，文化艺术中心设置的图书馆精准满足多样人群的多样化需求。

区的邻里食堂以及磁灶社区敬老院等同样由第三方负责运营。

霍家营社区"一刻钟生活圈"由社区"两委"和物业企业根据社区居民的日常生活需求引进社区商户，包含餐饮、健康、教育、培训、管理、金融等，主要商户如表8－4所示。[①]

表8－4　霍家营社区"一刻钟生活圈"主要商户（2023年11月调研情况）

商户类别	商户名称	商户类别	商户名称
饮食类	晋湘苑	物业类	安裕物业
	维尔纳斯意大利手工艺蛋糕	管理类	北京奥力斯特投资管理有限公司
	齐市地摊烤肉	培训类	昌盛培育中心
	大话小腰（霍营店）	教育类	北京瑞琦幼儿园
	李记老北京酱肉铺（紫金店）		天使家园幼儿园
超市类	生活超市（紫金店）	健康类	南乔健康管理中心
	全优鲜超市	养老类	霍家营社区老年驿站
地产类	永城地产	银行类	北京农商银行

（三）整合多元主体开展城乡社区治理和服务

由城乡社区党建引领或枢纽型社会组织牵头整合社会治理和社会服务功能，将网格治理、协商议事、志愿服务、互助服务、专业服务等都纳入城乡社区经济综合体功能之中。

江西新余的颐养之家嵌入社区治理综合体之中。社区形成以党群服务中心为平台的便民服务阵地、以新时代文明实践站为纽带的思想文化实践阵地、以颐养之家为主体的养老健康阵地三大阵地，通过打造一站多点的格局，形成"党群服务＋文明实践＋居家养老"综合体，逐步将越来越多的居民组织起来，进行网格化治理、协商议事、互助合作等，引导居民自治、落实党的各项惠民政策，提升基层治理水平。

晋江"党建＋"邻里中心模式畅通了多级多类多主体参与渠道，内部

---

① 笔者在走访调研时购买品尝了维尔纳斯意大利手工艺蛋糕的纸杯蛋糕，并在全优鲜超市购买了砂糖橘和提子，蛋糕好吃，水果新鲜，价格略高。昌盛培育中心不仅有体能、舞蹈等培训项目，还提供托管服务。老年驿站服务包括助餐、中医、科普、心理、文化娱乐等多个方面。

从社区到小区到网格打造互助组织协商服务圈层；外部主体以无偿或普惠的价格将资源投放到社区，在缩减交易成本的同时也保证了服务质量，如华泰社区通过单位共建、资源探索的途径，与众多党群部门、政府机构开展共建，形成稳定的资源下沉机制，人社局的多功能政务自助机、图书馆的 24 小时还书设备、青少年科技室、"四点钟学校"、"白兰花家庭驿站"都在社区落地。

三 典型案例：福建晋江"党建＋"邻里中心模式

福建晋江具有浓厚的宗乡文化特色，村镇民营经济发达，基层互助根基稳固。一方面，宗乡共同体也是互助共同体。传统的宗乡文化依然通过信仰仪式和节日庆典，凝聚着信众和社区成员之间的情感，它传承和弘扬着先辈们的智慧和价值观念，提供了人们社会认同的重要参照。另一方面，村镇民营经济也是互助经济。民营企业通过慈善捐助的方式反哺村镇。① 笔者调研的城乡社区党组织书记多数有（过）自己的企业，思维创新能力、经营能力、资源联动能力强。"党建＋邻里中心"模式就根植于这一社会土壤，以社会互助为基础，以党的领导为统领，以社区治理为前提，以邻里中心为载体，为社区居民提供物美价廉的多元服务和社区参与的场所空间。

（一）从"远亲不如近邻"到"党建＋"邻里中心

邻里中心最初起源于习近平总书记在福建工作期间大力倡导的"远亲不如近邻"重要理念。2014 年，习近平总书记在福州军门社区考察时，做出了"多想想如何让群众生活和办事更方便一些，如何让群众表达诉求的渠道更畅通一些，如何让群众感觉更平安、更幸福一些"② 的重要指示。"三个如何"成为基层党建和基层治理的重要问题。

---

① 晋江经济总量长期占泉州 1/4，截至 2021 年，连续 28 年居于福建县域首位，其中 97% 以上企业是民营企业且集群优势明显，规上工业产值突破 6900 亿元，到 2022 年，其拥有 1 个超 2000 亿元（鞋服）、1 个超 1000 亿元（纺织）、2 个超 500 亿元（建材、食品）、3 个超 100 亿元（集成电路、智能装备、医疗健康）规模的产业集群。拥有国家体育产业基地、中国鞋都、世界夹克之都等 15 个区域品牌、50 家上市公司。受宗亲观念、落叶归根思想影响，晋江社会慈善氛围浓厚，企业、华侨、乡贤存在长期的慈善捐赠行为，对晋江教育事业、基建发展等领域都做出了巨大贡献。
② 《习近平关于城市工作论述摘编》，中央文献出版社，2023，第 149 页。

2018 年，晋江市委组织部牵头各单位制定《晋江市全面整合建设党群活动服务中心的实施方案（试行）》，以近邻党建为引领，坚持场所集约①、功能集成②、区域集中③、人心集结④等原则，旨在通过整合建设镇街、村社、企业及其他党群活动服务中心，使党组织成为落实惠民政策的主渠道。

2022 年，为进一步提升村社基层党组织服务群众能力，晋江市委办公室印发《晋江市推进"党建＋"邻里中心建设的工作方案》，坚持党建引领，从群众需求出发，立足完善党群服务中心体系功能，以"爱邻里·家生活"为主题，以建设开放、集约、共享的"党建＋"邻里中心为抓手，突出供需匹配、资源整合、集成服务、长效运营，全力打造便民高效的"一刻钟"邻里服务圈。

自方案推行以来，晋江市创新国企运作机制，设立国有全资的邻里中心运营公司⑤（以下简称"邻里公司"），负责总体运营。同时以基层各领域党群服务中心为基本阵地，集约改造利用现有新时代文明实践站（所）、"两代表一委员"工作室和养老、文体、医疗、托幼等物理空间，采取"1＋6＋X"⑥ 模式进行"党建＋"邻里中心建设。到 2022 年底，晋江市建成 35 个"党建＋"邻里中心，覆盖全市 50% 以上社区，并计划到 2023 年底建成 100 个左右，覆盖全市所有社区，常住人口超 3000 人的行政村和其他有条件的村基本规范建成"党建＋"邻里中心。

---

① 积极推进党建活动场所、党代表工作室、职工之家、青少年之家、妇女之家、儿童之家，及体育健身、科普教育、居家养老、农家书屋、百姓书房等资源共建共享，与文体活动服务中心功能对接，避免资源浪费、重复建设。

② 整合组织、人才、综治、党校、公安、司法、民政、文体、群团、市场监管、税务、金融等部门资源，集学习教育、办事服务、监督管理、展示交流、文化体育为一体，建设一站式平台。

③ 党政机关、群团组织、国有企业、中小学校、医疗单位原则上不需单独建设党群活动服务中心，应主动融入驻地镇街、村社、园区、商圈。

④ 向环卫工、建筑工、快递员、送餐员和大货车、公交车、出租车司机等户外工作人员开放，使党组织为群众办实事办好事的过程成为联系群众、凝聚人心的过程。

⑤ 即邻里乐享产业发展有限公司，是晋江文旅集团子公司。

⑥ 其中，"1"就是坚持党建引领主线，"6"就是完善社区"老有所养、幼有所育、病有所医、食有所安、居有所乐、事有所办"等 6 项优质服务功能，"X"就是根据不同社区实际，拓展群众所需所盼的其他功能。

（二）党建引领、城乡社区主导建设运营

晋江市强化基层党组织在"党建＋"邻里中心规划、投建、管护、运行全过程中的领导作用，鼓励有条件的城乡社区主导建设运营邻里中心。

一是完善网格化治理体系，发挥党员先锋模范作用。一方面，通过选用优秀党员组成楼栋长、志愿者队伍，统筹推进支部建到网格、建到小区，创新党员联系群众片区包户工作机制，推动各级党组织的决策部署贯彻落实到基层"最后一公里"。另一方面，把握在职党员到社区报道的契机，通过设岗定责，按照实行党员"承诺、践诺、评诺"制度的要求，每位党员根据自己的工作特点、能力专长和兴趣爱好认领具体项目，推动党员志愿服务常态化。

梅青社区于 2020 年成立梅青社区党委，下辖 6 个党支部 41 个楼栋党小组，有支部党员 11 名、报到在职党员 202 名。社区根据党员分布、小区结构，按照楼栋相邻、便于党员管理和活动的原则，结合社区网格化治理，在小区里建立党支部、在楼栋里设立党小组、在单元设立党员中心户，建立"社区党组织＋小区党支部＋楼栋党小组＋党员中心户"的四级组织架构。社区在福隆三期小区试点"红色管家"项目，在每个楼栋选用在职党员、退休党员、共建党员、物业公司党员等组成"红色管家"队伍，设立心愿墙，根据党员专长开展"微心愿"认领服务，并建立微信群，针对小区存在的问题，采取"拍照上传、一键反映"的反映机制，相关人员落实解决，一年内解决小区环境脏乱、噪声扰民、电梯故障等群众反映强烈的痛点难点问题 40 余个。（PZ220230731）

华泰社区目前长期服务的党员志愿者已达上百人，每周开展社区环境整治等活动。如笔者 2023 年 8 月调研时，正值台风"杜苏芮"肆虐过后，党员志愿者们主动下沉到各自居住的楼栋周围，对园区主次干道上的淤泥、垃圾、杂物等进行清理，对台风期间被吹倒的残断树木、树枝、广告牌和破损画幅、零星吹落物进行清障处理，全面开展社区环境清理、整治、消杀工作。（PW120230731）

二是设置民主协商议事机制，构建常态化联动体系。以社区党总支为主体，吸纳驻区单位、结对共建单位党组织共同组建社区"大党委"，小区党支部、物业党支部积极对接社区党总支，实现组织共建、资源共享，协商议事、共解难题。[①] 同时在"党建＋"邻里中心统一设置协商议事站点，畅通党员群众参与和监督渠道。

> 梅庭社区成立了 5 个小区协商民主议事站，形成物业公司、业委会、社区居委会三层协商议事新格局。（MZ120230731）

> 梅青社区一方面成立"庄炬炜"个人调解工作室，坚持"调访结合、以防为主"，另一方面在社区设立"居民说事记录本"，将每月的 1 日、15 日两天固定为"说事日"，组织社区"两委"干部到"说事点"听群众说事、议事；将每月的 28 日设为"居民说事反馈日"，约请相关当事人，居民代表、社区党员、驻区共建单位和职能部门等人员见面交流。（PZ220230731）

三是发动居民参与志愿服务，搭建居民交流平台。基于不同的城乡社区情况，城乡社区党支部因地制宜建立志愿者队伍，根据志愿者工作特点、能力专长、兴趣爱好等，成立近邻互助团，开展志愿服务，同时建立志愿服务积分兑换机制，激发居民参与志愿服务积极性。

（三）专业赋能和市场经营共同参与

在"党建＋"邻里中心模式中，专业赋能和市场经营的共同参与为邻里中心的建设运营持续"供血"，主要体现在以下几方面。

一是社区链接专业社会组织，获得专业化社会服务。一方面，链接社工协会，成为专业社工站、专业社工人员的主要培训基地。2021 年，晋江快速实现全市镇（街道）社工站全覆盖，为社区提供专业且高质量的服务

[①] 梅庭社区每月定期召开由社区"两委"、小区党支部、业委会、物业支部参加的多方联席会议；华泰社区党总支牵头定期召开党建工作联席会议，邀请"大党委"成员，合理化解各类"疑难杂症"，在党建工作联席会议的协调下，社区顺利启动老旧小区改造工程，社区居住品质得到进一步提升。

内容。另一方面，链接慈善协会、志愿者协会等，在重大活动开展、社区人手不足时，向社区提供人力、财力、智力支持，保障专业化、快捷化服务的水平。

> 梅庭社区社会工作服务站由晋江市民政局购买服务，由晋江市亿家社工事务所承接运营，通过社工专业的工作手法，结合网格化治理，协调整合社区资源，为居民搭建一站式多元化特色服务平台。以某次节日慰问活动为例，专业社工首先根据社区提供的数据，针对辖区内近期内出现困难的群众，链接社区慈善协会及周边企业商户为服务对象提供油、米等物资及慰问金，链接志愿者协会配合入户，并为独居老人打扫卫生等。专业社工还对服务对象进行支持性访谈，进一步了解服务对象的需求。（MZ120230731）

二是挖掘内生资源，引导社区培育孵化专业社会组织。根据笔者调研，社区在引入专业社会组织提供专业化服务的同时也在不断激发内生动力，培育孵化社区社会组织，成熟后再使其注册为专业社会组织。这类组织对社区情况更加了解，具有本土化、反哺社区特点。

> 梅庭社区在晋江市民政局和梅岭街道党工委、办事处指导下成立了梅庭社区社会组织孵化中心，探索社区级社会组织服务管理模式。中心内有5家在市民政局登记成立的协会（老年协会、慈善协会、志愿者协会、文体协会和归国华侨联合会）、2家社工服务机构——晋江市亿家社工事务所、晋江市阳光家庭关爱服务中心，还有5家备案机构——梅岭街道梅庭社区老干部"四就近"服务站、市法院离退休法官工作室、梅庭社区卫生健康服务站、互惠太极拳服务队、青少年音乐兴趣培养室。"我们这些协会还没有正式成立时，主要依赖社工站的社工力量。后来我们自己掌握这个能力以后，成立了对应协会，专业社工机构便成了辅助。"（MZ120230731）

三是引入邻里公司运营服务项目，推进邻里中心建设。邻里公司的定位是为邻里中心建设提供规划建设、业态导入、运营管理全流程的解决方案。一方面，社区在线下引入市场化运营的服务项目，由邻里公司自营或招商合作，探索"低偿＋无偿"运营方式，用市场反哺公益。另一方面，邻里公司自建"邻里乐享"线上服务平台，设置邻里活动、邻里服务、邻里空间等6大功能板块，提供阵地场所预约、活动报名等23项民生服务，打造线上线下双服务圈。[①]

> 华泰社区邻里中心作为晋江采取国企运营模式的第一家邻里中心，积极引进康养、托育、培训等优质第三方机构，投放到邻里中心提供服务。比如，引进优质第三方养老机构运营"邻里食堂"，为社区居民提供安全、健康、实惠餐食，并提供送餐上门服务，解决了老年人和上班族的用餐问题。与邻里公司合作引进趣芽托育园，社区提供无偿使用的600平方米活动场地，文旅集团负责前期进行装修，后引入第三方为4岁以下儿童提供普惠型的托育服务，价格低于周边民办机构，深受居民好评。（PW120130731）

四是引导商家、企业等以"有偿＋普惠＋公益"形式提供支持。如浔兴集团定向捐资给梅庭社区建设邻里中心，成昌鞋业有限公司、联兴建材有限公司、晋艺建材有限公司等3家企业捐资用于瑶琼村敬老院建设。除此之外，社区通常以引进第三方机构的形式，将服务项目外包给专业第三方机构。专业的第三方机构对于市场整体发展状况的把握更加准确，能有效捕捉到项目盈利点，开展特色服务，缩减运营成本，实现社区、商家双方互利共赢。

> 磁灶社区深坵敬老院由社区委托给第三方机构——泉州弘善老人养护服务有限公司运营，该公司原主要经营私人医院项目，有着丰富的医疗行业运营经验，目前在泉州市范围内共运营七家养老院，磁灶

---

① 仅华泰社区就已在该平台发布活动105个，其便民服务厅实现54个事项"马上办"、110个事项"就近办"。

镇就有 5 家，皆是与社区合作开展运营。深圳敬老院有其独特的运营特色，其场地是社区无偿提供的，由企业进行实际运营，最终的亏损收益完全由企业自己承担，老人协会和社区"两委"发挥监督、协调的作用，不会介入具体的运营过程中。而在服务内容上，除为社区70岁及以上自理老人提供食宿全包的免费①入住服务外，该企业还面向社会失能、半失能老人提供付费服务，并将此作为主要盈利点，维持敬老院的运转。另外，深圳敬老院负责人也探索减少运营成本的投入，如建立配送中心，主要负责日常生活用品和生鲜食品的配送，减少敬老院雇用帮厨的人力成本等。(PH120230801)

第三节　线上城乡社区治理平台

线上城乡社区治理平台主要服务于本地城乡社区居民、组织、商户、企业，笔者认为其也可以被看作一个虚拟的现代互助组织，具有政治、经济、社会、文化等综合性功能并与其他功能性组织进行互动。理想的线上城乡社区治理平台也是一个党政领导的城乡社区经济平台（线下形式为城乡社区经济综合体），其核心是党领导的互助组织及互助参与、互助服务、互助合作、互助保障等，并通过与其他各类企业合作提供养老、助残、抚幼、维修、产品供销等服务及储蓄、理财、保险等其他服务。目前这类平台仍然处于发展的初期阶段，相比于其他市场类平台用户活跃度不高。多数由党政主导建设或被纳入行政规制中，与党政形成紧密资源依赖，与线下的社区、企业和社会组织圈层相配合，整合社会治理和社会服务功能，并通过社区积分等形式串联各类组织和服务。信息高效便捷传递扩展了其多元功能作用，以信息技术服务为基础的多元增值收入是平台可持续发展的重要支撑。

一　调研案例

线上城乡社区治理平台调研案例共 7 个，如表 8-5 所示。线上城乡社

---

①　每位老人入住费用为 200 元/月，由社区全额补贴。

区治理平台的开发方主要包括三类：一是城乡社区，如霍家营智慧社区服务平台（霍家营村股份经济合作社本质上也属于社区）；二是社会组织，如回天邻里小程序、南沙时间银行；三是企业，如爱行礼运互助社区、合创家平台、回龙观社区网、天通苑社区网，后面三家平台的开发方被认证为回天地区社会企业。

运营方主要包括两类：一是由城乡社区/企业/社会企业/社会组织单独运营，如霍家营智慧社区服务平台、回龙观社区网、天通苑社区网、回天邻里小程序、南沙时间银行、爱行礼运互助社区，其中霍家营智慧社区服务平台由霍家营村股份经济合作社进行开发、社区"两委"负责运营，开发方和运营方本质皆为城乡社区；二是（社会）企业与其他社会组织联合运营，如合创家平台的运营方为合创家（北京）科技有限公司和北京市昌平区回龙观街道社区社会组织联合会。

平台功能覆盖社区治理、社区服务、社区经济（雏形）。一是社区治理，包括社区或平台本身的党建、政务等的信息公开，协商议事，互助志愿等；二是社区服务，包括文化服务、餐饮服务、教育服务、生活服务、医疗卫生服务等；三是社区经济，初步探索采用积分或虚拟货币形式激励居民和志愿者参与。

表 8 - 5 线上城乡社区治理平台调研案例

平台名称	开发方	运营方	主要功能
霍家营智慧社区服务平台	霍家营村股份经济合作社	社区"两委"	社区治理：社区党委、居委会、信息公开、服务电话、社区12345、垃圾分类、建言建议 社区服务：物业维修、智慧服务、社区讲堂、跳蚤市场 社区经济：霍币商城
合创家平台	合创家（北京）科技有限公司	合创家（北京）科技有限公司和北京市昌平区回龙观街道社区社会组织联合会	社区治理：社区党建、街区评选、物业评分、社区组织 社区服务：增能学院、场地预约、房东直租、商铺租赁、家政服务 社区经济：积分福利

续表

平台名称	开发方	运营方	主要功能
回龙观社区网	北京东海腾龙科技有限公司	北京东海腾龙科技有限公司	社区治理：网上"12345"、政务服务 社区服务：集采地带、交易市场、生活指南、原创基地、观网团购、亲子频道、社区论坛、资讯中心、服务中心、社区地图、回龙相册 社区经济：龙币
天通苑社区网	北京互联兄弟国际文化传媒有限公司	北京互联兄弟国际文化传媒有限公司	社区治理：天通快讯、网上"12345"、物业廉政举报、政务服务 社区服务：便民信息、装修建材、房屋租售、二手买卖、招聘求职、征婚交友 社区经济：天通币
回天邻里小程序	北京市昌平区社会组织发展服务中心	北京市昌平区社会组织发展服务中心	社区治理：社区党建、社区议事、办事指南 社区服务：社群社团、云上课堂、暖心驿站、社区活动 社区经济：积分商城
南沙时间银行	广州市南沙区社区服务宝运营中心	广州市南沙区社区服务宝运营中心	社区治理：垃圾分类、政务信息 社区服务：党建活动、志愿服务、社区养老、社区便民、社区助残、教育文化、公共服务 社区经济：兑换礼品、时间币转赠
爱行礼运互助社区	爱行礼运（山东）信息技术有限公司	爱行礼运（山东）信息技术有限公司	社区服务：互助养老、生活馆加盟、诊所入驻、店铺联盟 社区经济：志愿者养老储备金、店铺产权、爱心互助金、股份分红权

二　特点分析

线上城乡社区治理平台的特点主要包括以下几个方面。

（一）多数由党政主导建设或被纳入行政规制中

线上城乡社区治理平台作为有庞大居民群体线上集聚的互联网平台，一是需要城乡社区居民信任并使用，二是如果被资本控制则存在社会风险，三是能够在一定程度上满足党政的基层治理和基层服务需求，解决其受制度与财政约束以及悬浮于社会之上导致的灵活性、弹性不足的问题，故基于以上三种原因，这类平台多数由党政主导建设或被纳入行政规制中。

例如，霍家营智慧社区服务平台由霍家营社区开发管理；合创家平台由回龙观街道推动建设并进行相应规制，平台开发运营企业合创家（北京）科技有限公司被认证为回天地区社会企业；回龙观社区网和天通苑社区网的平台开发企业北京东海腾龙科技有限公司、北京互联兄弟国际文化传媒有限公司被认证为回天地区品牌社会企业；回天邻里小程序由昌平区社区社会组织发展服务中心开发管理，昌平区社区社会组织发展服务中心的业务主管单位为昌平区民政局；南沙时间银行由广州市南沙区民政局推动建设并进行相应规制，平台开发和运营由广州市南沙区社区服务宝运营中心负责，其为在民政部门注册的社会服务机构；爱行礼运互助社区由爱行礼运（山东）信息技术有限公司开发运营，使用单位以地方政府为主，由地方政府负责线下的组织和管理。

（二）对应线下社区、企业、社会组织圈层

线上城乡社区治理平台的功能在于利用互联网平台扁平化对接的高效便捷的优势，整合并协调人、事、物，使其组织运转便捷化、信息化。但是，平台运转需要人的参与，所以根本还是要有线下社区、企业、社会组织的圈层化的组织运营，将个体发动起来，开展各类活动、服务。

例如，爱行礼运互助社区以网格为单元发动居民组建"邻里互助圈大家庭"，将社区网格员担任圈主的邻里互助圈和居民担任圈主的邻里互助圈合理配置，网格员有了可以支配的志愿者团队，网格化治理也有了行动的组织基础。回龙观社区网作为回龙观地区最具凝聚力的社区服务平台，拥有注册用户70多万人。南沙时间银行与南沙区委组织部合作，全部党员注册成为"党员时间银行"会员、所有支部注册成为"党员时间银行"团体会员，利用区内各级党群服务中心（站）、时间银行站点、长者爱心食堂配餐点等提供服务。

（三）整合社会治理和社会服务功能

笔者调研的线上城乡社区治理平台基本整合了社会治理和社会服务功能，将网格治理、协商议事、志愿服务、互助服务、专业服务等都纳入平台治理之中。

（四）以积分串联各类组织和服务

从社区经济平台建设角度看，积分属于社区货币范畴，是具有法定货币功能的虚拟货币，可作为劳动价值的计量单位、支付工具、交易媒介及储蓄媒介。[①] 现阶段的线上城乡社区治理平台积分主要用于奖励志愿者、商家宣传以及形成平台用户流量黏性等。如前文介绍过的霍家营社区积分"霍币"，南沙时间银行的时间币等。

三 典型案例：北京市昌平区回龙观街道合创家平台

合创家平台是北京市回龙观街道委托合创家（北京）科技有限公司[②]和回龙观街道社区社会组织联合会运营，连接居民、社区、社会组织、商户、企业等的街道线上社区治理和社区经济平台。合创家（北京）科技有限公司负责合创家微信小程序开发，回龙观街道社区社会组织联合会作为回龙观街道成立的专业社会组织，负责资源整合。合创家平台适用于党政领导的社区治理与社区经济场域，而非仅涉及社群培育、服务或社群经济。一方面，其依托枢纽型社会组织，与党政形成紧密资源依赖关系，既完成以组织培育为主的互助合作、协商议事、网格治理、服务供给等社区治理任务，也探索建立线上社区经济综合体，为企业/商户群提供客户群体，为居民提供市场服务，有序经营社群、增加收入；另一方面，其兼具企业与社区/社会组织相互合作制约以及企业经营社群特点。

2021年5月，合创家微信小程序正式上线运营，以疫情期间街道各社区居民全部使用门禁系统为契机，使该平台的本街道社区居民覆盖率达到100%。其服务板块包括信息发布、社区办事、社区服务、居民共治、社区党建、社区社群等，平台通过物业缴费、水电费缴纳、垃圾分类积分兑换等方式与社区、社会组织、商家、居民相连，社区、社会组织、商家、居民借助平台发布互助志愿等各类通知，反馈治理诉求至街道，在平台商家购买服务等。

---

① 社区货币也被称为平行货币、补充货币或社会货币，不会挑战国家货币，通常与国家货币具有相同的价值，在区域内流通，起到保护社区经济和国家经济并推动其发展的目的。

② 该企业于2020年被认证为北京市回天地区社会企业。

对于社区中的上班族来说，由于闲暇时间与社区物业、居委会的办公时间不一致，交水费、停车费、物业费是一个难题，"合创家"平台增设缴费功能，通过输入楼层房号或车牌号即可缴纳费用，为社区居民提供了便利。（PJ120230328）

其主要特色有以下几点。

首先，有互助志愿服务队伍组织基础。在街道党工委、办事处的领导支持下，截至 2023 年，回龙观街道社区社会组织联合会登记备案了 431 个社区社会组织，并通过社区创新学院及其分院分阶段、类别提升社区社会组织能力，孵化社区治理先锋队和专业社会组织，同时与社区社会组织等共同到社区开展各类治理服务。一是社区创新学院邀请专业人员为社区居民免费提供智能技术、家居、心理等方面的课程，引导居民参与社区活动。二是孵化培育"三组织"，实现其专业化运作。成立社区信息化普及服务队、社区心理健康协会、龙域东一路商户自治协会 3 家社区社会组织。三是重点培育"五队伍"。促进现有社区社会组织发展转型，培育孵化环境治理、便民服务、心理疏导、矛盾调解、安全防控 5 个治理方向的 12 支社区共建先锋队。

其次，有商户、物业联合组织基础。商户自治协会和物业企业联合会均与合创家微信小程序的有效推广密切相关。商户自治协会由街道 150 多家商店联合而成，该组织主要对街道商户进行日常的政策宣传、社区设施维护、自查自纠等。协会在自查自纠环节中设计评价表，商户轮流负责监督，并定期将自查表上报给有关部门，以减少行政工作量及对社区商户日常运营的影响。同时，协会将部分商户的产品信息及服务放入平台，一些商户会免费投放部分商品，用于客户引流和扩大宣传。物业企业联合会则负责监督街道的物业服务，利用合创家微信小程序对物业进行打分评级，最终评分由街道、居委会、社区居民三方评分综合计算得出。

最后，以志愿服务积分兑换串联居民、社区、商户、企业。居民通过参与平台发布的社区志愿活动，可以获得相应的积分并兑换福利服务。

居民可以用积分兑换社区学院的书法课、剪纸课、社区商户优惠券、理发优惠券等，或到会员单位商户兑换商品，此外，积分兑换也有相应的等级，不同的等级享受的折扣和福利不同。在积分体系的运行中，积分主要通过由政府提供基金补贴、社区商户提供服务或产品、居委会利用社区公益金等方式进行消纳，社区学院的线上课程兑换也能在一定程度上起到消纳积分的作用。在街道给予组织的经费中，有较为固定比例的经费专门用于积分的消纳，以保证积分体系的正常运转。（PJ120230328）

小　结

不同于养老服务联合体偏重服务组合，城乡社区经济综合体的突出特点在于组织协同，并且党领导的城乡社区自治组织在城乡社区经济综合体中起到组织主导作用，基层党组织领导的村/居民委员会、社区社会组织、专业社会组织与企业共同出资、共同协商、共同经营、相互监督、共享收益。这属于社会互助的高级形式，涉及了组织、场地、服务等的综合，需要城乡社区治理能力和治理体系的有力支撑，故本章将其与城乡社区治理共同体结合起来进行具体分析。笔者认为，城乡社区治理共同体和城乡社区经济综合体体现了在党的领导下，以多种方式限制资本和权力，让广大人民切实享受到自己的劳动成果的社会主义共同富裕道路的可行性，基层治理也将因居民共富而真正走向居民共治。从目前的发展来看，除少数有集体经济合作社的村转居社区以外，其他线上、线下的城乡社区、平台实现居民合作社式发展的非常少，仍然只有组织性的合作制约的雏形，以更好地服务居民为目标，而非以促进更多元化的居民互助参与为目标。面向未来，笔者认为，城乡社区治理共同体和城乡社区经济综合体应当是承载居民互助参与的低成本、规范化的治理、保障、服务的平台，通过网格治理、协商议事、互助合作、专业赋能、市场经营，发挥党领导的城乡基层自治组织体系的主导作用以及专业社会组织、企业、其他互助组织等各类组织能动性，发展互助合作制城乡社区、线上城乡社区治理平台、城乡社区经济综合体以及城市合作社、枢纽型社会企业、社区社会企业等，探索互助合作型福利、互助合作型经济，建设福利经济体、社区经济体，在降低人民生活支出的同时，不断提高人民生活幸福感、归属感和满意度。①

---

① 合作社提供的服务与行政服务、市场服务之间的关系，既可以是补缺式的，也可以是竞争式的，其既能照顾到更多老年人、残疾人、儿童等的特殊需求，也能满足对生活服务的一般需求，同时还可以向各类生产、增值服务拓展。居民可以根据自身需求自由选择。

第九章　建立现代社会互助制度：构成、问题与对策

本书的前面八章对互助型老龄社会的概念、构成、模式、特点等进行了学术话语建构与基层实践探讨，而要系统谋划推动建设以社会互助为本、统合均衡的互助型老龄社会，则需要落脚于顶层设计。基于此，本书提出建立现代社会互助制度，并在本章内容中具体分析其构成、问题和对策。为何要建立现代社会互助制度？笔者在此抛砖引玉，提出三方面原因。一是社会互助是社会主义国家的本质属性。社会主义国家是以社会为本、以人民为中心的国家，互助的组织代表了社会，虽然在西方语境下"社会"是辅助性的，但在中国广大城乡地区，"社会"是基础性的存在，其与市场之间是协同并进、相互吸纳的关系，而非理论上相互独立对立但现实中前者依附于后者的关系。二是民主政治发展对社会参与提出更迫切需要。互助社会建设意在顺应社会参与需要，创新中国特色民主政治，在党委领导、政府负责下，以情感和利益为纽带，以城乡社区、单位等为组织载体，以各类正式、非正式的社群、队伍、组织为实际抓手，通过规范管理、专业赋能、企业经营，推动"人人参与，人人共享，人人负责"的社会互助服务、组织、保障、合作，推动建设共建共治共享共富的现代社会治理格局。三是急速人口老龄化和深度人口老龄化进程让互助型社会养老成为必然选择。面对 10 年内就将从 3 亿人增加到 4 亿人的老年人口，既需要推动老年人有序参与到组织和社会中，也需要为其提供低成本、广覆盖的社会养老服务保障。创新发展中国特色互助型社会养老，维护好老年人政治、经济、社会、文化权益，将关系数亿老年人幸福以及国家的长治久安。

第一节　现代社会互助制度的构成

现代社会互助制度由党委领导、政府负责推动，其主要构成包括互助组织、互助服务、互助参与、互助平台、互助合作、互助保障等六个方面（见图9-1）。相关概念、类型已经在前文进行了详细分析，本节只做概述和总结。

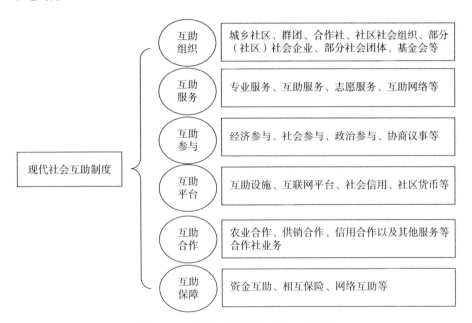

图9-1　现代社会互助制度的主要构成

一　互助组织：现代社会互助制度的"根基"

互助组织是现代社会互助制度的"根基"，也是社会区别于市场的关键。我国目前的互助组织体系主要存在于城乡社区、群团组织、合作社、部分社会团体、基金会和部分政府事业单位中，偏向政治功能，经济、社会、文化功能体现不足，社会服务机构偏向服务功能、基金会偏向筹资功能，没有与互助组织功能结合，建立综合性的互助组织。笔者在2023年调研的新余颐养之家、民和孝康养老服务中心、南京爱德基金会爱德仁谷项目、陕西社树村老年协会等已经具有老年人合作社①的雏形，只是多数以服务供给为主，没有相应地按照互助组织和互助合作的方式将老年人有序组织起来。

故而，党领导的互助组织体系是基础，这个体系的成长代表了大多数人的生活、福利、服务水平的提高。专业社会组织和企业均是工具性组织，其目的之一就是推动互助组织成长。尤其是专业社会组织，其实际是专业性机构，与互助组织不应是竞争关系；应当围绕互助组织，与其一起建设基层互助共同体、互助经济体，它们也是社会共同体、社会经济体。

二　互助服务：现代社会互助制度的"枝叶"

互助服务是现代社会互助制度的"枝叶"，其就像市场服务一样，融入人们的工作生活之中。互助服务同样延续了中国传统乡土社会的互助特点，基于情感利益需要，同时蒙着脉脉温情，维系着社会团结。从广义角度来看，社会互助服务包括互助服务和志愿服务；从狭义的角度来看，互助服务不同于志愿服务，需要与志愿服务建立一套不同的评价体系。从现实发展来看，互助服务常常与兼职服务、非正规服务、非正式服务、志愿服务相关联，但缺少独立话语，尤其是与志愿服务混淆使用，导致其被认为是非专业、不强制、不付费的服务，这是互助服务得不到有效推广的重要原因。笔者认为，伴随新时代中国生活、服务的多样化以及个人就业选择的灵活化，在如老年人照护等社区性、服务性的工作中，低成本、团结性、家庭－社区化的互助服务（非正式工作）将构成必需且规模庞大的城乡社会服务、社会经济，并由此形成互助共同体、互助经济体，需要推动互助服务规范化、可量化、荣誉化，有组织、有保障，以为社会潜在的闲散劳动力提供工作机会，充分利用有在闲暇时间工作意愿的正式就业人员，让这个社会活跃温暖起来。

---

① 合作社最开始发端于 1844 年，在英格兰北部小镇罗奇代尔，28 名织布工人创立了罗奇代尔公平先锋社。经过 180 年的发展，西方合作社由传统的自我服务转向开放的经营服务，走向企业化、股份化、集团化，并且越来越成为政府发展经济、稳定社会的重要工具。一方面，合作社作为一种集体合作经济形式，天然具有反垄断本能，能够迫使垄断资本降低商品市场价格；另一方面，合作社的发展在很大程度上可以增加就业机会。从社会政治力量来看，合作社集团已成为西方国家资产阶级政党及工会组织之外的第三势力。参见蒋玉珉《合作经济思想史论》，安徽人民出版社，2008，第 419～426 页。

当然，互助组织不只提供互助服务，互助服务也不仅由互助组织提供，互助组织和互助服务虽然都是互助社会的主要构成部分，但二者实际没有必然联系。

三　互助参与：现代社会互助制度的"参与形式"

互助参与是现代社会互助制度的"参与形式"，是人们有组织地参加政治、经济、文化、社会以及其他社会生活不同方面活动的过程，这一参与主要是在互助组织之中，代表一种集体化、安全稳定的参与形式，也代表一种社会交往能力的培养。事实上，只有人们参与到社会互助之中，社会互助才能真正成长，基层治理才能真正系统均衡运转起来。

从政治参与角度来看，需要引导公众"公平、理性"地参与公共生活、关心公共议题、参与协商议事，提升表达能力、对话能力、信息分析能力和网络协商参与能力，为涉及自身利益的问题积极寻求解决渠道，自主决策确定组织内的规则、制度、安排等，使个体价值和集体价值最大限度地匹配。从社会参与角度来看，文化娱乐类、社区治理类的社区社会组织是重要的组织载体，在笔者调研的多家机构里，都有带高龄、失能、独居老人走出家门的活动，这实际是为老年人缓解孤独、减少社会隔离的重要方式。从经济参与角度来看，互助服务就是其中一种经济参与方式，当然，还有如资金互助等参与到互助组织的经济可持续发展中的其他方式。

四　互助平台：现代社会互助制度的"主干"

互助平台是现代社会互助制度的"主干"，是推动互助组织、互助服务扩张发展的平台体系，包括互助设施、互联网平台、社会信用、社区货币等。互助设施主要指党领导的城乡社区和枢纽型社会组织拥有建设运营使用主导权的城乡社区服务场地等社区设施。从调研情况来看，一方面，各地已经建立了大大小小的各类互助设施、互联网平台，但受限于社会认知、政策环境，目前大多处于创新探索阶段，虽然从以往的志愿者管理系统转向了基层治理平台，但展示示范效用大于实际作用，并没有有效运转起来。另一方面，社会信用是稳定性高、实用性强的互助评价工具，其他很多民间的积分制属于激励手段，建立在平台信任、项目吸引力、可兑换商品的基础上，与社区货币还有较大差距。①

笔者认为，（1）党和政府主导社会信用体系建设，（2）党领导、政府推动企业与社会组织、社区联合经营互助平台是未来推动互助平台建设的两项重要抓手。可以探索社区（时间）货币的试点使用流通，激发居民互助平台参与意愿。

五　互助合作：现代社会互助制度的"共富方式"

互助合作是现代社会互助制度的"共富方式"，也是社会主义国家区别于资本主义国家的应有之义。要实现全体人民共同富裕，就需要探索在党的领导下，以互助合作的方式满足需求、限制资本，让广大人民切实享受到自己的劳动成果。理想的互助合作与市场是一对经济组织形式，分别对应合作社与企业。合作社的市场拓展的目的在于推动组织可持续发展和提高组织成员福利，是非营利性的。要推动互助合作，就要发展城乡集体经济组织、社会企业、合作社、社区社会企业等。在这些组织中，居民既是服务主体，也是获益主体，既在贡献服务、相互帮扶中实现自我获利和价值满足，也通过低廉的价格获取优质的产品和服务。企业提供的是市场服务，是营利性的，它虽然有专业规范服务的优势，但其劣势在于价格高，且在缺乏制约情况下，企业往往会为了实现企业利益的最大化而牺牲社会利益和消费者利益。

笔者认为，合作社与企业的关系既是合作的、补缺的，也是竞争的，合作社既能照顾到更多老年人、残疾人、儿童等的特殊需求，也能辐射到生活服务的一般需求，同时可以向各类生产、增值服务拓展。面向未来，互助合作的理想方向是因地制宜地实现党委领导、政府负责下互助组织体系、专业社会组织体系、企业体系三类体系在相互合作制约中发展，可以从老年人合作社入手探索试点，进而将其成果应用于生活服务和民生保障

① 比如，时间货币是以时间作为价值衡量标准、具有法定货币功能的虚拟货币，可作为劳动价值的计量单位、支付工具、交易媒介及储蓄媒介。在美国的伊萨卡小时券系统中，伊萨卡时间货币——小时券由当地发行，其价值与美元挂钩，一张小时券的价值为 10 美元，成员提供服务即可获得与服务时长相对应的小时券，其可用于在当地购买商品或服务。

的各个领域，最终达到民生保障与社会治理共同成长、人民享受共同富裕和美好生活的目的。

六 互助保障：现代社会互助制度的"养分"

互助保障是现代社会互助制度的"养分"，是维护互助社会运行的稳定的资金来源，主要包括资金互助、相互保险以及一些网络互助形式。它虽然是社会保障的组成部分，但也可以作为商业保险机构与互助组织、专业社会组织的联合经营业务。整体来看，我国的现代互助保障以民间自发为主，① 发展时间相对较短，缺乏国家、社会（包括社会组织、居民）、市场合作下的共同推动，与基本社会保障制度以及市场化的商业保险相比竞争力不足。网络互助近年来发展迅猛，但在缺乏形成圈和层的互助组织基础、社会信用体系不健全的情况下，发展为大范围的以互联网为媒介的网络互助产品，其运营主体实质上为普通企业或社会组织，组织和资金风险较高，部分成为圈钱诈骗的工具。

笔者认为，互助保障的发展需要与互助组织同步进行，应发展互助保障以及多种类型的互助合作。以互助养老为例，可以因地制宜建立老年人资金互助社，推广长期照护相互保险、意外伤害险、返还型和储蓄型险种等，同步推进枢纽型社会组织完善、社工组织体系建设和养老企业发展，为互助组织体系赋能或进行联合经营，各地因地制宜依托市县级平台开展或链接机构提供养老、文娱、旅居、金融等市场服务，拓展硬件设施建设、储蓄理财、产品供销、农业生产合作等互助合作项目。

第二节 存在的问题

在调研中发现的问题主要包括以下四个方面。

---

① 不少国家的互助保障是社会保障的组成部分，其经营主体——互助社团、合作社、相互保险组织与国家联系紧密，提供健康、社会和保险服务，同时开展广泛的活动，如提高生活质量、组织社会工作、文化活动等。一些互助团体还有自己的医院、养老院和康复中心，同时西方并没有仅基于网络互助计划的机构，相互保险组织提供的服务涵盖网络互助计划的服务功能。

一 社会互助认同度不足

（一）社会信任危机使社会互助的成长土壤遭到破坏

一是快速的市场化进程动摇了基层信任基础。市场化进程形塑了现代商业和生活方式，催生了追求效益和利益最大化的主流价值观，行为正确性和行动价值越来越被结果效用决定，而非道德规范或社会伦理，这使得官民信任、市场信任与社会信任都出现了危机。而社会互助的基础是长期而稳定的社会互信，在社会信任危机的大背景下，社会互助的源头失去活性，成长土壤遭到破坏。如近年来不少地区开展认证社会企业工作，社会企业具有公益性和商业性双重属性，在笔者调研中，一些社会企业就表示，在社会信任不足的当下，人们往往难以相信以市场谋公益的善行，提供社会服务会面临质疑，这增加了社会企业的发展难度，打击了社会企业的发展信心。

二是人们缺乏参与互助的积极性。城乡社区居民遇到问题往往还是求助于成熟专业的政府、市场解决，社会互助不被信任，缺少成长的机会。尤其在城市社区中，居民对社会互助及互助服务、互助组织、互助保障、互助经济等概念缺乏了解，或者把互助与志愿混淆起来，认为互助就是要无偿付出，或者认为互助做得不一定好，还要"欠人情"，更麻烦，与市场服务相比，求助于社会互助往往不在大多数人的选择之内。

三是人们缺乏了解互助的主动性。由于互助受认可程度低，人们对了解社会互助也缺乏积极性和主动性，单靠民间的力量进行的互助宣传受众小、影响力小，难以达到实际效果。以时间银行项目为例，一方面，受众小；另一方面，大多数参与时间银行的居民只知道其概念，对于兑换流程、时间存储等方法实际并不了解，也可以说不感兴趣。

（二）社会互助缺乏有效组织和激励

一是社会互助缺乏有序的组织领导。目前的社会互助以非正式的邻里自发互助为主，没有形成有组织、规范化的服务、合作、保障等。一方面，如日间照料中心、幸福互助院、党建综合体等硬件设施建成后，没有企业、社会组织参与进行有效组织运营，难以发挥预期作用，养老服务联合体、城乡社区治理共同体、城乡社区经济综合体建设形式大于内容；另一方面，在没有建立完善的培训、监督和服务质量监管制度的情况下，很难对互助服务进行定价、监管和评估。

二是社会互助缺乏有效的利益激励。目前的社会互助项目多与志愿服务相结合，依靠志愿者的责任意识与奉献精神来维持，缺乏持续稳定的激励机制和认定机制，对于参与者的激励内容和形式较为单一，缺乏实际吸引力，且不能针对不同的参与者提供公平而有效的激励。调研的大多数城市社区以物品奖励的方式进行劳务补偿，却面临志愿者招募困境，实际这是一个悖论的体现，调研中不少志愿者发出疑问：我是志愿奉献，还是劳务索取？志愿的意义被质疑的同时，志愿者也会觉得自己被当成了廉价劳动力，参与积极性受到打击。另外，目前的志愿者以老年人为主。社区工作人员表示，现在的社区服务项目与年轻人相关性不大，也很难用一些普通的生活用品鼓励现在的年轻人参与。这导致目前的互助项目只是停留在文化娱乐、节日慰问等简单劳动层面，无法提供其他多元化的服务。

二　缺乏法律法规等制度保障

目前我国在社会互助的相关制度保障方面极为匮乏，主要集中在农民合作社领域，其他的如资金互助、相互保险有专门文件，互助养老在社会养老文件中多次出现。除此以外，缺少整体性的关于社会互助的制度政策体系。

（一）对互助组织缺乏足够认识和规范界定

一是我国本身缺乏社会组织基本法，对社会组织、社会企业的权利、义务、社会职能、法律地位和法律责任等缺乏具体界定。二是目前我国对于工青妇残等群团组织和城乡社区居委会的行政属性与互助属性缺乏明确界定，导致目前其行政意义大于互助意义，没有发挥党政领导下的自上而下建立的互助组织的综合性的互助功能。三是由专业社会组织孵化或社区自发组织的老年协会、义工、志愿者、文化娱乐队伍等自下而上形成的草根型互助组织大量存在但发展可持续性堪忧，缺少规范管理和资金支持，虽然部分发达地区，如深圳、上海等地区在试点建立社区基金（会），支持草根型互助组织发展，但绝大部分地区政府财力支撑有限。

（二）经济互助法律资质认证不明确

一是对互助平台发展缺乏有效指导。现在的很多互助平台、体系都有经济互助属性，包括各类网络币、信用也是一种经济互助衡量工具，但缺乏法律上的认可，只能作为志愿者激励手段，尤其是银保监会联合多部门出台政策规范"银行"名称使用、取消"时间银行"这一用法以后，这些网络币作为社区货币（互助币）流通的可能性进一步降低。由于缺少相关法律保护、政策保障以及准入准出机制、监督机制和激励机制，很多（大型）社区服务/治理/经济平台发展缓慢，社会服务供给能力相当薄弱。

二是对资金互助社发展缺乏有效指导。农村资金互助社遵循属地监管原则，具体监管交由县（市、区）级金融监管部门执行，但这一级别监管部门人员通常配置不足，较难顾及资金互助社日常监管。

三是对相互保险发展缺乏有效指导。如大部分网络互助平台不符合《中华人民共和国慈善法》对慈善组织主体的界定与保监会（现更名为国家金融监督管理总局）对保险或相互保险经营资质的要求，其母公司需在工商部门进行注册、受到工信部门的管理，且又因其具有类似保险的社会救济性质，还受金融监督管理局和民政部门的监管，多头监管导致其发展阻力重重，也存在很多漏洞。

四是存在概念不清晰与偷换概念问题。如近两年各地出现的由多家央企保险公司、互联网公司联合运营的"惠民保"普惠医疗险，保费低但保额高，虽然在一定程度上代表了互助保障的中国特色创新方向，但市场的原始动力是利润，如果没有与互助组织的合作制约，这些普惠医疗险的本质仍是政府补贴的商业保险。再如不少网络互助平台虽打着互助旗号，但本质上与公司制企业并无二致，其宽松的准入标准和平摊成本的定价方式更加容易导致低风险会员退出、运行成本上升的恶性循环。[1]

---

① 以相互宝为例，由于其健康观察期仅为 180 天等宽松的规则设计，大量高健康风险人群涌入，造成道德风险，互助金分摊成本逐渐从 2019 年的每半月不足 0.1 元攀升至 2021 年的每半月超过 7 元，折合每年互助投入超过 168 元。根据蚂蚁金服《网络互助行业白皮书》的调查结果，79.5% 网络互助参与者的年收入低于 10 万元，过高的参与成本极大削弱了参与者的互助意愿，相互宝陷入成员退出与运行成本上升的恶性循环，平台最终难以为继。

（三）先行先试缺乏制度支持

一是老年协会发展缺乏制度支持。伴随未来急速和深度人口老龄化进程，老年协会将逐渐成为互助组织中活跃的中坚力量。但目前只有中国老龄协会和基层老年协会，中国老龄协会缺乏省、市、县级部门，很多基层老年协会处在"无人干、无人管"状态。这在很大程度上限制了老龄工作的上下贯彻和有效执行。上海、深圳等地区虽然探索建立了市、区（县）、街道、社区四级老年协会，但仍缺乏稳定的办公经费和活动经费，面临定位不清、发展方向不明的问题。一些地区老年协会的先行先试缺乏制度保障。如一些老年协会开办的养老机构在其建设和运行过程中，面临资质的合法性问题等。

二是互助经济发展缺乏制度支持。一方面，经济性互助组织主要存在于农村或城市村改居社区，城市互助合作社、社区基金、楼门基金等实践很少，缺乏区域性的、覆盖面广的大型经济性互助组织和互助平台支撑；另一方面，合作社、社区基金会等形式大于内容，城市经济性互助组织仍作为高风险的会员制组织被限制发展。

三　专业社会组织功能发挥不理想

专业社会组织与互助组织存在一定的交叉，也是在党的领导下推动社会互助成长的重要力量，但目前专业社会组织存在过度依赖政府、与部分互助组织功能交叠且争夺资源、专业能力不足等问题。

（一）过度依赖政府

目前专业社会组织的主管单位是政府部门，这带来的问题主要包括以下几点。

一是功能受限。以行政逻辑来看，出于安全和稳定的考虑，政府往往会干预社会组织的人事、财权以及日常运转等方面，政府购买服务也有严格的工作内容要求，专业社会组织发展还是在有限的行政资源框架内运作，政府也往往把专业社会组织当作自身职能部门的延伸。

二是覆盖受限。仅通过民政系统而非党的系统接触基层，触及的实际是"有限"的基层，不少专业社会组织搭建的嵌入街道、社区的社会组织三级孵化体系实际很难得到街道、社区的充分响应。要真正推动社会互助，向利益相关的互助合作推进，这需要党委、政府、社区、市场的共同努力，仅靠专业社会组织是无法实现的。

三是扩张受限。专业社会组织承接政府购买服务，需要接受民政部门的监督考核，受政府形象意志影响大，多层级的审批和汇报增加了专业社会组织的工作成本，也使其面临社会组织间的无序无效竞争问题。

（二）与部分互助组织存在功能交叠和资源竞争

专业社会组织，尤其是枢纽型社会组织的重要角色是社区社会组织、其他专业社会组织发展壮大过程中的专业督导者、资源整合者、沟通桥梁和坚强后盾，但民间组织身份决定了其对其他专业社会组织、城乡社区的组织动员能力不足。专业社会组织在开展工作时，往往存在各利益相关方的权责界限并未确定、缺乏制度化的长效协作机制的问题。如城乡社区"两委"和专业社会组织可能存在资源、资金等方面的角色模糊，双方在培育基层组织的过程中存在功能交叠，培育的基层组织对专业社会组织存在依赖，自主运转能力不足。也有不少地区农村居家养老服务中心的运营方是村"两委"、老年协会或者社工组织，它们均缺乏市场经营经验，同时政府"一刀切"地打包购买服务导致专业社会组织和互助组织呈竞争态势，难以发挥各自优势形成合力。

（三）专业能力不足

专业社会组织发展面临专业认可度较低、与社区需求匹配度不足和可持续发展能力不足等问题。

一是专业认可度较低。很多专业社会组织专业能力不足、工作经验不足、扎根社区深度不足，且部分组织为了迎合政府需要提供涉及物业、垃圾分类、养老、教育等各种类型的服务，在综合服务与专业服务之间出现失衡。其在与其他组织互动过程中，主要扮演打工者而非共建者/赋能者角色，缺乏话语权。

二是与社区需求匹配度不足。目前专业社会组织偏重于精神文化和困难救助等方面的社会服务，组织培育、资源联动等社区治理类服务或项目较少，与社区需求不匹配。

三是可持续发展能力不足。目前专业社会组织的经费主要来源于政府，自身的造血能力不强；同时由于工资低、可提升空间小，部分专业社会组织人员流动过快，吸收高学历、高技能优秀人才的能力欠缺。

四　市场与社会联动仍然缺乏

市场与社会遵循不同的制度逻辑，要推动二者联动存在较大困难，但从基层治理体系（互助社会）建设角度而言，二者又必须联动起来，主要是要让社会互助成长起来。笔者认为，应当通过党的统合领导、政府政策资金的推动，让市场竞争与社会互助建立动态均衡互动的联动关系。

（一）市场分立于社会存在

一是社会互助被资本挤压难以成长。目前中国的市场参与基层治理程度在不断加深，但并没有理想地同步带动社会发展，反而出现了在巨额商业利润的驱动下，市场通过各种手段直接或间接地侵犯居民、业主的权利，主宰或伤害社会的现象，形成了社会互助被资本挤压愈发难以成长的非均衡样态。

二是在社会建设中，市场处于被动辅助位置，在党建引领、政府推动下参与社区多方共建、网格治理、协商议事等辅助性、公益性工作，履行部分社会责任。但实际上没有制约的合作是缺乏稳定的、持久的、实质性的融合与共建关系的，合作双方往往共在但不共生，分工但不合作。[①]

（二）市场经营社会探索仍然处于起步阶段

市场经营社会目前只有少部分地区、领域开始探索，如本书第七章、第八章所提到的养老服务联合体、城乡社区经济综合体等，其发展前景广阔但也存在诸多问题。

一是社会企业缺乏快速生长的培育环境。笔者认为，很多的专业社会组织应当发展为专业机构，也即社会企业，应连锁化发展或与成熟企业合作、由其孵化。社会企业发展前景广阔。但目前社会企业的发展还面临很多限制。（1）人才匮乏。社会企业的发展需要既懂市场又富有公益精神和创业精神的人才参与到经营和管理当中，但由于其非营利性、缺乏晋升通道，对人才的吸引力不足。（2）市场环境限制。一方面现行的法律制度不

---

① 徐建宇：《城市社区治理中社区组织化的连接、选择与策略研究》，《中国行政管理》2019年第9期。

能给予社会企业非营利性企业的税收优惠地位，另一方面其脆弱的可持续发展能力也难以吸引融资，这使它在市场竞争中缺乏优势，只能通过与社会组织竞争政府购买服务项目、依赖社会捐赠以及创始人本身的情怀来维持发展。（3）缺乏有效商业模式。一些社会企业在战略层面和商业模式设计上存在先天不足，生产经营活动表现出低效率和不可持续的特征。

二是企业缺乏经营社区/社群思维。就目前来看，大部分企业主要停留在公益慈善和市场交易相割裂的阶段。一方面，物业、餐饮、超商、家政等社区生活服务企业、个体商户以追逐利润为目的，以投资者的审视姿态参与社区活动，纯粹利用社区资源开拓自身市场。另一方面，多数企业参与社区治理的目的是完成捐赠任务、树立企业形象。采用这种方式虽然可能在短期内获益，但长期来看，企业无法真正维护住社区/社群客户，实现可持续的利益最大化的目的。

第三节　相关对策建议

针对前述问题，提出以下四个方面对策建议。

一　确立社会互助的基础性地位

互助的本质是经济互助。中国是一个社会主义人口大国，互助是其基础话语，不仅是因为其个体层面的经济互助、困难共担和集体责任，最主要的原因在于国家领导下的内含集体主义的基础组织根基，这是党和国家长治久安的根本保障。中国特色社会互助体系建设适应人口老龄化发展进程、人们生活水平和受教育水平提高的社会参与需求，以及低成本扩大社会服务供给的需要，但并非民间自发能够做到的，需要党委领导、政府推动建立现代社会互助学术体系、话语体系、制度体系、实践体系。建设互助型老龄社会，将是推动共建、共治、共享的社会治理共同体建设向共建、共治、共享、共商、共富的社会经济体建设拓展的必由之路。

（一）培育社会互助/共同体观念

利益相关是培育共同体观念的可行方式，因为它能让大家能看到构建共同体带来的效用优化，但这同样需要社会信任的培养，需要参与者之间、参与者与组织之间形成信任关系。

一是广泛宣传互助思想。需要在全社会范围内广泛宣传互助合作、互利共惠的良好风尚，鼓励邻里互助、守望相助，因地制宜地激发城乡社区凝聚力和内生活力，在"人"的共同体的基础上进行经济的合作，逐步引导人们建立互助组织、互助参与、互助合作、互助平台、互助服务、互助保障的认知和意识，培育新时代社会互助/共同体观念，构建具有中国特色的团结、和谐、文明、有序的互助型老龄社会。

二是大力弘扬助老孝老思想。因扶养压力而产生的超老龄社会的代际矛盾将会明显显现，社会互助，尤其是互助养老，不仅关乎老年人幸福美好生活，也关系到全体社会成员的幸福美好生活。应该大力弘扬尊老敬老爱老助老文化，弘扬集体主义及互帮互助的精神，确立老年人责任、家庭责任、社会责任，鼓励代际、朋辈之间文明友善、真诚相待，维系好朋辈间、代际感情，推动各个群体之间的和谐相处。

三是将社会互助加入城乡社区公约和社会组织使命中。把互助理念提高到基层治理主要理念的地位，将社会互助写入村规民约和社会组织使命之中。强化党领导的城乡社区"两委"以及其他社会组织的重要地位，尤其是城乡社区党组织负责人在推动社会互助中的主要负责人地位。

（二）培育互助养老和互助社会理念

一是明确互助社会的互助组织特点和非营利属性。互助社会和互助型社会养老的界定关键在于互助组织及其非营利属性。但是，互助服务不等同于互助型社会养老，不等同于互助组织提供的服务，也不等同于无偿或志愿服务，互助服务可以由市场来组织，可以是低偿的服务，其核心属性在于美德和交换。

二是培育互助保障及服务思维。社会互助要可持续发展，其前提是资金的可持续供给，故应当明确互助保障及服务思维，动员城乡社区居民积极主动参与进来，提供保障及服务，同时获得保障及服务，互助共享，权责共担。

三是培育从互助养老到互助合作思维。互助型社会养老有老年人互助组织的严格组织边界，同时，应当将其放到社会建设的大背景中来看待。一方面老年人互助合作可以切实提高老年人福祉，另一方面老年人互助合作可以向更多人互助合作拓展。笔者认为，以农村为基础，从老年人的联

合逐步向所有人群的联合扩展，具有探索逐步推进社会建设的意义，比大范围的农民联合风险低、可操作性强。

二 建立社会互助法律法规体系

（一）出台互助组织相关法律法规政策

一是在试点地区出台社会组织和社会企业相关法律法规政策。其内容应包括社工机构、社区社会组织、社会团体、民办非企业单位、合作社以及联合会、协会、企业联盟、社会企业等的概念、定位、因地制宜探索的模式等。

二是在试点地区出台经济性互助组织的相关法律法规政策。其内容应包括合作社、集体经济组织、社区社会企业、资金互助组织、相互保险组织、基金会等的合法定位。应将相互保险组织的主管部门统一为国务院保险监督管理机构，优化提升相互保险组织的业务能力、统筹层次，扩大其覆盖范围，推动相互保险组织连锁化运营，与大型保险公司建立再保险、合作险种、共同理赔等合作伙伴关系。加强对农民专业合作社中成立资金互助部的组织监管，提升其管理运营的统筹层次和规范化水平。在属地监管的基础上，深化落实农村资金互助外部审计和社会监督。

三是明确互助小组类组织的管理。社工机构承接养老服务项目，应增加培育互助小组要求，推动政府购买互助养老服务。以"以奖补奖"、承接政府购买服务项目、给予水电或租金优惠等形式，鼓励互助小组类组织到民政部门备案，或者通过成立互助组织联合会的形式，将这些小型组织纳入联合会的管理范畴之中。

四是逐步确立城乡社区党组织领导的基层老年协会作为城乡互助养老组织的主体地位。可以先从农村开始，试点推动基层老年协会规范发展，就其性质、职能、注册登记、运行机制等做出明确规定，力求经费有保障、管理有制度、活动有场所、服务有标准。进一步地，明确要求依托其进行各类农村互助养老服务保障和村治服务的供给。

（二）出台互助服务相关法律法规政策

一是出台互助服务相关法律法规政策。明确互助服务的定位、内容和发展路径，以及各级各类互助服务规范、标准、要求等。建立城乡社区互助养老服务工作体系，实现党政领导推动、企业经营、城乡社区监管、社会参与，明确提供互助服务的厨师、配餐员、护理员的物质激励和精神激励办法。互助服务虽然低偿，但同样由企业/城乡社区/社会组织进行组织管理，可以从政府层面制定互助服务的指导价格，企业/社会组织可以根据自己情况进行调整。

二是加强互助养老服务队伍培训。将互助服务员纳入各地养老护理员的培训计划中，也可以依托乡镇卫生院向农村互助服务员提供健康知识培训，出台互助（养老）服务管理评估办法，对互助（养老）服务进行有效监管。建议培育一批正直、善良、懂互助养老、热爱老龄事业的养老类社工机构、社会企业负责人，培育互助养老社群，可以与老年协会、城乡社区共同进行连锁化运营。

三是明确将互助养老服务纳入政府购买服务的范围。可以根据实际情况选择按人头进行服务/运营补贴，也可以按村或社区整体补贴，建议不要"一刀切"地打包交给某一家或几家社会组织，对于做得好的城乡社区"两委"、城乡社区老年协会、其他社区社会组织，应着重交给他们来做，其他交由社会组织培育互助养老组织、社群以及寻找互助服务员来提供相应服务。探索推动长期照护保险试点地区购买农村互助照护服务。

（三）出台互助平台设施相关法律法规政策

一是出台互助平台相关法律法规政策。明确时间银行、社区治理/经济/服务平台等的类型、定位、管理主体、发展方向等，给予平台而非服务以资金支持、政策优惠。例如，根据调研，目前的平台可以划分为志愿为主型、互助为主型，政府主导型、社会组织主导型、企业主导型，志愿服务型、互助服务型，社区治理型、社群交往型、社群交易型，等等。明确平台币、平台积分等的定位和可创新方向。对互助平台与其他社会服务机构进行功能区分，引导多方主体使用互助平台，根据地方情况，将养老、助残、扶幼等社会服务项目和协商议事、组织培育等社区治理项目的人员招募、服务监督等放到互助平台系统中完成。

二是出台互助设施相关法律法规政策。各地可以根据当地实际情况，试点将城乡社区的各类设施转化成互助设施（城乡社区经济综合体），以党的理事会形式进行柔性管理，对设施进行改造和提升，将其交给有运营资质的企业或社会组织单独/联合运营，提供文化娱乐、老年食堂、生活照护、托幼等社会服务。对由民政部门验收合格的互助养老设施给予与养老机构同等的床位及购买服务等各类补贴。

（四）出台互助保障相关法律法规政策

一是应尽快出台规范相互保险、资金互助、网络互助等的法律法规、指导意见以及指导细则。明确互助保障运营主体的非市场属性，市场的参与经营是在与互助保障运营主体合作基础上进行的。谨慎确定相互保险经营机构的清算和退出原则。建立互助保障的当年筹资与分配情况的会员公开制度。现有的职工医疗互助保障以及各地主推的"惠民保"应当逐步明确相互保险性质，对会员公开透明，不能模棱两可或做成变相的商业保险。

二是应对政府的行为进行规范。在财政和税收支持、市场监管、巨灾风险分散、各级政府责任划分等方面应当做出规定，以法律强制力保证其实施，避免政府行为的随意性和相互推诿责任。由政府出台互助保障组织合作企业名录，依托大型商业保险公司成立相互保险公司/组织，普惠型保险产品也需要与互助组织合作并接受监督，以保证其真实普惠。

三是应当规范网络互助发展。不能因网络互助组织动辄便有百万会员而认为它实现了"互助"，而应将网络平台作为工具，通过线下互助组织将网络互助管理起来，逐步推动互助的规模化扩张。

三 发挥党在社会互助中的统合领导作用

（一）探索建立党的老龄部门和政治性老年人组织

建设互助型老龄社会需要一个长期的发展过程，互助型社会养老是重要突破口。笔者认为，应当从探索建设党领导的互助养老服务体系、组织体系开始，在此基础上同步带动经济上的联合与合作，逐步培育老龄互助文化制度环境。

一是建立党的老龄部门和政治性老年人组织。党的老龄部门领导政府各相关部门，政治性老年人组织可以以老龄党建协调委员会的形式，整合老年基金会、老年慈善、老年体育、老年教育、老年照护等相关组织、企业功能，负责基层老年人权益保护、老年食堂、日常帮扶、困难救助、生活照护、社会参与方面的互助养老组织工作，参与互助养老设施，如颐养之家等的管理监督运营，并向老年人合作社发展。[①] 同时，老年人互助组织并非仅有老年人，可以通过与相关社工机构合并或由社工机构运营等方式，实现人员年轻化和工作专业化。

二是因地制宜建立互助养老组织体系。重视枢纽性的互助组织建设，如党委领导下的老年协会、妇女组织、义工组织、志愿者组织、社会组织联合会、农民合作社、互助社团等。探索党委领导、政府负责下的不以营利为目的的互助社团建设，下设互助养老基金会、资金互助社、互助养老保险社、互助养老合作社等，也可以衍生由该互助社团运营的相关城市养老机构、驿站和社会组织，提供各类服务。

（二）推动党建引领城乡社区互助合作

在明确相关概念、方法、模式、路径的基础上，做强基层党组织体系和村/居委会体系，以其为核心和主导，大力推动党建引领城乡社区治理共同体和城乡社区经济综合体建设。

一是推动党建引领城乡社区互助。一方面，引领城乡社区互助服务队伍建设。建立社区党组织领导下的互助服务队伍，条件成熟的城乡社区可以成立本土化的专业社会组织/企业，参与到垃圾分类、养老服务以及其他各类城乡社区低偿服务中。另一方面，引领社区互助氛围形成。如举办各类文娱活动，加强城乡社区居民联系；鼓励邻里自发互助，维系邻里情谊；等等。另外，互助组织的发展源自基层，互助型社会养老有赖于城乡社区老年人互助组织的发展，互助组织的发展也有赖于城乡社区的重视和培育。

---

① 政治性老年人组织可以以新加坡的人民协会为借鉴，其特色有五点。一是人民协会的主席由党的领袖担任，保障了国家领袖对人民协会直接、有效的领导。二是人民协会内部下辖3个分支委员会：民众俱乐部管理委员会、公民咨询委员会、居民委员会（或邻里委员会/居民网络）。其下还有妇女、老人、青年、少数民族等相关执行委员会。三是民众俱乐部属于人民协会资产，人民协会收入中很大一部分来自场地运营收入，包括活动与工程、课程收费，租金，捐款等。四是公民咨询委员会的目的在于让社会资源在更大范围内得到整合与分配，主要调节地区政议事、社会捐赠等。五是居民委员会/邻里委员会/居民网络致力于培育社区社会关系网络、邻里纽带，与民众俱乐部和草根组织合作，共同推动社区居民的参与和服务。

二是推动党建引领城乡社区资金互助。资金互助是参与式治理的重要形式，城乡社区居民以货币（资金）形式参与，有意识地参与到自己社群、社区等组织的公共支出给付收益、互助共济中，并且共同为支出节约资源。资金互助主要包括微基金和组织性筹资两种形式，微基金一般由热心公益的城乡社区居民、驻城乡社区机构或其他社会人士自愿资助资金，通过专业化管理运营实现挖掘社区资源，达到调动更多居民参与社区事务、促进居民自治的目的，根据调研，城乡社区基金会、城乡社区慈善协会等均可以承担该项职能；组织性筹资包括会费、共缴共兑等形式，主要用于组织运行、公共设施的建设和维护、公益项目的运转等。①

三是推动党建引领城乡社区经济综合体建设。一方面，推动互助合作制城乡社区建设，在农村，覆盖全体村民的合作社经济主要指集体经济组织；在城市，一些地区成立社区社会企业，鼓励居民参与互助合作，发展社区合作社产业。另一方面，依托党建综合体、邻里中心、一刻钟服务圈等推动党建引领城乡社区经济综合体建设，党领导的枢纽型社会组织、枢纽型社会企业、城乡社区"两委"等进行联合开发建设、运营、监管。

（三）建立党领导的专业社会组织/社会企业体系

一是设立党的社会组织和社会企业管理部门。以枢纽型社会组织为抓手，政府相关部门给予行政支持，逐步建立起对基金会、社会团体、社会服务机构等各类专业社会组织和社会企业的统一领导。

二是充分发挥已有枢纽型社会组织和各类社会组织联合会的作用。在党委领导、政府负责之下，依托国有企业等各类企业支持，统合各类社会组织力量，解决社会组织发展的合法性问题、资金问题、活动空间问题、进入社区落地生根问题。推动枢纽型社会组织、社会组织联合会等通过与企业合作、设立企业等方式，集团化、多元化发展。探索社区基金会、街道和社区社会组织联合会、社会组织孵化基地等新形式。试点建立县市级老年人组织联合会、老年人互助合作社等，可在现有社会组织的基础上增

---

① 不少农村地区建有乡村互助基金会，其以村为单位，由村委会发动建立，鼓励乡村中的富裕家庭向基金会捐款，以便在逢年过节或突发性事件发生时资助本村生活困苦的老人，本村小孩升学或考取功名也能够获得基金会的奖励。一般捐赠者在捐赠一定金额后可以获得由村委会发放的一本荣誉证书，并刻碑表彰。

加互助组织属性，因地制宜开展合并，招聘专职化、年轻化的管理团队，推动集养老服务、社会工作、医疗康复、社区发展、孝德教育、研究培训于一体的互助养老机构建设。

三是探索发展枢纽型社会企业。重点推动党委领导、政府负责、国有及大中型企业支持的基于互联网企业、社团组织、合作社等的枢纽型社会企业，与党委领导、政府负责的群团组织、枢纽型社会组织、基层群众自治组织等合作，经营居民社群、联合小微企业和个体商户等。

四是推动枢纽型社会组织、社会企业与互助组织优势互补。如前文所述，一方面，专业社会组织、社会企业应当利用自身专业优势，输出理念和技术，充分扎根于城乡社区，帮助互助组织规范化、制度化发展，服务于社区居民，在此基础上谋求本组织的规模扩大和业务扩展。另一方面，三者应合作创新混合型和集团化的社会企业发展路径，针对社会组织自我造血能力不足、资金依赖性强的问题，探索与企业合作或市场化运营等方式。另外，三者是党统合领导下的合作关系而非竞争关系，不能让三者变成争夺党政资源的竞争对手，相互压制，都得不到发展。

四　创新社会互助发展形式

（一）提升互助组织自我造血能力

一是充分利用市场拓展收入来源。互助组织应引入市场经营社会、企业经营社群、企业经营平台、互助组织与企业相互合作制约等思维和模式，探索创新商业模式，加强财务管理，与基金会、金融机构建立合作伙伴关系，增强筹资能力和资金运作能力。如采用收取会员年费、提供有偿劳动服务、运营互助设施、经营产业等方式获取投资和获利机会；打造"互联网＋市场"运营模式，推行互联网化产品销售，发展互联网产品推广渠道；发挥"互助＋市场"的优势，把产品的部分收益用于社会互助，或将部分产品指定为"社会互助产品"，投入市场；根据不同地区特色，以多种方式增加经营性收入；等等。

二是规范拓展多元筹资渠道。联络社会组织、企业事业单位和广大社会人士积极行动，充分发挥乡贤、村贤的作用，为获得互助资金进行融资。探索利用互联网众筹平台，鼓励家庭和老年人共同捐资。可以试点老年人互助养老基金或相互保险，将个人交纳、村级补贴、社会捐助及政府转移支付资金汇聚到县（市）级层面，变成基金或者保险的形式，如互助养老照护基金、长期照护相互保险等，由专业机构进行管理和运营，主要用于支付当地城乡，尤其是农村高龄、失能、半失能老年人的互助照护服务费用。

（二）推动互助服务/经济平台发展

一是探索区域性互助服务平台建设。探索区域性（大型社区）社会信用体系建设、业主和企业联盟建设、社区互助平台搭建、社区社会企业发展、社区积分货币的使用流通。为居民参与互助服务提供安全保障，包括意外伤害险以及其他社会保障等，提供培训支持、工资补贴和喘息支持。培训专业的家庭护理员，同时组织他们为本社区其他老人提供生活性、补缺式、常态化的互助服务。

二是将现有企业联盟做活做实。鼓励并支持地区性（街道或街区）行业协会、地区性商会或商业联盟等枢纽型社会组织发挥"杠杆作用"，组织引导会员企业抱团发展，尤其是养老服务企业等，可以平台化、集团化、合作社化。可以探索将部分政府管理职能委托给地区商会、行业协会，强化商会等行业协会自我管理和自我服务的功能。

三是创新社区基金会发展模式。社区基金会的特色在于能够募集资金、提供资助以及独立进行项目运作，可以通过动员和整合当地资源（包括政策、人财物等），协调多方主体（包括党委、政府、企业、社会组织、社区、居民等），解决社会治理和民生保障的现实问题。应探索畅通多元筹资渠道、链接各类资源，同时通过特色突出、亮点鲜明的多样化的服务项目运作帮助基金会打开局面，助推募资能力提升。

四是探索成立社区发展公司/邻里公司。借鉴美国模式，它可以是非营利组织或社会企业，因地制宜地由县市、街道、社区、社会企业共同持股，由社会企业运营，负责购买、开发和管理住宅与商业地产，或向从事相同工作的其他组织提供贷款和技术援助。这样的社区发展公司有政治参与、服务提供和经济发展三个经营目标，可以有效促进社区的整体发展。

五是探索资金互助、相互保险等互助保障形式。发挥村/居委会、集体经济组织、农民专业合作社、草根组织等互助组织作用，可从农村开始，在村级组织下设立农业相互保险工作小组、资金互助部，逐步培育独立的相互保险公司/相互保险组织/资金互助社。① 国有银行可以逐步探索与互助合作组织合作开展面向中低收入群体的资金互助保障服务及福利服务等。

---

① 可借鉴江苏张家港发展乡村医疗互助经验，由政府出台指导意见，完善筹资、偿付、供给制度设计，企业运用先进技术测算保障规模并提供专业服务，城乡社区居民主决策，村民广泛参与。

参考文献

〔美〕埃莉诺·奥斯特罗姆、拉里·施罗德、苏珊·温：《制度激励与可持续发展——基础设施政策透视》，毛寿龙译，上海三联书店，2000。

曹海军：《党建引领下的社区治理和服务创新》，《政治学研究》2018年第1期。

陈家刚：《基层治理：转型发展的逻辑与路径》，《学习与探索》2015年第2期。

陈亮、李元：《去"悬浮化"与有效治理：新时期党建引领基层社会治理的创新逻辑与类型学分析》，《探索》2018年第6期。

陈秀红：《从"嵌入"到"整合"：基层党组织推进基层社会治理的行动逻辑》，《中共中央党校（国家行政学院）学报》2021年第5期。

〔日〕大前研一：《低欲望社会："丧失大志时代"的新·国富论》，姜建强译，上海译文出版社，2018。

戴康：《社区物业治理中的市场政治想象——一个居住政治的研究取向》，《湖北社会科学》2021年第2期。

党俊武：《如何理解老龄社会及其特点》，《人口研究》2005年第6期。

党秀云：《论志愿服务的常态化与可持续发展》，《中国行政管理》2011年第3期。

《邓小平文选》（第3卷），人民出版社，1993。

丁关良：《农村集体经济组织立法的若干重要问题研究》，《湖南农业大学学报》（社会科学版）2022年第4期。

丁学良：《"现代化理论"的渊源和概念架构》，《中国社会科学》1988年第1期。

窦影：《社区治理视角下城市老年人邻里互助养老"预阶段"的发展路径研究》，《云南民族大学学报》（哲学社会科学版）2020 年第 5 期。

杜鹏：《中国人口老龄化现状与社会保障体系发展》，《社会保障评论》2023 年第 2 期。

杜鹏、李龙：《新时代中国人口老龄化长期趋势预测》，《中国人民大学学报》2021 年第 1 期。

杜晓山：《中国农村小额信贷的实践尝试》，《现代经济探讨》2004 年第 2 期。

〔俄〕克鲁泡特金：《互助论：进化的一个要素》，李平沤译，商务印书馆，2009。

范成杰：《代际失调论：对江汉平原农村家庭养老问题的一种解释》，博士学位论文，华中科技大学，2009。

费孝通：《社会学的探索》，天津人民出版社，1985。

费孝通：《乡土中国》，生活·读书·新知三联书店，2013。

冯仕政：《社会治理与公共生活：从连结到团结》，《社会学研究》2021 年第 1 期。

高鸣、芦千文：《中国农村集体经济：70 年发展历程与启示》，《中国农村经济》2019 年第 10 期。

郭学勤、王秀芝：《相互保险及其对我国发展职工互助保障的启示》，《江西社会科学》2007 年第 4 期。

韩立新：《从国家到市民社会：马克思思想的重要转变——以马克思〈黑格尔法哲学批判〉为研究中心》，《河北学刊》2009 年第 1 期。

韩兆柱、翟文康：《西方公共治理前沿理论的比较研究》，《教学与研究》2018 年第 2 期。

侯利文、文军：《科层为体、自治为用：居委会主动行政化的内生逻辑——以苏南地区宜街为例》，《社会学研究》2022 年第 1 期。

胡国栋、王天娇：《"义利并重"：中国古典企业的共同体式身股激励——基于晋商乔家字号的案例研究》，《管理世界》2022 年第 2 期。

胡湛、彭希哲：《老龄社会与公共政策转变》，《社会科学研究》2012 年第 3 期。

黄冬娅：《多管齐下的治理策略：国家建设与基层治理变迁的历史图景》，《公共行政评论》2010 年第 4 期。

黄福寿：《民主理论及其演变与当代中国协商政治实践》，《上海市社会主义学院学报》2006 年第 4 期。

江汛清：《关于志愿服务若干问题的探讨》，《中国青年政治学院学报》2002 年第 4 期。

姜晓萍、吴宝家：《人民至上：党的十八大以来我国完善基本公共服务的历程、成就与经验》，《管理世界》2022 年第 10 期。

蒋永穆、王丽程：《新中国成立 70 年来农村合作金融：变迁、主线及方向》，《政治经济学评论》2019 年第 6 期。

蒋玉珉：《合作经济思想史论》，安徽人民出版社，2008。

景枫、王维国：《原始伦理规范在社会治理中的地位与作用》，《河北大学学报》（哲学社会科学版）2016 年第 6 期。

景跃进：《党、国家与社会：三者维度的关系——从基层实践看中国政治的特点》，《华中师范大学学报》（人文社会科学版）2005 年第 2 期。

〔英〕卡尔·波兰尼：《大转型——我们时代的政治与经济起源》，冯钢、刘阳译，浙江人民出版社，2007。

康晓光、高丙中：《社会团体的合法性问题》《中国社会科学》2000 年第 2 期。

康晓强：《群众团体与人民团体、社会团体》，《社会主义研究》2016 年第 1 期。

康晓强：《论习近平的群团观》，《社会主义研究》2017 年第 1 期。

郎晓波：《城市社区公共事务分类治理模式的实践与创新——以杭州为例》，《甘肃行政学院学报》2010 年第 6 期。

雷江升：《服务及服务质量理论研究综述》，《生产力研究》2007 年第 20 期。

李国荣：《现代志愿服务行为的理论基础研究》，《中国青年研究》2009 年第 1 期。

李海洋、牛海鹏：《服务营销》，企业管理出版社，1996。

李汉卿：《协同治理理论探析》，《理论月刊》2014 年第 1 期。

李慧凤、郁建兴：《基层政府治理改革与发展逻辑》，《马克思主义与现实》

2014 年第 1 期。

李威利、马梦岑：《党建赋能的城市社区发展治理：成都经验》，《华东理工大学学报》（社会科学版）2020 年第 5 期。

李显刚、石敏俊：《日本农协的历史贡献、存在问题及发展趋势》，《中国农村经济》2001 年第 3 期。

李一凡、王东海：《不同社会形态下马克思精神生产与物质生产关系的内在逻辑》，《商丘职业技术学院学报》2023 年第 2 期。

李永军：《集体经济组织法人的历史变迁与法律结构》，《比较法研究》2017 年第 4 期。

李友梅：《中国社会治理的新内涵与新作为》，《社会学研究》2017 年第 6 期。

林闽钢、尹航：《走向共治共享的中国社区建设——基于社区治理类型的分析》，《社会科学研究》2017 年第 2 期。

林尚立：《公民协商与中国基层民主发展》，《学术月刊》2007 年第 9 期。

林尚立：《民主与民生：人民民主的中国逻辑》《北京大学学报》（哲学社会科学版）2012 年第 1 期。

林尚立：《社区党建：中国政治发展的新生长点》，《上海党史与党建》2001 年第 3 期。

林尚立、王华：《创造治理：民间组织与公共服务型政府》，《学术月刊》2006 年第 5 期。

林尚立：《轴心与外围：共产党的组织网络与中国社会整合》，《复旦政治学评论》2008 年第 0 期。

刘安：《吸纳与嵌入：社区党建背景下中国党社关系的调适策略——以江苏省 N 市 C 区为例》，《黑龙江社会科学》2015 年第 5 期。

刘蕾、吴欣同：《"两块牌子"：社会企业的资源拼凑逻辑——对市场环境和制度环境的双重回应》，《东南学术》2020 年第 5 期。

刘妮娜：《城市基层社会治理体系的"回天"样本：建构与实践》，光明日报出版社，2023。

刘妮娜、程士强：《社会与市场的联动：市场经营社会的模式划分与运作逻辑——以社会养老服务供给为例》，《云南民族大学学报》（哲学社会科学版）2023 年第 6 期。

刘妮娜：《从互助养老到互助共同体：现代乡村共同体建设的一种可行路径》，《云南民族大学学报》（哲学社会科学版）2021 年第 2 期。

刘妮娜、杜鹏：《中国互助型社会养老的定位及发展方向》，《浙江工商大学学报》2022 年第 3 期。

刘妮娜、房罗鑫：《殊途同归：农村老年协会互助养老的发展脉络与优化导向》，《社会建设》2023 年第 2 期。

刘妮娜、何浩天：《创新社会互助：中国现代互助保障的发展理路》《山东行政学院学报》2022 年第 6 期。

刘妮娜：《互助型社会养老：模式考察与理论研究》，高等教育出版社，2023。

刘妮娜：《互助型社会养老：乡土模式的理论与实践》，社会科学文献出版社，2020。

刘妮娜：《互助养老》，华龄出版社，2021。

刘妮娜：《互助与合作：中国农村互助型社会养老模式研究》，《人口研究》2017 年第 4 期。

刘妮娜：《论中国时间银行的特色及发展逻辑》，《城市问题》2020 年第 7 期。

刘妮娜：《农村互助型社会养老：中国特色与发展路径》，《华南农业大学学报》（社会科学版）2019 年第 1 期。

刘妮娜：《欠发达地区农村互助型社会养老服务的发展》，《人口与经济》2017 年第 1 期。

刘妮娜：《社会治理的基层经验——以北京市回天大型社区治理实践为例》，社会科学文献出版社，2023。

刘妮娜：《中国城市互助型社会养老——定位、模式与路径》，《社会发展研究》2020 年第 3 期。

刘妮娜：《中国互助型老龄社会的系统建构》，《云南民族大学学报》（哲学社会科学版）2022 年第 5 期。

刘妮娜：《中国农村互助型社会养老的定位、模式与进路》，《云南民族大学学报》（哲学社会科学版）2020 年第 3 期。

刘妮娜：《中国农村互助型社会养老的类型与运行机制探析》，《人口研究》
　　2019 年第 2 期。

刘妮娜：《中国特色互助社会：历史溯源与现代建构》，《北京社会科学》
　　2021 年第 5 期。

刘润忠：《社会行动·社会系统·社会控制——塔尔科特·帕森斯社会理
　　论述评》，天津人民出版社，2005。

卢风：《农业文明、工业文明与生态文明——兼论生态哲学的核心思想》，
　　《理论探讨》2021 年第 6 期。

卢学晖：《城市社区精英主导自治模式：历史逻辑与作用机制》，《中国行
　　政管理》2015 年第 8 期。

陆杰华、林嘉琪：《中国人口新国情的特征、影响及应对方略——基于
　　"七普" 数据分析》，《中国特色社会主义研究》2021 年第 3 期。

陆士桢：《建构具有中国特色的志愿服务体系》，《杭州师范大学学报》
　　（社会科学版）2020 年第 4 期。

罗贵榕：《论群团组织的角色转型——发挥工会、共青团、妇联等群团组
　　织在建构公民社会中的领航作用》，《法制与社会》2006 年第 8 期。

〔英〕洛克：《政府论》（下篇），叶启芳、瞿菊农译，商务印书馆，2017。

《马克思恩格斯选集》（第 2 卷），人民出版社，1995。

马秋菊：《宗族伦理视野下的宋代义庄》，《贵州社会科学》2019 年第
　　9 期。

〔英〕玛丽·道格拉斯：《制度如何思考》，张晨曲译，经济管理出版社，
　　2013。

《毛泽东选集》（第 1 卷），人民出版社，1991。

《毛泽东选集》（第 2 卷），人民出版社，1991。

《毛泽东选集》（第 3 卷），人民出版社，1991。

闵学勤、贺海蓉：《掌上社区：在线社会治理的可能及其可为——以南京
　　栖霞区为例》，《江苏社会科学》2017 年第 3 期。

〔英〕莫里斯·弗里德曼：《中国东南的宗族组织》，刘晓春译，上海人民
　　出版社，2000。

穆青：《如何理解志愿服务与志愿精神》，《北京青年政治学院学报》2005

年第 3 期。

欧阳祯、杨荣：《社区参与式互助体系社会资本建构研究——以济南市舜义社区为例》，《社会工作与管理》2018 年第 2 期。

彭海红：《毛泽东对中国农民改造的思考及其当代启示》，《淮阴师范学院学报》（哲学社会科学版）2010 年第 5 期。

〔日〕蒲岛郁夫：《政治参与》，解莉莉译，经济日报出版社，1989。

邱本：《从平权到身份》，《社会科学研究》2015 年第 6 期。

汝信主编《社会科学新辞典》，重庆出版社，1988。

沈费伟：《传统国家乡村治理的历史脉络与运作逻辑》，《华南农业大学学报》（社会科学版）2017 年第 1 期。

沈冠辰、朱显平：《日本社区经济发展探析》，《现代日本经济》2017 年第 3 期。

施丽红、吴成国：《论"为人民服务"思想的内在逻辑与行动自觉》，《思想教育研究》2023 年第 1 期。

施远涛、赵定东、何长缨：《基层社会治理中的德治：功能定位、运行机制与发展路径——基于浙江温州的社会治理实践分析》，《浙江社会科学》2018 年第 8 期。

宋朝龙：《中国制度文化在推动人类命运共同体建构中的示范价值》，《学术论坛》2020 年第 1 期。

孙柏瑛、蔡磊：《十年来基层社会治理中党组织的行动路线——基于多案例的分析》，《中国行政管理》2014 年第 8 期。

孙柏瑛、邓顺平：《以执政党为核心的基层社会治理机制研究》，《教学与研究》2015 年第 1 期。

孙柏瑛、武俊伟：《"双向建构"中的城市政府基层社会治理转型——路径、困境与未来展望》，《公共管理与政策评论》2018 年第 1 期。

孙萍：《中国社区治理的发展路径：党政主导下的多元共治》，《政治学研究》2018 年第 1 期。

孙中山：《孙中山全集》，华语出版社，1985。

谭建光：《社会转型时期的志愿服务与人文精神》，《社会科学》2000 年第 5 期。

唐士其：《西方政治思想史》，北京大学出版社，2002。

田凯、黄金：《国外治理理论研究：进程与争鸣》，《政治学研究》2015 年第 6 期。

田先红：《政党如何引领社会？——后单位时代的基层党组织与社会之间关系分析》，《开放时代》2020 年第 2 期。

仝志辉：《村委会和村集体经济组织应否分设——基于健全乡村治理体系的分析》，《华南师范大学学报》（社会科学版）2018 年第 6 期。

童敏：《社会工作本质的百年探寻与实践》，《厦门大学学报》（哲学社会科学版）2009 年第 5 期。

托克维尔：《论美国的民主》，董果良译，商务印书馆，1998。

汪火根：《社会共同体的演进及其重构》，《重庆社会科学》2011 年第 10 期。

王刚、宋锴业：《治理理论的本质及其实现逻辑》，《求实》2017 年第 3 期。

王建军：《论政府与民间组织关系的重构》，《中国行政管理》2007 年第 6 期。

王丽娟：《文人之"忠"与民间之"义"——桃园结义故事两种叙事的比较分析》，《明清小说研究》2007 年第 1 期。

王名：《中国的非政府公共部门》（上），《中国行政管理》2001 年第 5 期。

王妮丽、崔紫君：《非营利组织中的志愿者及其管理》，《云南社会科学》2003 年第 6 期。

王淑芹、郭玲：《中国社会信用体系建设的缘起与特征》，《首都师范大学学报》（社会科学版）2023 年第 3 期。

王学梦：《行政"圈层"社会：新兴社会组织的三种类型及其比较》，《浙江工商大学学报》2021 年第 1 期。

王雪竹：《基层社会治理：从网格化管理到网络化治理》，《理论探索》2020 年第 2 期。

王曰美：《原始社会人的主体意识之觉醒》，《华东师范大学学报》（哲学社会科学版）2008 年第 2 期。

王志强、王跃：《重思社会主义初级阶段的"不发达"问题——兼论新时代中国特色社会主义仍处于社会主义初级阶段》，《社会主义研究》2018 年第 1 期。

魏娜：《我国城市社区治理模式：发展演变与制度创新》，《中国人民大学学报》2003 年第 1 期。

魏娜：《我国志愿服务发展：成就、问题与展望》，《中国行政管理》2013 年第 7 期。

吴晓林：《党如何链接社会：城市社区党建的主体补位与社会建构》，《学术月刊》2020 年第 5 期。

吴玉韶：《老龄工作的实践与思考》，华龄出版社，2014。

吴玉宗：《服务型政府：概念、内涵与特点》，社会科学文献出版社，2003。

熊光清、熊健坤：《多中心协同治理模式：一种具备操作性的治理方案》，《中国人民大学学报》2018 年第 3 期。

徐承红、林敏：《我国城市社区经济：框架、挑战与提升进路》，《福建论坛》（人文社会科学版）2022 年第 10 期。

徐建宇：《城市社区治理中社区组织化的连接、选择与策略研究》，《中国行政管理》2019 年第 9 期。

徐俊、刘丽杭：《老龄群体参与互助养老服务的观念溯源与建构路径选择》，《新疆社会科学》2021 年第 5 期。

徐明：《2021 年中国社会团体发展报告》，社会科学文献出版社，2022。

徐彤武：《联邦政府与美国志愿服务的兴盛》，《美国研究》2009 年第 3 期。

徐阳、肖刚、腾艳：《社区社会企业的发展困境与思考——以成都市社区社会企业发展实践为例》，《三晋基层治理》2021 年第 4 期。

〔古希腊〕亚里士多德：《政治学》，吴寿彭译，商务印书馆，1965。

杨懋春：《中国的家族主义与民族性格》，载李亦园、杨国枢主编《中国人的性格》，桂冠图书公司，1972。

杨秀丽：《关于社区社会企业深度参与社会治理路径的思考》，中国人民政治协商会议都江堰市委员会办公室，2021 年 8 月 20 日。

易申波、肖唐镖：《中国民众眼中的政治参与——政治参与观的概念、测量与类型学探索》，《行政论坛》2023 年第 1 期。

于海：《结构化的行动，行动化的结构——读吉登斯〈社会的构成：结构化理论大纲〉》，《社会》1998 年第 7 期。

于海：《志愿运动、志愿行为和志愿组织》，《学术月刊》1998 年第 11 期。

俞可平：《治理和善治：一种新的政治分析框架》，《南京社会科学》2001
　　年第 9 期。

原新、金牛：《中国老龄社会：形态演变、问题特征与治理建构》，《中国
　　特色社会主义研究》2020 年第 Z1 期。

苑鹏：《中国农村市场化进程中的农民合作组织研究》，《中国社会科学》
　　2001 年第 6 期。

〔美〕约瑟夫・熊彼特：《资本主义、社会主义与民主》，吴良健译，商务
　　印书馆，1999。

〔美〕詹姆斯・N. 罗西瑙：《没有政府的治理》，张胜军、刘小林等译，江
　　西人民出版社，2001。

〔美〕詹姆斯・斯科特：《农民的道义经济学：东南亚的反叛与生存》，程
　　立显译，译林出版社，2001。

张宝锋：《现代城市社区治理结构研究》，中国社会出版社，2006。

张紧跟：《中国乡土熟人社会的治理困局》，《人民论坛》2023 年第 19 期。

张荆红、丁宇：《互依联盟何以可能？——中国枢纽型社会组织与国家之
　　关系及其改革走向》，《北京师范大学学报》（社会科学版）2018 年第
　　6 期。

张康之、张乾友：《共同体的进化》，中国社会科学出版社，2012。

张克中：《公共治理之道：埃莉诺・奥斯特罗姆理论述评》，《政治学研究》
　　2009 年第 6 期。

张喜红：《当代中国社会团体政治参与问题研究》，博士学位论文，吉林大
　　学，2004。

张艳国、李非：《"党建 +" 在城市社区治理中的独特功能和实现形式》，
　　《江汉论坛》2018 年第 12 期。

张德元、张亚军：《关于农民资金互助合作组织的思考与分析》，《经济学
　　家》2008 年第 1 期。

赵璐、朱丹琼：《论孙中山的进化思想及社会历史观》，载《西北大学学
　　报》（哲学社会科学版）2007 年第 2 期。

赵庆：《中国社会团体管理法治化研究》，博士学位论文，中共中央党校，2016。

赵铁桥：《办好农民合作社 走好共同富裕路——中国共产党领导下的农民合作社百年变迁与启示》，《中国农民合作社》2021年第8期。

赵宇峰：《社会互助：社会治理共同体建设的新驱动》，《南京社会科学》2021年第12期。

郑功成：《社会保障学》，中国劳动社会保障出版社，2005。

郑杭生：《社会学视野中的社会建设与社会管理》，《中国人民大学学报》2006年第2期。

郑霞、来永钧、钱战、赵中涛：《标准化在政府基本公共服务能力提升中的作用研究》，《中国标准化》2022年第19期。

周文、刘少阳：《全面理解和不断深化认识市场经济》，《上海经济研究》2020年第3期。

周学馨：《面向国家治理现代化的中国老龄社会治理》，《探索》2021年第2期。

朱萌：《空间生产视角下城市社区网格的构建与重塑——基于T市B社区的案例研究》，《社会建设》2021年第6期。

朱耀垠、尔古玛玛、夏璇：《发挥社区社会企业参与社区治理的积极作用——基于成都市社区社会企业的案例分析》，《社会治理》2022年第6期。

Alfred H. Katz and Eugene I. Bender, *The Strength in Us: Self-help Groups in the Modern World* (New York: New Viewpoints, 1976).

A. Sidorenko, "Empowerment & Participation in Policy Action on Ageing. UN Program on Ageing (paper presented at the International Design for All Conference, Rovaniemi, Finland, 2006).

Chris Ansell and Alison Gash, "Collaborative Governance in Theory and Practice," *Journal of Public Administration Research and Theory* 18 (2008): 543 – 571.

Dennis E. Poplin, *Communities: A Survey of Theories and Methods of Research* (New York: Macmillan, 1979).

Dina Redman, "A Community Engagement Orientation Among People with a History of Substance Misuse and Incarceration," *Journal of Social Work* 12 (2012): 246 – 266.

F. B. Meira, "Liminal Organization: Organizational Emergence Within Solidary Economy in Brazil," *Organization* 21 (2014): 713 – 729.

H. C. Triandis, Robert Bontempo and Marcelo J. Villareal, "Individualism Vs Collectivism: Cross-cultural Perspectives on Self-ingroup Relationship," *Journal of Personality and Social Psychology* 54 (1988).

Jeff Karabanow, "Making Organizations Work: Exploring Characteristics of Anti-oppressive Organizational Structures in Street Youth Shelters," *Journal of Social Work* 4 (2004): 47 – 60.

J. F. M. Koppenjan and Erik-Hans Klijn, *Managing Uncertainties in Networks: A Network Approach to Problem Solving and Decision Making* (London: Routledge, 2004).

L. H. Levy, "Self-help Groups: Types and Psychological Processes," *Journal of Applied Behavioral Science* 12 (1976): 310 – 322.

P. L. Berger and R. J. Neuhaus, *To Empower People: The Role of Mediating Structures Project* (Washington, DC: American Enterprise Inst., 1977).

R. A. W. Rhodes, "The New Governance: Governing Without Government," *Political Studies* 44 (2010): 652 – 667.

T. Parsons and Neil J. Smelser, *Economy and Society* (New York: Free Press, 1956).

T. Parsons, *Sociological Theory and Modern Society* (New York: Free Press, 1967).

后　记

　　回想这些年，主要研究动力来自有很多问题想搞清楚，包括来自自己的和其他人的很多疑问。一直以来，被问到最多的问题就是：老年人"你帮我、我帮你"就是互助养老？互助养老的概念边界在哪里？互助社会是不是太理想了？有能推广的模式吗？从 2020 年以后，我在论文里正式把互助型社会养老用组织边界加以界定，提出"互助养老"和"市场养老"是一对概念，也就是由老年人互助组织（社会主体）提供的社会养老属于互助型社会养老，由企业（市场主体）提供的社会养老属于市场型社会养老。但是这种界定又面临很多的问题，比如：社工机构提供的社会养老属于哪种方式？企业组织的互助养老（如帮助老年人抱团取暖等）算互助养老吗？同时，我在三本相关专著里所呈现的互助型社会养老模式也比较宽泛，把利用互助形式提供养老服务的都作为互助型社会养老的雏形，比如把组建互助队伍、志愿队伍去提供服务或相互服务的都列入了其中。于是又被问到前面的问题：这样做是不是过分扩大了互助养老的外延，是不是不能什么都用互助养老来解释？

　　现在来看，我认为即使已经写完了关于这项议题的第六本书，我还是存在认知局限的，这也导致对话困难。一方面，专注未来忽略现实，有明确组织边界、与市场养老相区分的现实案例少，没找到行之有效的可持续路径；另一方面，自己处在时而清醒、时而犯难的状态，很难说服别人。今年过年期间得益于三件同期完成的工作，感觉思路清晰了很多，也可能是多年的积累使量变引发了质变，在这里与大家共享，以便更好地理解这本书的写作意图和核心议题。

　　一是为准备 2 月 2 日民政部座谈进行的系统回顾。我重新梳理了选择互助养老和互助社会道路的必要性和可行性：面向已经全面建成小康社会并且人口年龄结构迅速老龄化的现代中国，我们需要对社会建设进行系统谋划和顶层设计。需要明确的核心问题在于：是选择市场的架构，还是互助的架构？市场的架构是政府与市场合作的分割的架构，互助的架构是中国共产党领导的行政－市场－社会统合的架构。我认为面对庞大的人口规模，尤其是迅速增加的老年人口规模，应该选择互助的架构，也就是互助养老和互助社会道路。所以，这些年我一直试图论证中国社会建设的互助社会和互助养老道路选择，进行理论建构、模型设计并寻找案例支撑，而非仅进行立足当下社会环境的一种案例研究。这次座谈会也促使我从党和政府决策角度对目前存在的问题和对策进行了进一步分析。事实上，互助养老和互助社会建设发展不是一项民间行为，民间可以自发探索形成可推广的模式和样本，但要真正可持续发展起来，需要党和政府对中国特色社会治理和社会服务保障道路进行战略抉择，将互助养老和互助社会建设上升为国家战略并付诸制度政策体系上的建设和推动，才能逐步落实。

二是均衡型社区网格治理论文的修改。我和团队从 2019 年开始在北京市回天地区（回龙观和天通苑地区）调研基层社会（大型社区）治理，在时任北京市委书记蔡奇同志的多次推动下，回天地区进行了社会组织体系、社会企业体系、协商议事体系、接诉即办体系等的创新试点，根据这些创新实践，我提出了均衡治理、互助合作治理、党建引领大型社区治理、市场经营社会等理论观点并撰写了 10 余篇相关文章，出版专著两部。之所以深扎在这片有着约 80 万人口的大型社区调研，主要有两个原因：第一，试图建构总结基层社会治理模型和模式；第二，试图与互助社会场景进行理论和现实对话。2024 年 1 月，受《山东行政学院学报》约稿投了一篇论述均衡型社区网格治理观点的文章，评审专家和编辑老师非常认真负责地帮忙修改打磨，也促使我深入思考，突然想明白了均衡治理的关键在于社会互助成长。这让我把之前关于基层社会治理和互助社会的很多提法、观点的前因后果整合了起来：为什么会有均衡治理的理念？归根结底是因为从本心上，我一直立足于中国社会的互助为本特点，立足于以社会互助为核心，以让社会互助成长起来为目的去研究中国社会建设道路。想明白这一点，可以说犹如一盏明灯照亮了我在黑夜里行走的道路。

三是《互助型老龄社会：理论与实践》这本书的二校书稿修改。这一修改过程从今年的1月到2月，断断续续持续了大约两个月的时间，从腊月二十七到正月初八的12天时间里，我彻底静下心来重新审读文稿和思考，有了新的收获。以往从互助组织和互助合作的角度思考互助社会，把它放到了遥远的场景中，但经过之前的调研和这段时间的思考，我发现，广义的互助社会是以社会互助为本的基层社会治理体系，狭义的互助社会是容纳互助服务、互助组织、互助参与、互助合作、互助保障、互助平台的社会互助制度和社会互助体系建设。互助社会其实最重要的是以社会互助为本，内含从推动社会互助成长到逐步与市场协同发展，再到吸纳市场的动态发展过程，不是仅指人人都能有着高尚的互助美德或者国家合作社式的高级社会形态。同时，只有推动互助社会建设才能够提供强大的党领导的互助组织体系等条件，为互助型社会养老发展提供土壤。如果没有这一土壤，互助型社会养老即便大范围铺开也不可持续。换言之，互助服务、互助参与不能被称为互助型社会养老，互助小组也只是互助型社会养老的雏形，这些都是培育方式，严格意义上的互助型社会养老需要有清晰的老年人互助组织载体，提供相应服务保障，类似于本书中的新余农村"党建＋颐养之家"模式。目前这类案例仅存在于少数农村和村转居社区，只能算未来可期的一种模式（我认为其真正起步可能在中国进入超老龄社会以后），需要党统合领导政府、市场、专业社会组织去多元化地培育社会互助成长力量。只有社会互助得到成长，才能有未来的互助型社会养老模式的发展和指向更高层次的合作社的探索。

总结起来，我在以往研究中提到的不少互助型社会养老模式是推动其发展起来的路径或雏形，正因为它需要培育，才需要基层治理、互助社会的创新实践和更广阔的研究视野，这也是促使我提出互助社会概念、进行基层社会治理研究，并进一步挖掘互助社会建设理论和实践的重要原因。这是倒叙过程：互助型社会养老的真正发展，需要立足于一个互助社会建设的理论和实践系统，其以党领导统合的社会互助为本，以社会互助为核心推动其成长。不仅养老，托幼、教育、助残、餐饮以及其他生活服务等亦是如此。

本书是我在北京市回天地区进行了4年的大型社区治理研究之后，于

2023 年继续对全国 11 个省市的互助养老和基层治理典型案例开展调研形成的研究成果，书中对以往我提出的互助社会的概念性提法、想象中的场景进行了系统的理论研究和案例研究。这是我近年来出版的第六本书，前面五本书分别偏重农村互助养老研究、互助养老理论研究、互助养老科普读物、党领导基层社会治理、基层社会治理模型建构等方面，本书更加清晰地聚焦于以社会互助为本的互助养老发展和互助社会建设。本书分析了互助型老龄社会（可以说包括从狭义到广义的互助养老体系、社会互助体系、互助社会体系三个层次）的概念谱系和结构建构，并从社会互助平台网络、互助养老组织服务体系、养老服务联合体、城乡社区经济综合体等四个方面提供现实中的多种案例支撑，提出建立社会互助制度和社会互助治理体系的相关对策，试图回答党领导的互助社会（共同富裕）道路的框架、模式和可行路径问题。我认为，这六本书初步构成了一套相对完整的互助养老和互助社会的学术研究成果。

当然，目前所涉及的调研并未穷尽所有典型案例，理论上也有论证不严密、不完备之处，书中的大部分典型案例中市场与社会联动不足，存在缺少社会互助、互助组织形式大于内容、经济属性薄弱、社会企业受认可度低、专业社会组织与互助组织协同不足等问题。把这本书稿付梓出版，就是希望尽快让更多人从培育社会互助角度认识社会建设、推动社会建设，让更多人一起携手共同建设有互助、有互信、有组织、有团结、有安全、有归属、有温情、有暖意的现代中国。

最后，感谢在调研中给予帮助和支持的地方政府、社区、社会组织、企业，所有的理论提炼都来自现实中的创新实践。很多时候在调研中看到、听到后，我不知道该说些什么，但那些语言、情感都深刻地留在了我的心里，成为我持续研究的不竭动力。感谢王炯、陈琳、朱嘉琪、黄民坤、马可、宫正敏、蒋蕾、崔璐冰、康盈等同学，这些同学积极参与了问卷提纲设计、实地调研、案例撰写工作。感谢敬爱的老师、领导、同事、朋友，感谢亲爱的家人，也以这本书纪念 36 年的学习生涯和 10 年的对学术初心的坚守。

我相信，历史发展均有规律可循，随着老龄社会和超老龄社会的到来，中国历史长河里的乡土互助社会的强大生命力正在呼唤其转型回归，

中国特色互助型社会养老发展和互助型老龄社会建设已经开始起步。我愿沿着先辈们曾经的足迹，心怀美好理想与愿望，继续踏实研究、实践与推动，发挥自己所长，贡献一份力量。

写于北京中轴国际大厦

2024 年 3 月 20 日

图书在版编目（CIP）数据

互助型老龄社会：理论与实践 / 刘妮娜著. -- 北
京：社会科学文献出版社，2024.5
ISBN 978 - 7 - 5228 - 3253 - 1

Ⅰ.①互… Ⅱ.①刘… Ⅲ.①人口老龄化 - 研究 - 中
国 Ⅳ.①C924.24

中国国家版本馆 CIP 数据核字（2024）第 029466 号

互助型老龄社会：理论与实践

著　　者 / 刘妮娜

出 版 人 / 冀祥德
责任编辑 / 胡庆英
文稿编辑 / 陈彩伊
责任印制 / 王京美

出　　版 / 社会科学文献出版社·群学分社（010）59367002
　　　　　　地址：北京市北三环中路甲 29 号院华龙大厦　邮编：100029
　　　　　　网址：www.ssap.com.cn
发　　行 / 社会科学文献出版社（010）59367028
印　　装 / 三河市尚艺印装有限公司

规　　格 / 开 本：787mm × 1092mm　1/16
　　　　　　印 张：19.75　字 数：313 千字
版　　次 / 2024 年 5 月第 1 版　2024 年 5 月第 1 次印刷
书　　号 / ISBN 978 - 7 - 5228 - 3253 - 1
定　　价 / 128.00 元

读者服务电话：4008918866